貧困のない世界を創る

ソーシャル・ビジネスと新しい資本主義

Creating a World Without Poverty

ムハマド・ユヌス［著］

猪熊弘子［訳］

早川書房

創成期のグラミン銀行（1979年、タンガイルにて）。私が借り手にローンを貸し付けているところ。当時は、グラミン銀行の借り手は女性よりも男性の方が多かった。現在では、借り手のほとんどは女性である。

バングラデシュの首都ダッカにあるグラミン銀行本部。

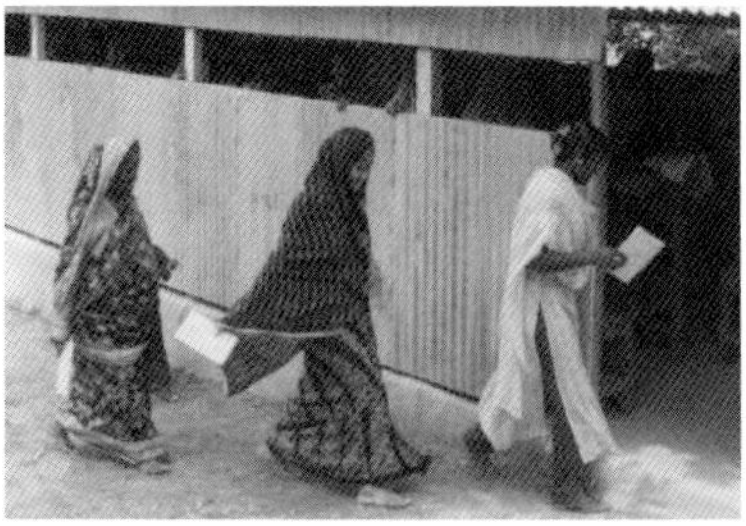

現在のグラミン銀行。メンバーたちが週ごとのミーティングのために地域のセンターに到着したところ。

センターミーティングにて（土間の上にトタンで覆われた簡素な建物が地域のセンターである）。借り手たちと話す著者（左端）。

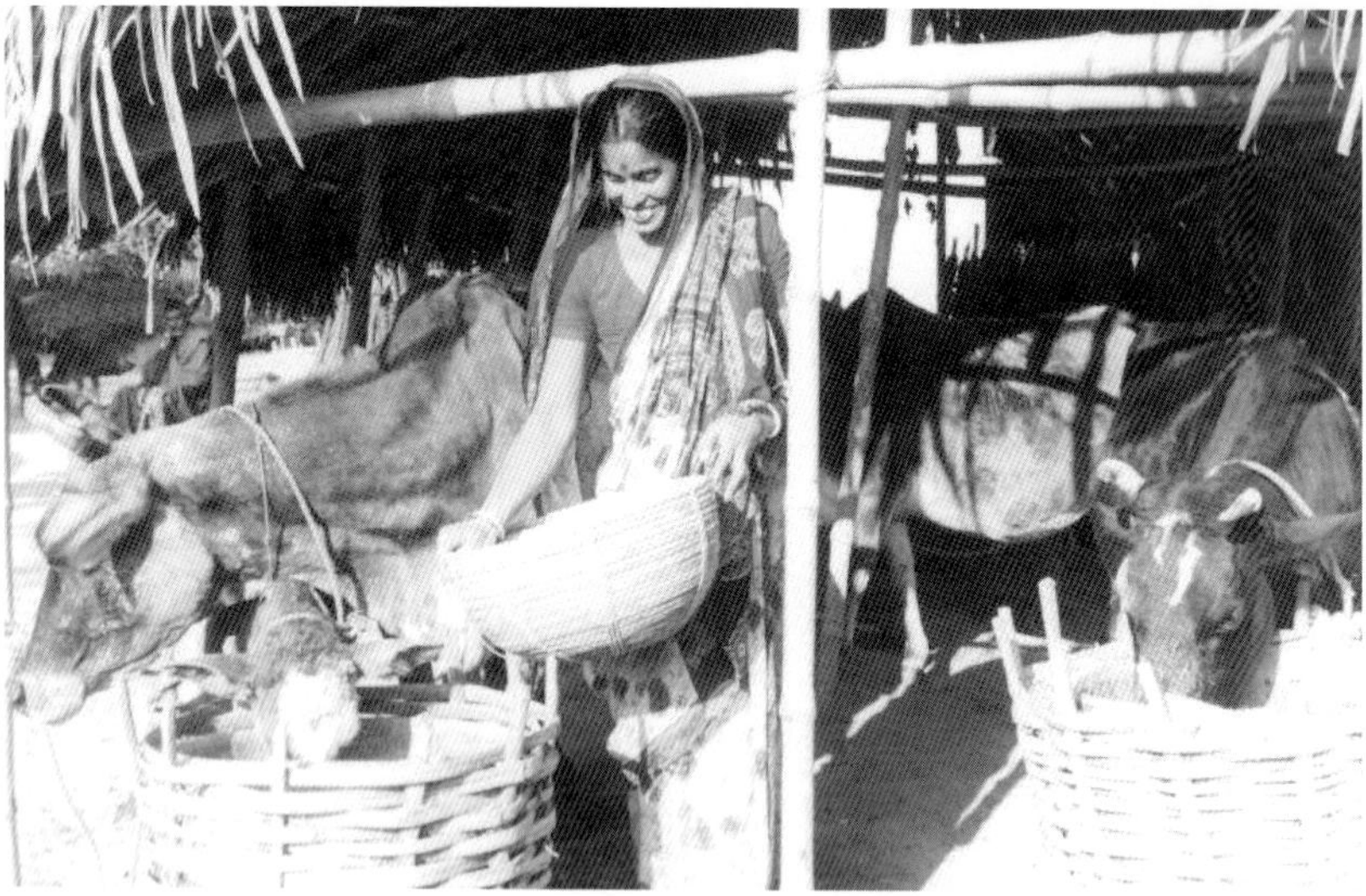

グラミン銀行のローンによって始められた、乳牛を育てるビジネス。

村の住民たちは、その地域のグラミンの「テレフォン・レディ」による携帯電話サービスを利用している。

グラミンの融資で購入した耕運機の周りでポーズを取るグラミンのメンバーの家族。

籠作りの女性は、素晴らしい作品を陳列している。

地方の織物工の女性が、一反のグラミンチェックを織っているところ。バングラデシュ特産の美しい綿織物だ。

グラミンのメンバーたちが、竹の葉で籠を編む仕事をしながら、私に彼女たちの話をしている。

グラミン・シャクティによる太陽光パネル（写真左上）がなければ、この通りの村の店には電気も通っていなかったことだろう。私たちの新たなエネルギー会社は、国の配電網からはずれた村に電気を供給している。

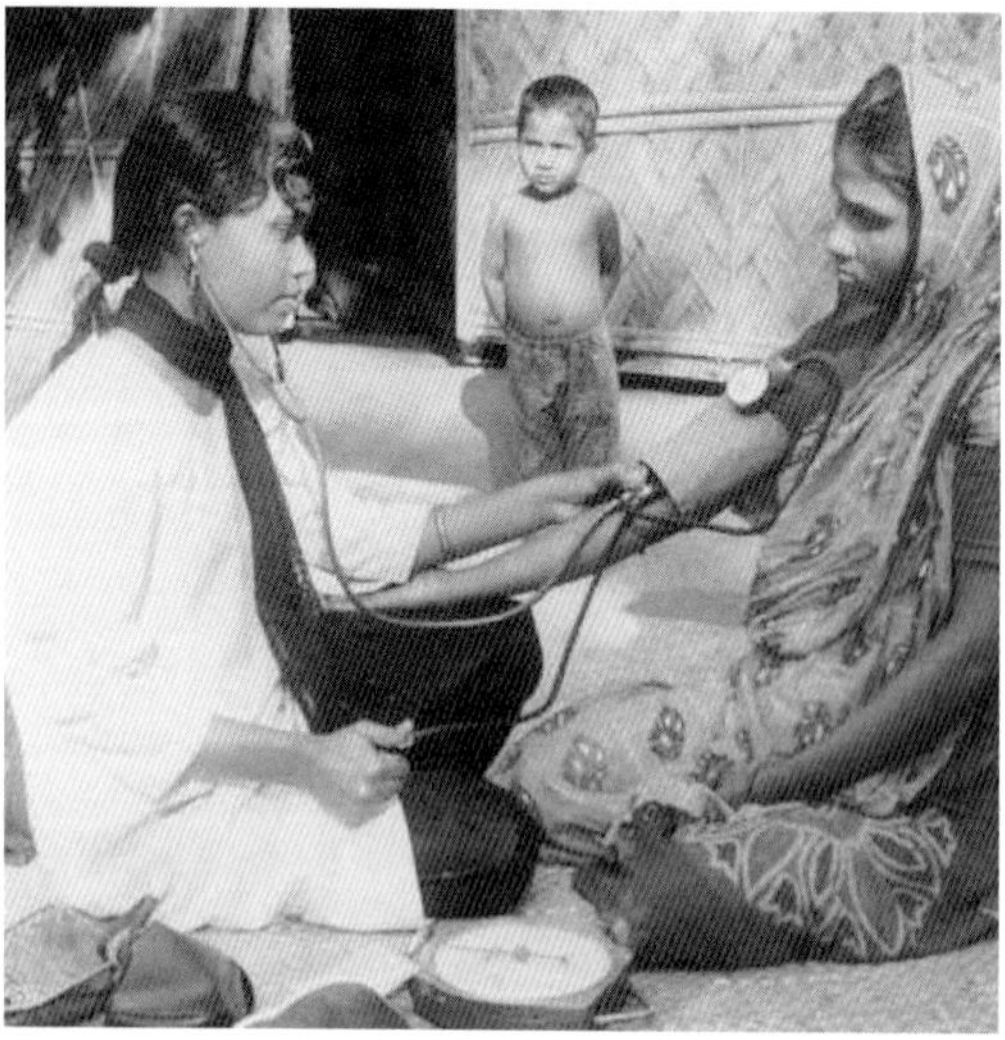

グラミン・カルヤンからきた医者が、村人の健康相談に乗っている。こういったところ以外に、彼らにはヘルスケアを受ける機会はほとんどない。

中国のグラミン方式のマイクロクレジットプログラムの借り手。

グラミン銀行による高等教育ローンを受けた人々。その数は数千人にも上る。

夢の始まり。ダノンのＣＥＯ、フランク・リブーと、サッカー界のスター、ジネディーヌ・ジダンが、グラミン・ダノンの創設を祝うためにバングラデシュに到着した。

供給されたヨーグルトが工場から村へと出発する。

グラミン・レディがバッグにいっぱいの「ショクティ・ドイ」（ヨーグルト）を持って村に到着したところ。子どもたちが歓声をあげて彼女の後を付いてくる。

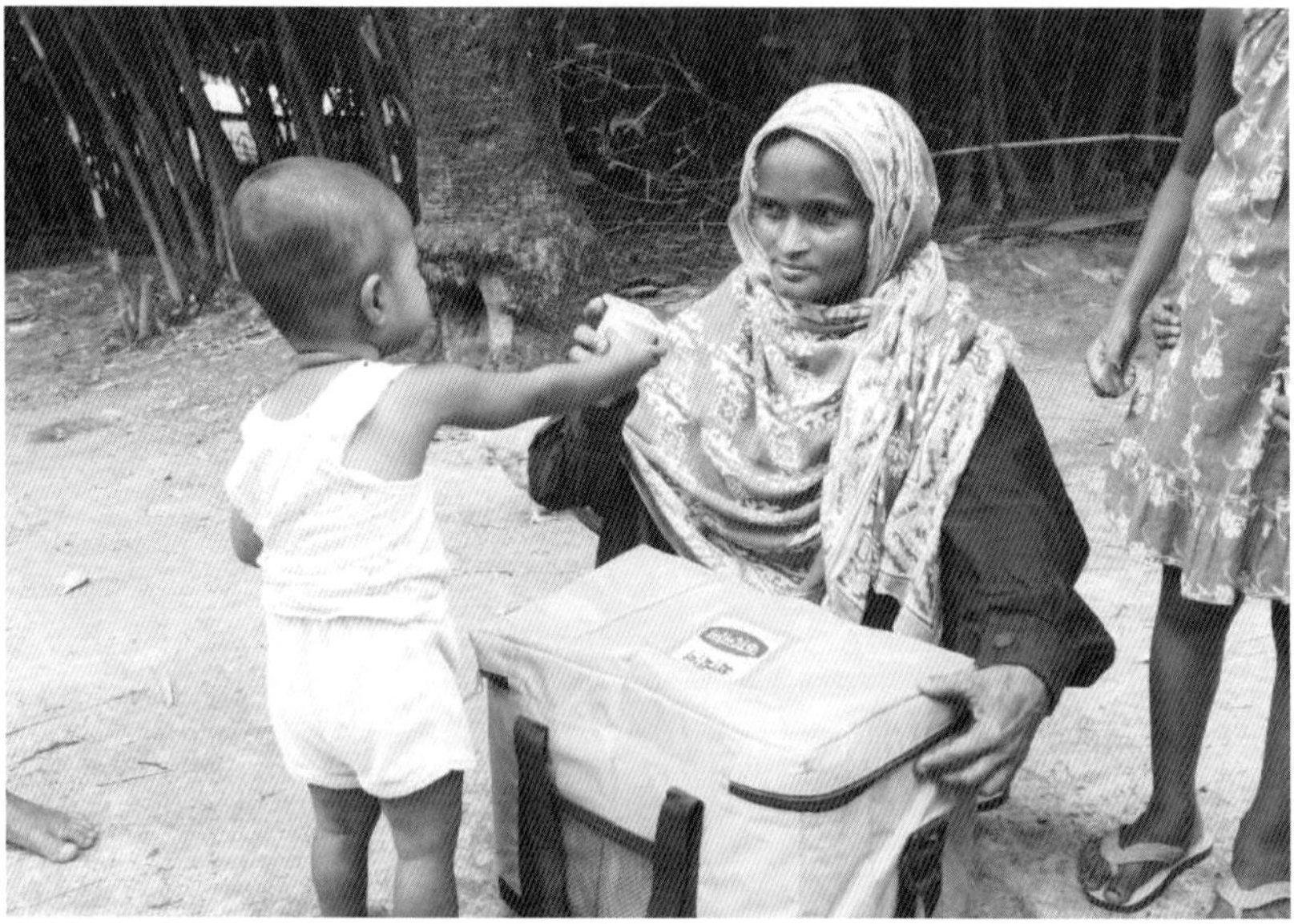

「ショクティ・ドイ」の栄養素は、バングラデシュの子どもたちをしばしば苦しめている栄養失調や下痢、その他の病気にかからないようにするのを助けるはずだ。

ヒラリー・クリントン上院議員と共に。彼女はアーカンソー州のファーストレディーだった時代からずっと、グラミン銀行とマイクロクレジットを応援し続けている。

2人の娘、モニカ（左）とディーナと共に。2005年撮影。

グラミン・グリーン子ども眼科病院の完成予想図。このソーシャル・ビジネスは、現在建設が進んでいる。

2006年12月、ノルウェーのオスロで開かれたノーベル賞の授賞式にて、グラミン銀行を代表する役員たちと共に。

我々はたくさんのことをなし遂げた——しかし、世界のあらゆる街角から貧困という病気をなくすために、まだやり残したことはたくさんあるのだ。

貧困のない世界を創る

――ソーシャル・ビジネスと新しい資本主義

日本語版翻訳権独占
早　川　書　房

CREATING A WORLD WITHOUT POVERTY

by

Muhammad Yunus

Translated by

Hiroko Inokuma

First published in the United States by

PublicAffairs

a member of the Perseus Books Group

First published 2008 in Japan by

Hayakawa Publishing, Inc.

This book is published in Japan by

arrangement with

PublicAffairs

a member of the Perseus Books Inc.

through Tuttle-Mori Agency, Inc., Tokyo.

誰ひとり貧しい人のいない世界を
創りたいと望むすべての人々へ

目次

プロローグ　始まりは握手から

私が設立したマイクロクレジット組織「グラミン銀行」が、バングラデシュの貧しい女性たちに金融サービスをもたらすことに成功したおかげで、さらに多くの女性たちの生活を向上させたいと願うグループから、よく講演の依頼を受ける。二〇〇五年一〇月、私は、パリの北西一五〇キロに位置するドーヴィルというフランスのリゾート地で、ある会議に出席する予定になっていた。さらに私は、ヨーロッパで最も権威あるビジネススクールのひとつであるＨＥＣで講義を行なうため、パリを訪れることになっていた。そこで私は、名誉教授という栄誉ある地位をいただくことになっていたのだ。

フランスに発つ数日前、パリにいる私のコーディネーターの元に、フランク・リブーのオフィスからメッセージが届けられた。リブーはフランスの巨大企業ダノン・グループの会長であり、最高経営責任者である。メッセージはこのようなものであった。

リブーは、バングラデシュにおけるユヌス教授のお仕事についてよく存じあげており、ぜひともユヌス氏にお会いしたいと申しております。ユヌス氏は近々ドーヴィルにおいでになるとのこと。そのときに、リブーとパリでお昼をご一緒させていただくことはできますでしょうか？

私の仕事、特にマイクロクレジットに興味を持つ人々とは、いつでも喜んでお会いすることにしている。世界の貧困を緩和し、最終的に根絶するための闘いにおいて、その手助けをしてくれるような人々であればなおさらだ。有名な多国籍企業の経営者であるリブーならば、会って話す価値は殊に大きいはずである。しかし、すでに組まれていた私のスケジュールに、その申し出を組み込むことができるかどうか、定かではなかった。私は、もし時間が取れるのであればリブー氏にお会いできると嬉しいのだが、とコーディネーターに伝えた。

「心配いりません」とコーディネーターは言った。「ダノンのみなさんは、どんな手をつかってでもあなたを昼食にお連れするはずです。そして、HECのキャンパスまで、十分な余裕を持って、確実に送り届けてくださることでしょう」

そんなわけで、一〇月一二日、私はオルリー空港でダノンが手配したリムジンに乗せられて、ラ・フォンテーヌ・ガイヨンまで連れてこられていた。そこは、最近、俳優のジェラール・ドパルデューがオープンしたレストランで、リブーはそこで私を待っていたのだ。

彼はそこに七人の会社の同僚を連れてきていた。同社のグローバル企業のさまざまな課を担当している幹部社員たちである。取締役会のメンバーの一人であるジャン・ローラン、ダノン・グループの総書記であるフィリップ - ロイ・ジャコブ、ダノンでのドリーム・プロジェクトのまとめ役であるジエローム・チュビアナ。持続可能な開発についてＨＥＣでＭＢＡプログラムを担当している、ベネディクト・フェヴル・タヴィニョ教授も同席していた。

私は個室に案内された。そこでは非常に好意的な挨拶を受け、美味しいフランス料理をいただき、私たちの仕事について話してくれないかと請われた。

私にはすぐに、フランク・リブーと彼の仲間たちが、グラミン銀行の仕事についてよく知っていることがわかった。彼らは、私たちがマイクロクレジットと呼ばれる世界的なムーブメントを推進し続けてきたことを知っていた。そして、そのマイクロクレジットが、少額の――三〇～四〇ドル相当の少額であることが多い――しかも担保不要のローンとして、貧しい人々が小さなビジネスを始めるのに使われるものであることも知っていた。たとえ少額であっても元手を手にすることで、人々は人生を変えられるのだ。時間が経つにつれ、貧しい人の多くは、小さな農園、工芸品のワークショップ、小さな店などのビジネスを生み出す基盤として少額融資を受けることで、彼らの家族を貧困から脱出させることができるのである。実際、私が、貧しい人々――特に女性――にお金を貸し始めるようになって以来、この三一年間で、バングラデシュに限っては、何百万もの家族がマイクロクレジットの助けによって経済環境を改善することができたのである。

私はリブーと彼の同僚に対して、マイクロクレジットがどのように広まったのかを説明した。特に、開発途上地域では、非営利組織（ＮＰＯ）や政府機関、あるいは企業経営者たちが始めた何千もの組織が、いずれもグラミン銀行の成功を見習おうと、マイクロクレジットを行なっている。「実際に来年の終わりまでに、私たちはマイクロクレジット地球サミットにおいて、この運動が始まってまだわずか数十年だというのに、すでに世界中の一億人もの貧しい人々がマイクロクレジットの恩恵を受けるようになっている、と発表したいと思っているんです」と私は彼に言った（二〇〇六年一一月、サミットがノヴァスコシアのハリファクスで開催されたとき、私たちは、本当にその目標に達したと発表することができた。すでに現在では、次の一〇年間に向けてさらなる野心にあふれた目標を設定している。そのうちの最も重要なものは、世界中でマイクロクレジットのおかげで貧困から脱しつつある五億人の貧しい人々を支援しようというものだ）。

最後に私は、グラミン銀行が貧しい人々を援助することを考えながら、いかにして多くの新たな領域に活動の幅を広げていったかを話した。貧しい人々が住宅を持ち、高等教育を受けられるように、特別なローンのプログラムを実行していること。物乞いに資金を貸し出すプログラムを作り出したこと。そのプログラムのおかげで、彼らはもう物乞いをする必要がなくなり、貧しい人々の中で最も貧しい人々も「信用するに値する」ことを世間に示すことができたこと。さらには、一連のビジネス——あるものは営利目的で、あるものは非営利目的で——を発展させ、さまざまな手法で、貧しい人々のビジネス・チャンスを生み出していったこと。私たちがしてきたことは、数千の人里離れた村に電話とインターネット通信サービスを持ち込むことから、伝統的な織物職人たちが作った製品を市場に出すのを助けることにまで及んでいる。そういった方法で、グラミンの考え方が、毎年さらに多くの家族や地域に届くようになっていったのだ、と私は話した。

グラミン小史を話し終わると、私はひと休みして、フランク・リブーがなぜ私を昼食に招いたのか話してほしいと切り出した。「さあ、今度はあなたの番です」と私は言った。「御社についてのお話はうかがっていますが、バングラデシュにはまだ参入していないことはわかっています。ですから、ダノン・グループについて、何かお話を聞かせてください」

「喜んでお話しします」と彼は答えた。

フランクは、彼の会社の概要について話し出した。ダノン・グループは乳製品の世界的企業のひとつであること。発売しているダノンブランドのヨーグルトは、ヨーロッパ、北米、そしてその他の国でもよく知られていること。また、ダノンはボトル入りミネラルウォーターとビスケット（クッキーとクラッカー）では、世界第二位であることも話してくれた。フランクはそこにあったボトルを掲げて、「このエヴィアンもダノンの製品なのです」と言った。エヴィアンなら世界中のホテルやレストランで目にするし、実際に飲んだことがある。今では私もブランドはともかく、この会社について、少しは知っていたのだ。

「それは興味深い」私はそうコメントしたものの、バングラデシュでは贅沢品の上等なミネラルウォーターやヨーグルトが、私やグラミンとどのような関わりを持つことになるのかわからず、途方に暮れていた。フランクはすでに一つの答えを用意していた。「ダノンは世界の多くの地域において、重要な食料供給源になっています。もちろん、飢餓が深刻な問題になっている開発途上国もいくつか含まれています。私たちはブラジル、インドネシア、そして中国でも大きなビジネスを行なっています。最近では、インドにも拡大しました。実際、私たちのビジネスの四〇パーセント以上は、発展途上国の市場で展開されているのです。私たちはそういった国の裕福な人々だけに製品を販売したいと思っているわけではないんです。貧しい人々にも食べ物を提供する方法を見つけたい。それは社会の革新と進歩をになうわが社の歴史的な責任の一部なのです。それは三五年前、私の父、アントワーヌ・リブーの仕事にまでさかのぼります。このバックグラウンドから、私がなぜこのミーティングをお願いしたのかおわかりなのではないでしょうか、ユヌス教授。非常に多くの貧しい人々を援助するために、創造的な思考をめぐらせているユヌス教授とグラミンならば、ダノン・グループのために一つや二つのアイデアを出してくれるのではないかと思ったからなんですよ」

私は、フランク・リブーが何を探し求めているのか、はっきりとはわからなかった。しかし、私がそれまで話したことすべてに、彼が興味を持っていることは感じていた。さらに、私はしばらくの間、私は世界の貧しさを救うためにビジネスがどのような役割をすることができるのだろうかと考え続けていた。ボランティア、チャリティー、そして非政府組織（ＮＧＯ）など、ビジネス以外の経済分野は、貧困とその結果に対処するために多くの時間とエネルギーを捧げている。しかし、最も革新的で、効率的な経済分野であるべきビジネスは、貧困を根絶するという目標にむけて現実に働きかける直接的なメカニズムを持ちあわせていないのだ。

グラミン銀行とその姉妹会社が行なっている仕事は、数百万人もの人々を地方経済、地域経済、そして世界経済へと導く手助けをしてきた。彼らが市場に参入し、お金を稼いで、自分たちとその家族を養うのを可能にしたのだ。他の種類のビジネスにも、貧しい人々に同様の利益をもたらす多くの機会があったように思えた。そのとき、パリの素晴らしいレストランで昼食をいただきながら、私にはそういった機会のひとつが姿を現わしたかのように見えた。そこで私はできるならその機会をつかもうと決めた。

それはビジネスマンたちが好むような、慎重に計画された事業の提案ではなく、まさに場当たり的で衝動的なものだった。しかし、数年経ってみると、このとき私の最も素晴らしいプロジェクトのいくつかがスタートしていたのだと思うようになった。私は言った。「素晴らしいことができる見込みがあります」

私はリブーと彼の同僚に、その案を示した。「ご承知のとおり、バングラデシュ人は世界で最も貧しい人々のうちに入ります。栄養不良は特に子どもたちにとっては恐ろしい問題です。子どもが成長するにしたがって、劣悪な健康状態になるのです」

「御社は一流の栄養食品の製造会社です。御社の製品のいくつかをバングラデシュの村に持ってくるために、合弁企業を設立するというのはいかがでしょうか？　私たちはともに会社を創設し、それをグラミン・ダノンと呼ぶことにしませんか。バングラデシュの田舎の、特に子どもの食事を改善できる健康的な食べ物を製造することができるかもしれません。製品を安く販売することができれば、何百万もの人々の人生を本当に変えることができるに違いありません」

私はそのとき、世界的に有名な会社の最高経営責任者であるフランク・リブーが、バングラデシュからやってきた「貧しい人々のための銀行家」と同じくらい衝動的であると知ることになった。彼は椅子から立ち上がり、テーブルの反対側にいる私に向かって手を差し出した。「やりましょう」彼はそう言い、私たちは握手した。

私は元気づけられはしたが半信半疑でもあった。「こんなにすぐにことを起こすことができるのだろうか？ 私たちは、ここで何に合意したのだろうか？ おそらく彼は、私のバングラデシュなまりを理解していないに違いない」私たちは座り直した。そして、私はリブーと彼の会社がこのことをどう理解しているのか、確かめようと決意したのだった。

「私はまだよくわかっていないかもしれません」とそっと告げた。「私は新しい会社を起こすことを提案しています。あなたの会社とグラミンとの間で合弁事業を行なおうというのです。その会社を私たちの名前であるグラミンを最初にしたグラミン・ダノンと呼んだのは、バングラデシュでは、あなたの会社よりも私たちの会社のほうがよく知られているからです」

リブーはうなずいた。「いやいや、わかってますよ。あなたのお考えはよくわかっています。あなたは、法的な書類よりも手をつなぐことで融資を行なっている、グラミン銀行と借り手との間にある信頼関係を信用していますよね。だから私はあなたのシステムに従うことにしたのです。私はあなたと握手しました。私が関わっているのですから、この取引は最終的な決定です」

私は嬉しくなり、リブーの言葉に興奮した。そして、私はもう一つのことを彼に言った。「私の提案はまだ終わっていません。私たちの合弁事業は、〝ソーシャル・ビジネス〟になるでしょう」

このとき彼は、まるですぐに翻訳できないフレーズを聞いたかのように、少し当惑しているようだった。「ソーシャル・ビジネス？　社会的な企業？　それはいったいどういうものですか？」

「社会的な目標を達成するために考えられた企業です。この会社の場合、目標はバングラデシュの村で貧しい家族の栄養を改善することにあります。ソーシャル・ビジネスの企業は、配当をまったく支払いません。会社が自己持続できる価格で製品を販売するのです。会社の所有者は、ある一定期間で、会社に費やした投資分を取り戻すことはできます。しかし、配当という形での利益は、投資家にはまったく支払われることはありません。その代わり、利益はすべてその中にとどめておくことができます。つまり融資の拡大や、新たな製品やサービスを生み出すこと、あるいは、世界にとってよりよいことをする、ということです。

これは私自身の考えです。長い間考えていました。私は、ソーシャル・ビジネスとして、貧しい人人に役立つような多くの種類の企業を創設できると信じています。私はこの考えを実行に移す機会を探し続けてきたのです。私たちはソーシャル・ビジネスとして、バングラデシュに眼科病院を設立しようとしており、すでにその糸口を開いています。しかし、もしあなたが同意してくださるなら、グラミン・ダノンはソーシャル・ビジネスの力強い新たな例となることでしょう」

リブーは微笑んだ。「非常におもしろい」彼は、テーブルの向こう側で再び立ち上がり、こちらに向かって手を伸ばした。私も立ち上がり、彼に手を差し出した。そして私たちが握手したとき、彼は言ったのだった。「やりましょう」

その言葉が確かに私の耳に届いたことを確信してはいたものの、私は喜びのあまり茫然自失の状態だった。数時間後、HECのキャンパスへ向かう途中、私は急いでリブーにメールを送った。その中で、私は我々が行なった議論の理解をまとめ、私が受けた印象を確認するか、もっとはっきりさせるか、または修正するように彼に依頼した。もし彼がグラミンとダノンとの間にパートナーシップを持ち、世界初の多国籍ソーシャル・ビジネスを創設するために真剣に約束していたのだとしたら、それをどういうものだと彼が理解しているのか、明確にしたかったのだ。そして、もし我々の中に何らかの混乱があったなら——あるいは単に彼が考え直したり、彼の同僚たちが彼を思い止まらせようとしていることがあるなら——私は悪い感情なしに、彼に遠慮なく「ノー」を言う機会を与えたかった。

しかし、ダノンのリブーと彼のチームは、そのプロジェクトを確約した。HECにいる間に、私はアジアにおけるダノンの経営責任者であるエマニュエル・ファベルから電話をもらった。フランクは私たちのミーティングの間、エマニュエルについても言及していた。ダノンでの私たちの共同事業部門を指揮するには彼が適任だと説明されていたのだ。そして、エマニュエルは上海オフィスから電話をしてきた。

「ユヌス教授」彼は言った。「昼食会で生まれたこの具体的なアイデアに、私は今からぞくぞくしていますよ。あなたに会って、このプロジェクトに関して話すのを楽しみにしています。その前に、それについての当座の考えを私に送ってください」私は、そうすることを約束した。

　フランク・リブーとダノンは、そのプロジェクトについて約束しただけでなく、私たちの新しいビジネスを現実のものにするために、かなりの速度で前に進みたがっていた。その後、数カ月の疾風怒濤の間、ダノンとグラミンは、太陽の下で新しい何かを作るために一緒に働いたのだが、それこそが、世界で最初の、意図的に作られた多国籍のソーシャル・ビジネスだったのである。

第一部　ソーシャル・ビジネスの約束

1　新しい業種

一九九一年にソ連が崩壊して以来、自由市場は世界を席捲した。自由市場経済学は中国にも根を伸ばし、東南アジア、南米、東欧、さらに旧ソ連の大部分まで支配するようになった。自由市場で非常にうまくいっていることはたくさんある。資本主義システムの下で長い歴史を持つ国々――西欧や北米――を見れば、素晴らしい富の証拠が目に入る。顕著な技術革新、科学上の発見、そして教育や社会の進歩も見ることができる。三〇〇年前に近代資本主義が出現したことにより、それまで見たことのない物質的な進歩が可能になったのだ。しかしながら、ソ連崩壊から一世代を経た今日、私たちは自由市場への幻滅を感じ始めている。

事実、資本主義は隆盛をきわめている。ビジネスは成長し続け、世界貿易は好況だ。多国籍企業は開発途上地域や旧ソビエト圏で市場を拡大しつつある。そして、技術革新は進み続けている。しかし、すべての人が利益を得ているわけではない。世界的に見た所得分配の物語はこうだ。世界の総所得の九四パーセントの人々にしか行きわたらず、残る六〇パーセントの人々は、世界の総所得のわずか六パーセントで生活しなければならない。世界の人口の半分は一日あたり二ドル以下のお金で生活している。一方でおよそ一〇億人が、一日あたり一ドル未満で生活しているのだ。

貧困は世界中で均等には広がってはいない。その最も悪い影響を受けている特定の地域もある。サハラ砂漠以南のアフリカや南アジア、およびラテンアメリカでは、何億人もの貧しい人々が生きるために闘っている。インド洋周辺の地域に被害を与えた二〇〇四年の津波など、周期的に起きる災害が、何十万人もの貧しく、傷つきやすい人々を死に追い込み続けている。地球の北と南――裕福な地域とそれ以外の地域――の間のへだたりは、ますます広くなっているのだ。

過去三〇年の間に経済上の成功を経験している国のうちのいくつかも、高い代償を支払っている。中国は一九七〇年代後半に経済改革を導入して以来、急速な経済成長を経験し、世界銀行によれば、四億人以上の中国人が貧困から免れている（その結果、中国よりも総人口が少ないにもかかわらず、現在、人口に対する貧しい人々の割合が最も大きい国はインドになった）。

しかし、この進歩は同時に社会問題の悪化を引き起こした。成長を急ぐ中国政府は、企業が水と空気の汚染を引き起こしてもそしらぬ顔をした。そして、多くの貧しい人々の生活が向上したにもかかわらず、持てる者と持たざる者の間の格差はより大きくなっている。ジニ係数などの専門的な分析指標によって測定されるように、中国の所得の不均衡はインドよりもひどいものとなっているのだ。

世界一豊かな国とされるアメリカ合衆国でさえ、社会の進歩は期待はずれなものである。二〇年もの遅々とした進歩の後、貧困層の人々の数は近年増加しているのだ[1]。人口のおよそ六分の一にあたる四七〇〇万人が、健康保険に加入しておらず、基本的な医療を受けるのにすら苦労している。冷戦の終わり以降、多くの人々が「平和の配当」に期待した。防衛費は減少し、教育と医療のための社会プログラムが増えるだろう、と。しかし、特に二〇〇一年九月一一日以降、アメリカ政府は貧しい人々を無視し、武力行使と安全保障に政策の焦点を合わせているのだ。

これらの世界的な問題は、まだ顧みられぬままである。二〇〇〇年にはその問題に立ち向かうべく、世界の指導者が国連に集結し、その他の目標とともに、二〇一五年までに貧困を半減させることを誓約した。しかし、すでにその時間の半分が経過しているが、結果は期待はずれのものである。そして、観測筋の多くが、定められたミレニアム・ゴールは達成されないだろうと踏んでいる（私の祖国バングラデシュについては例外である。目標に向かって確実に動いており、二〇一五年までに貧困を半減させるであろうことは、明らかに確実である）。

何が問題なのだろうか？　自由企業のイデオロギーに基づく世界に本物の挑戦者はいないのだろうか。そして、なぜ自由市場は多くの人々をつまずかせるのだろうか？　より一層の繁栄に向かって進む国もあるというのに、なぜ世界の多くの国々は後に取り残されてしまうのだろうか？

理由は簡単である。現在の自由市場は、社会問題を解決するためにあるのではないからだ。むしろ実際には、貧困、病気、汚染、不正、犯罪、そして不平等を悪化させている。

私はグローバリゼーションの考え方、すなわち、自由市場が国境を越えて広がるべきであるという考えを支持する。国同士の貿易と、資本の絶え間ないフローを認めよう。そして、政府が国際企業を誘致しようとビジネス設備を差し出し、さまざまな便宜を図り、税金面を優遇して規制を緩和するのも結構。一般的なビジネスの原則として、グローバル化はどんな選択肢より貧しい人々に利益をもたらすことができる。しかし、適切な監視やガイドラインなしには、グローバル化は、非常に破壊的なものになる可能性もある。

世界貿易は世界中に交差する一〇〇車線の高速道路に似ている。そこに、信号も制限速度もサイズ制限も、車線もなかったとしたら、世界の最も強力な経済からくる巨大なトラックによってふさがれてしまうであろう。農作業用の小型トラックや、バングラデシュの牛車、人間の力で動かすリキシャなどの小さな乗り物は、道路から締め出されてしまうだろう。

どちらにとっても有益なグローバル化のためには、公正な道路交通法、信号、そして交通警官がいなければならないのだ。「最も強い者がすべてを取る」というルールは、貧しい者が高速道路の上を確実に走れるための規則に取り替えなければならない。それができなければ、グローバルな自由市場は、経済帝国主義の支配の下で失墜してしまうだろう。

同様に、村の、地域ごとの、あるいは国のマーケットにも、貧しい人々の利益を保護するための合理的な規則とコントロールが必要である。そういったコントロールがなければ、豊かな人々が自分たち自身の利益のために、前提となるものを簡単にねじ曲げることができるからだ。収益を上げるために安い労働力（子どもを含む）を自由に利用できる世界の最貧国に工場を持っているグローバル企業、環境を保護するための設備や費用を節約するために空気や水や土壌を汚染する企業、有毒な、あるいは不必要な製品を宣伝する欺瞞に満ちたマーケティングや広告キャンペーン、そういった制限速度のない単線資本主義のネガティブな影響は、日々明らかになっているのである。

貧しい人々を無視し、世界人口の半分を見限っている経済の全セクターにおいてそういったものを目にする。これらのビジネスは、贅沢品を必要としない人々にそういったものを販売することに焦点を合わせているのだ。それが最も大きい利益を得られるところだからだ。

私は、自由市場というものは、あらゆるインスピレーションと自由の源であって、ごく一部の選良に取りいる退廃的な建築家ではないと信じている。世界の最も豊かな国々——北米、ヨーロッパ、アジアの一部地域——は、自由市場によって生み出された創造的な活力、効率、そしてダイナミズムから、途方もなく大きな利益を得てきた。私は、世界で最も無視されてきた人々、つまり非常に貧しい人々に、そういった同じ利益をもたらすことに人生を捧げてきた。エコノミストや実業家が市場について話すとき、彼らは頭数に含まれていなかった。私の経験から言えることは、自由市場が本来通りに力強く、役立つかぎりは、たとえば世界的な貧困や、環境の悪化といった問題に取り組むことができるということだ。しかし、自由市場が最も豊かな株主の財政目標をただ満たし続けるだけのものなら、それは無理である。

政府は答えとなるのか？

多くの人々は、自由市場が社会問題を解決できないのであれば、政府が解決するであろうと考える。民間企業が個々の利益に捧げられるように、政府は社会全体の利益を代表すべきなのだ。したがって、大規模な社会問題は政府が取り組むべき領域だと信じることは論理的であろう。

政府は、私たち誰もが住みたいと思うような世界を作るための手助けをすることができる。政府には個人あるいは民間組織では作り上げることができない、確固たる社会的機能もある。国防、通貨の供給量と銀行業務を管理する中央銀行、公立学校のシステム、国民全体への医療を保障し、伝染病の影響を最小限にくい止めるための国家的な健康サービスなどである。同じくらい重要な役割として、政府は、資本主義をコントロールし、規制するルール、つまり、道路交通法のようなものを確立し、実施する。世界経済では、グローバル化に関する規則については、まだ議論の段階である。国際経済を規制する体制はまだ完全に現われてはいない。しかし、国あるいは地方のレベルでは、多くの政府が自由市場を取り締まる良い働きをしている。特に工業化した世界では、資本主義の長い伝統があり、民主的な政府によって徐々に妥当な規制システムが導入されている。

自由市場における道路交通法では、食物や薬品に対する検査を監督しており、そこにはさまざまな禁止事項が含まれる。たとえば消費者に対する不正行為、危険な商品や欠陥商品の販売、誇大広告や契約違反、環境汚染に対してのものだ。また、これらの法律は企業の業務について、情報の枠組みの規則を定めている——株式の運用、財務情報の公開、および会計と会計監査の標準化などである。これらの規則のおかげで、企業は平等な条件で競争できるようになった。

ビジネスのための道路交通法は完全なものではない。そして、常に十全に機能しているわけでもない。したがって、企業の中には、依然として消費者をだましたり、環境を汚したり、投資家を欺いたりしているところもある。これは、政府の力が弱く、汚職の横行する開発途上地域では特に重大な問題である。だが、始まりこそ一九八〇年代と出遅れ、保守的な政治家たちが、あらゆる機会をとらえて政府の規制を実らせないようにしてきたものの、開発途上国でも通常は政府がそういった規制の仕事をうまく実行している。

しかしながら、ビジネスに対しての素晴らしい規制を持つ政権でさえ、深刻な社会問題を解決できないどころか、それに立ち向かえるようになるまではほど遠い。ビジネスが行なわれる方法に影響を与えることはできるが、ビジネスが無視する領域に立ち向かうことはできない。ビジネスは問題を解決するために権限を与えられるものではない。解決したくなるようなインセンティブが必要だ。交通規則は、グローバルな経済高速道路の上で、小さな車、トラック、さらにはリキシャのための場所を作ることができる。しかし、そんなのんびりした乗り物さえ持っていない何百万人もの人々はどうすればいいのであろう？　人間としての基本的要求さえ満たされていない何百万人もの女性や子どもは？　どうすれば世界の人口の半分の人々を、世界経済の主流に連れてきて、自由市場に参加する能力を与えることができるのだろうか？　経済における信号機や交通警官ではどうにもできないのである。

長い間、こういった問題について訴えようとしてきた政府もある。中世の後期に、イギリスには飢えるかもしれない人々を助ける救貧法があった。現代の政府にも、社会問題に立ち向かい、それを軽減するために医師、看護師、教師、科学者、ソーシャルワーカー、研究者を雇い入れるプログラムがある。

いくつかの国では、政府機関が貧困、病気、その他の社会悪に対する闘いにおいて前進した。バングラデシュの人口過密の問題もそのひとつだ。バングラデシュは一億四五〇〇万人もの人がウィスコンシン州とほぼ同じ広さの土地に住む、世界で最も人口密度が高い国の一つである。もし、世界中の人口をアメリカ合衆国の領土に集めたとしても、今のバングラデシュの人口密度よりもわずかに少ないというくらいなのだ！　しかし、バングラデシュでは人口密度を減らすことにおいて本物の進歩を遂げた。過去三〇年の間に、一人の母親が生む子どもの数の平均は、一九七五年には六・三人であったのが、一九九九年には三・三人にまで低下したのだ。この低下傾向は続いている。これは明らかに全国の診療所で家族計画に必要な製品、情報やサービスを提供してきた、政府の努力のたまものである。また、グラミン銀行と同様、ＮＧＯによる開発や貧困緩和の努力も、重要な役割を果たしてきた。

政府は社会問題に立ち向かうために多くのことができる。社会の隅々に行き届くアクセス手段を持ち、巨額の資金を税収でまかなうことによって大きく、力強いものになる。たとえ貧しくて、租税収入が少ない国の政府であっても、交付金や低利の融資という形で国際資本を得ることができる。だから私たちは、世界の社会問題をどさっと政府の膝の上に落とし、「これで修理して」と言うような傾向にあるのだ。

しかし、このアプローチが有効なものであったなら、問題はとっくの昔に解決されていたはずだ。政府だけでは答えが出ないことはわかる。なぜだろう？

それにはいくつもの理由がある。ひとつは政府は効率が悪く、スピードが遅く、不正が起こりやすく、官僚的で、地位に居座り続ける傾向があるからだ。これらは、すべて政府が持つ利点の副作用だ。その規模、パワー、および影響範囲の広さは、ほとんど必然的に扱いにくい。同時に、自分たちのためにその力と富を使いたがっている人たちに対して魅力的なものになっている。

政府はものを作ることは上手いことが多いのだが、それがもはや必要なくなったり、あるいは負担にすらなってきたときに、作るのを止めるのはあまり上手くない。特権──特に仕事──は、どのような新しいシチュエーションにおいても作り出されるものである。たとえばバングラデシュでは、政府の行政官のマントルピースの上の時計のぜんまいを巻くことだけが唯一の仕事だった労働者がいて、手巻き時計が電子時計に取って代わった後も何年間も、その地位に留まり給与をもらっていた。

政治はまた、政府における効率の邪魔をするものである。もちろん、「政治」という言葉は「責任」を意味している。人々が政府に利益の提供を要求し、利益を守ってもらうために自分たちの代表者に圧力をかけるのは、民主主義の欠かせない特徴である。

しかし、政府のこの同じ特徴は、時として、一つ、あるいはそれ以上の強力なグループの利害を支持して進歩が阻まれることも意味している。たとえば、合衆国の、不合理で、乱暴でいいかげんに作られた、効率の悪い健康医療制度を見てほしい。合衆国では、依然として何千万人もの人々に健康保険がないままになっている。このシステムは、今までのところ、強力な保険会社と製薬会社のために改革できないでいるのだ。

政府のこういった固有の弱点は、ソビエト時代の国家による経済統制が、最終的になぜ崩れたのかを説明するのに役立つものだ。また、そのことは、世界中の人々がなぜ社会問題に対して国家が提供する解決方法に不満であるかについても説明するものとなっている。

政府は、私たちの最悪の問題を軽減するために本分を尽くさなければならないはずだが、政府だけではそういった問題を解決することはできないのである。

NPOの貢献

政府への不満から、世界の諸問題に関心を寄せる大勢の人々が、非営利組織（NPO）の管理運営を始めている。NPOは、さまざまな形態を取り、多くの名前で通っているかもしれない。たとえば「利益をあげない組織」「非政府組織」「慈善団体」「共済組合」「博愛基金」などだ。

チャリティーは、他者に対する基本的で人間的な関心から根づいたものである。あらゆる主要な宗教は、信者に対して貧しい人々への施しを求めている。特に非常事態が起きたときには、NPOは、絶望的な状態にある人々への援助の手助けをする。国内および世界中の人々からの寛大な支援のおかげで、バングラデシュでは洪水と津波の後に何万人もの命が救われた。

しかし、ＮＰＯだけでは、社会問題に十分に応えることにはならないことも判明した。地球規模の貧困、風土病、家を失うこと、飢饉、そして、環境汚染が長く続き、さらに悪くなっていることから、チャリティーだけでは役に立たないことがわかる。また、チャリティーには固有の大きな弱点もある。それは寛大な個人や組織、あるいは政府機関による寄付が安定して流れ込んでくることに依存しているということだ。そういった基金が不足すれば、よい活動もストップしてしまう。そして、ＮＰＯのほとんどの指導者が言うように、あらゆるケアを十分にできるだけの資金は決して集まらないのである。経済が強く、人々の財布が十分に満たされているときでさえ、彼らが寄付できる収入の割合には限界がある。そして、経済が厳しい時期には、貧しい人々に必要なものは増大するが、寄付は減速する。チャリティーはトリクルダウン経済の形態を取っている。すなわち豊かな人からのおこぼれが止まってしまえば、貧しい人々への助けも止まってしまうのだ。

寄付に依存することによって、他の問題も生じてくる。バングラデシュや南アジア、あるいは大部分のラテンアメリカやサハラ以南のアフリカなどの社会的ニーズが高い地域においては、通常、チャリティーによってまかなわれる財源が非常に小さい。また、最も豊かな国の人々に、一度も訪れたことがない遠くの国への関心を持続させ、まったく知らない人々のために寄付を呼びかけることは、時として非常に難しい。これは理解できることではあるが、そういった国々の深刻な社会問題を議題にも上げずに放置することである。

その問題は危機のときにはさらに大きくなる。天災に襲われたとき、戦争によって人口の大変動とそれに伴う苦難が引き起こされたとき、伝染病に襲われたとき、あるいは環境崩壊で周辺地域に住むことができなくなったときなどである。チャリティーの需要は、すぐにその供給を上回ってしまう。そして今日では、ニュースや情報が世界中から絶えず入ってくるために、それぞれに集まるべき私たちの注意と関心がなかなか大きくならない。テレビで報道される劇的な災害が、慈悲深い施しの最も大きな分け前を使い尽くしてしまうのだ。しかし、同じように破壊的であるかもしれないのにそれほど話題にされなかった災難は無視されてしまう。そして、結局「同情疲労」が始まり、人々は与えることを止めてしまう。

その結果、NPOの活動の範囲と有効性には、潜在的な限界が生まれる。寄付する人々から絶えず資金を集める必要があるので、NPOのリーダーはそこに時間とエネルギーを使いきってしまう。本来、プログラムの成長と拡大を計画すべきときにである。社会問題に対する闘いにおいてNPOが足踏みしているのは、当たり前のことなのだ。

NPO、NGO、財団が行なう良い仕事だけでは、世界の社会悪を解決することは期待できない。社会によって定義されるそういった組織のまさしくその本質が、その解決を不可能にしているのだ。

国際機関——開発エリート

多数の国が参加する国際機関という別の組織カテゴリがある。これらは、複数の政府が後援し、その資金を供給しているもので、北半球の繁栄している国に後れを取っている国と地域で経済開発を進めることによって貧困をなくすのがその使命だ。これらの先頭に立つのが世界銀行である。世界銀行には、国際金融公社と呼ばれる民間部門の窓口がある。また、四つの地方開発銀行があり、それらは世界銀行のリードに従っている。

残念ながら、実際のところ、これらの機関は彼らが掲げる目標の達成にはほとんど至っていない。国際機関もまた政府のように官僚的であり、保守的で、動きが遅く、しばしば利己的でもある。またNPO同様に慢性的な財源不足で、当てにすることが難しく、政策に矛盾が見られることもよくある。その結果、過去数十年間費やしてきた何千億ドルもの資金が、ほとんど無駄に使われてしまっている。グローバルな貧困のような問題を軽減するという目標を前にしては、特にそうだ。

世界銀行のような国際機関は、壮大な目標として貧困の排除をはっきり定めている。しかし、彼らは、大規模な経済成長を通じてこの目標を追求することにのみ焦点を合わせている。このことは、国民総生産（ＧＤＰ）が国とその地域で増えているかぎり、世界銀行がその任務を果たしていると感じることを意味している。成長は耐えがたいほど遅いものであるかもしれない。貧しい人々に何の利益ももたらさずに成長しているかもしれないし、あるいは貧しい人々を犠牲にしているかもしれない。しかし、世界銀行を説得してその政策を変えさせようとする人は誰もいないのだ。

成長は貧困を打ち負かすためには非常に重要であり、そこに疑いの余地はない。しかし、貧困を減少させる唯一の方法が成長を促進することであるという考えは、工業化と機械化のためにインフラを整備するのが理に適った道であると、政策立案者に考えさせるのだ。

世界銀行のアプローチの危険性に関して深刻に考えるとき、私たちが追求すべき経済成長のタイプについては議論がある。「貧しさを支援する成長」と「貧しさを支援しない成長」は、しばしば別々の政策選択として扱われる。しかし、私の意見は違う。政策立案者が貧しさを支援する成長だけを特定し、扱ったとしても、彼はまだ本当の問題を逃しているのである。政策立案者の目的が明らかに経済における下落を生じさせることにあるために、貧しい人々はその下落に巻き込まれてしまうのだ。この概念化においては、貧しい人々は物として見られているだけだ。こういった気持ちでは、政策立案者は貧しい人々、特に女性と子どもたちが持つ途方もない可能性を見逃してしまう。政策立案者は、貧しい人々をそれぞれが独立した行為者だと見なすことができない。貧しい人々の健康、教育、そして仕事については心配しても、貧しい人々自身が経済の行為者であるかもしれないと考えることはできないのだ。貧しい人々は、自営の企業家であり、他の人のための雇用をも創り出すことができるというのに。

そのうえ、経済成長を追求することにおいては、政策立案者はすでに安定している団体を活気づけるための努力に焦点を合わせている。そういった団体自体が実は貧困を生み出したり、あるいは貧困を持続させるのに加担しているかもしれないとは夢にも思わないのだ。貧困を作り出した団体と政策には、貧困を排除するための仕事を任せることはできない。代わりに、貧しい人々の問題を解決するように設計された新しい団体を作る必要がある。

別の問題は国際組織がプロジェクトの選択と実現に使用するチャンネルから起こる。多国間であれ二国間であれ、国際組織はもっぱら政府組織を通してのみ活動する。本物の影響を与えるためには、彼らは社会のあらゆる階層に対してオープンであるべきだし、政府の外にある創造的な能力を利用できるよう準備されるべきである。国際組織が政府を飛び越えるようになれば、彼らは多くの興奮するような新機軸を思いつくであろうと、私は確信している。小さなプロジェクトから始め、肯定的な結果を見ることができれば、次に、そのプロジェクトを成長させることができるのだ。

数年にわたって、私は世界銀行とグラミン銀行のビジネススタイルの違いを見てきている。理論的には、両者の仕事は同じ——人々が貧困から逃れるのを助けること——である。しかし、私たちがこの目標を追求する方法は、まったく異なっている。

グラミン銀行は常に、もし借り手に何か問題が生じてローンを返済できなくなったなら、彼女を助けるのが私たちの責任であると信じてきた。もし、借り手に問題が起こったとしても、彼女は正しいのだと自分たちに言い続けてきた。むしろ私たちの方針か、その方針を実現する過程で、私たちが何らかの誤りをしたに違いない、と。そして、私たちは後戻りして、自分たちのやり方を修正する。私たちは、借り手の要件に応じて調整できるように、ルールを非常にフレキシブルにしている。

また、私たちは、どのようにそのローンを利用するかについての決定は、借り手自身がするよう奨励している。もし借り手がグラミンの職員に「私に何か良いビジネスのアイデアを教えてください」と尋ねたときには、職員はこう答えるように訓練されている。「すみません、私は良いビジネスの考えをあなたに差し上げられるほど賢くはありません。グラミンには十分な資金がありますが、ビジネスのアイデアは持っていません。だからこそ、グラミンはあなたのところにうかがったのです。あなたには、アイデアがあり、私たちには資金がある。もし、グラミンに良いビジネスのアイデアがあるなら、お金をあなたにわたす代わりに、そのお金を使って、より多くのお金を稼ぐと思いますよ」

私たちは、借り手には自分自身を大切な存在であると感じてほしい。ビジネスの経験がまったくないからとか、お金を手にしたくないからと言いながら、借り手が融資の申し出を受けるのをためらうときには、私たちは、彼女が自分自身のビジネスのためのアイデアを思いつくことができるのだと確信させる。初めてのビジネスの経験？　それは問題ではない。あらゆることがらは、どこかで始まらなければならないのだから、と、私たちは借り手に言うのである。

それは世界銀行のやり方とはまったく異なっている。もしあなたの国が運が良ければ、彼らは資金を提供するであろう。しかし彼らは同時に、アイデアや専門的技術、トレーニング、プラン、原理原則、そして手順といったものも与える。あなたの仕事は、各ステップごとに書かれた説明書をよく読み、それに正確に従うことである。しかし、この全般にわたる指揮にもかかわらず、プロジェクトはいつも計画通り進むわけではない。そしてこういうとき、いつも責めを負い、被害を受けるように見えるのは被援助国なのだ。

グラミンと世界銀行、この二つの組織には報奨金の制度にも大きな違いがある。グラミン銀行には、支店とスタッフに対して五つ星の評価と報奨金のシステムがある。ある職員が、担当するすべての借り手（通常六〇〇人程度）について一〇〇パーセントの返済実績を維持できれば、彼は緑の星一つを得る。彼の仕事で利益が発生すれば、別の星――青い星――を得る。未返済のローンより多い額の預金を運用できれば、三つ目の星――紫色の星――を得る。担当する借り手のすべての子どもが確実に学校に入れれば、茶色の星を得る。そして最終的に、担当するすべての借り手が貧困から脱却できれば、彼は赤い星を得る。職員は胸にこの星を表示することができる。彼らはこの達成度に非常に大きな誇りを持っているのだ。

対照的に、世界銀行では、職員の成功は彼の仕事が与えた影響ではなく、首尾よく取り決めたローンの額に関係づけられる。グラミンの報酬システムでは、職員の達成した貸出額など考えてさえいない。

世界銀行と国際通貨基金を閉鎖しようというキャンペーンがある。私はいつもそのようなキャンペーンには反対してきた。これらは非常に素晴らしい目標のために創設された、重要な世界機関である。閉鎖するよりはむしろ、完全にオーバーホールすべきなのだ。世界はあまりにも多くの変化を経ていて、もうそれらの組織について再考する時期にきているのである。現在の構造と活動の順序が、使命を果たすために適切でないことは明白である。もし私が自分の考えについて尋ねられたなら、以下のことを強調するだろう。

・新しい世界銀行は、政府だけでなく、これから私が説明するソーシャル・ビジネス・モデルに追従する民間投資家にも開かれるべきである。

・新しい世界銀行は、政府、ＮＧＯ、そして本書で私が提案する新しいタイプの組織――ソーシャル・ビジネスを通じて活動するべきである。
・国際金融公社の代わりに、世界銀行は別の窓口を開くべきである――ソーシャル・ビジネスの窓口である。
・世界銀行の総裁は、世界中の能力のある候補者を審査する調査委員会によって選ばれるべきである。
・世界銀行は、非力な地域事務所より、独自の顧問委員会を備えた半自律的な支店を通じて活動すべきである。
・スタッフの評価は、契約したローンの規模ではなく、仕事の質と、与えた影響とに関連づけられるべきである。もしプロジェクトが失敗したり、あるいは働きが不十分なものであったなら、それを設計し、推進するのに関わった職員には責任を負わせるべきである。
・世界銀行は、貧困削減に与えた影響に基づき、毎年、すべてのプロジェクトを格付けすべきである。そして、各国の事務所は、それぞれ同じ基準で格付けされるべきである。

企業の社会的責任（ＣＳＲ）

いまだにグローバルな貧困やその他の社会的疾病が続いていることを受け、企業活動に社会的責任を求める動きもある。ＮＧＯ、社会運動家、そして政治家は、企業が労働者、環境、製品品質、価格、公正な貿易を尊重するよう圧力を加え、方針の転換を促した。

　多くのビジネスがこれに応えたことは評価できる。さほど昔のことではないが、多くの経営者たちは「民衆のことなど知ったことか」といった態度で企業を経営していた。すべて利益の名の下に彼らは労働者から搾取し、環境を汚染し、製品の質を落とし、詐欺行為を行なっていた。先進国の大部分では、そういった時代はとうの昔に去った。ひとつには政府の規制のためであり、もうひとつには企業の社会的責任（CSR）への流れのためである。

　現在では、多くの人々が、企業の良い行為、悪い行為の両方についてこれまで以上に情報を得ることができるようになっている。新聞、雑誌、テレビ、ラジオ、インターネットは、企業の悪行を調査し、報道している。顧客たちは、社会に害を及ぼす会社は支持しない。その結果、ほとんどの会社がいいイメージを作りたいと切望するようになった。このことがCSRを強力に推進したのである。

　CSRには二つの基本的な形がある。ひとつは、「弱いCSR」とでも呼べるものであり、その信条は「人類や地球に危害を加えない」（利益を犠牲にすることを意味しない）ことである。弱いCSRを実行している会社は、不良品を販売することや、工場の廃棄物を川や埋め立て地に大量に捨てたり、役人を買収したりするのは避ける。

　二つ目は「強いCSR」で、「人類と地球に対して良い行ないをする」（利益をさほど犠牲にしないで済むかぎり）というものだ。強いCSRを行なっている会社は、ビジネスをするうえで他人にとって利益になる機会を活発に探し出そうとする。たとえば、環境に優しい製品や活動を模索したり、従業員に対して教育を受ける機会や健康プランを提供したり、政府のビジネスに対する規制に透明性と公正をもたらす動きを唱導したりするのだ。

ＣＳＲには、起業家たちをより良い方向に導く力があるのだろうか？　ＣＳＲは私たちが探し求めているメカニズム、少なくとも社会における問題のいくつかを正すことができるツールでありうるのだろうか？

残念ながら、答えはノーだ。それにはいくつかの理由がある。

ＣＳＲの概念は、善意の上に築き上げられている。しかし、なかには自分の会社が利己的な利益を上げるために、その概念を濫用する企業のリーダーもいる。彼らの哲学は次のようなものだと思われる。できるだけ多くのお金を稼ぐのだ。貧しい人々から搾取することになってもいい。しかしそのときには、社会運動のために利益のほんの一部を寄付するか、または会社の利益を促進することにつながるような基金を作るのだ。そして、自分がいかに寛大であるかを確実に宣伝するのだ！

そういった企業にとっては、ＣＳＲはいつでも単なる飾りにすぎない。なかには、ＣＳＲに一セントを捧げる会社が、社会問題を悪化させる金儲けのためのプロジェクトに九九セントを費やしているケースもある。これでは、社会をよりよくするための解決策にはならないではないか！

リーダーが心から社会的な変革に興味を持っている企業はいくつかある。より若い世代の経営者がトップに立つようになるにつれ、その数は増えつつある。テレビとインターネットで育った若き経営者たちは、前の世代の人たちよりも社会問題を意識し、世界的関心事に目を向けている。気候変動、児童労働、エイズの蔓延、女性の権利、世界の貧困といった問題を心配している。こういった若い人人が企業の社長や副社長、最高経営責任者になるにしたがい、これらの問題が取締役会に持ち込まれるようになる。彼らのような新しいリーダーが、ビジネス哲学の核心部分にCSRを持ち込もうとしている。

これは善意から出た試みではある。しかし、それは基本的な問題にぶつかってしまう。企業の経営者は経営している事業の所有者に対して責任がある。それが個人オーナーであれ、株式市場を通して投資する株主であれ、企業の所有者の目的は一つしかない。つまり、「出資した金を増やす」ということである。そのため、所有者に報告義務を負う経営者は、一つの結果を求めて努力しなければならない。つまり「会社の価値を高める」ということだ。それを達成する唯一の方法は、会社の利益を上げることである。実際、株主があらためて別に命令しないかぎりは、利益を最大にすることこそが、株主に対する経営者の法的義務なのである。

CSRへの信念を公言する企業は、常にこんな条件の下で動いている。それは実のところ「私たちは社会的責任を遂行するつもりです——そのことで私たちが可能なかぎり大きい利益を上げるのを妨げない程度に」と言っているに等しい。CSRの提案者の中には、利潤追求と社会的責任とは必ずしも対立しないという人もいる。時にはこれは本当である。幸運な偶然の出来事を通して、時折、社会が求めることと高い利益とはたまたま一致することもある。

しかし、利益とCSRとが相いれないとき、何が起こるのであろうか？　市場の要求と長年の社会の関心事が対立するときにはどうだろうか？　企業は何をするのだろうか？　経験上、企業の利益がいつも優先されることはわかっている。企業の経営者は、企業の所有者や株主に対する責任があるので、利益を上げることが最優先されなければならないからだ。もし、彼らが社会福祉を増進するために利益が減少することを受け入れるなら、企業の所有者たちはだまされたと感じ、企業の社会的責任とは企業の財務的無責任であると考えるだろう。

したがって、ＣＳＲの支持者は財務的、社会的、環境的な利益の「三つの決算数字」で会社を評価するべきだと言うが、結局は、唯一、財務上の利益だけが決定権を持つのである。

一九九〇年代から新世紀にかけて、アメリカの自動車会社は燃費の悪い特大のＳＵＶ（スポーツ・ユーティリティー・ビークル）を生産していた。製造するために莫大な資源を必要とするうえ、車はガソリンを食い、ひどい汚染を作り出していた。しかし、ＳＵＶは人気があった――企業にとってはドル箱でもあった――ため、自動車メーカーは膨大な台数を製造し販売し続けてきた。ＳＵＶは社会にも環境にも、世界にとっても非常に無責任なことをし続けたのである。

これはＣＳＲの最も基本的な問題を示した例だ。本質的に、企業には社会問題に対処する準備がない。企業の経営者が利己的であるとか、貪欲であるとか、あるいは邪悪であるということでそうなっているのではない。問題はまさしくビジネスの本質にあるのだ。さらに深いところでは、資本主義の中心にある企業の概念に問題があるともいえる。

資本主義は開発途上の構造

資本主義は人間の本質について狭い見方を取り入れている。つまり、人間が最大の利益を追求することだけに関心がある一次元的な存在であると想定しているのだ。自由市場の概念は、一般的な理解では、この一次元的な人間像に基づいている。

主流の自由市場主義理論では、ただ自分のためだけに大部分を得ることに集中するなら、人は可能なかぎり良い方法で社会と世界に貢献すると仮定している。この理論の信奉者がテレビで暗いニュースを見ていれば、利潤追求が万能薬なのかどうかと疑い始めるべきだが、彼らは普通、そのような疑いを捨て、世界のすべての悪いものを「市場の失敗」のせいにするのである。彼らは、十分に機能している市場では喜ばしくない結果を生むことなど絶対にない、と信じるよう訓練されてきたのだ。

私は、さまざまなことが「市場の失敗」のために支障をきたしたのではないと考えている。問題はそれよりはるかに深刻だ。主流の自由市場主義理論は、「概念化の失敗」に苦しんでいるのだ。つまり、人間の本質をとらえることの失敗である。

普通のビジネスの理論においては、私たちは、ビジネスのリーダー（いわゆる企業家）の役割を果たす一次元的人間として創られたものとされている。余生、宗教、感情、政治、そして社会から隔絶され、唯一の任務である利益の最大化に専念している。そしてその任務を達成するために投資してくれる、別の一次元的人間によって支援されている。オスカー・ワイルドの言葉を引用すれば、彼らはあらゆるものの値段については知っているが、その価値については何も知らないのである。

私たちの経済学の理論は、自由市場の競争に専念している人々が住む一次元的な世界を創り出した。その世界では、勝利は利益によって純粋に測定されるのだ。そして、私たちは利益追求こそが、人類に幸福をもたらす最も良い方法であるという理論に説き伏せられているため、熱狂的にその理論を模倣し、一次元的な人間に変身するように努力するのである。理論が現実を模しているのではなく、現実が理論を模すように強いられているのだ。

そして、今日の世界は資本主義の成功に非常に魅了されているため、経済理論に隠されたシステムをあえて疑おうとすることがないのである。

しかし、現実は理論とはまったく異なっている。人間は決して一次元的な存在ではない。わくわくさせられるような多次元的な存在だ。人間の感情、信条、優先順位、行動パターンは、光の三原色から何百万もの色合いを作り出すことができることにたとえるのがふさわしい。最も有名な資本家たちでさえ、さまざまな興味と意欲を共有している。だから、アンドリュー・カーネギーやロックフェラー一族からビル・ゲイツまで、巨頭たちは結局はより高い目標に焦点を合わせ、利益追求のゲームから顔を背けたのだ。

多次元的なパーソナリティーの存在は、必ずしもすべてのビジネスが利益を最大化するというただ一つの目的を目指すことを強いられているわけではないことを意味する。

そして、その場所こそソーシャル・ビジネスの新しい概念が入り込む余地なのである。

注

1　貧困線については、貧困問題について研究する個人とグループとほぼ同じくらい多くの定義が存在する。最近の世界銀行の研究では、自国の貧しい人々の求めに取り組む特定の国で生まれ、使われている三三の異なる貧困ラインについて言及している。それより早く、本章で私は一日あたり一ドル相当の収入があるかないかという、広く使われている貧困の基準について言及した。本書の残りの部分で、私が特定の説明なしに「貧困」について言及する場合はいつも、この一日あたり一ドルの定義を前提にしている。

2　ソーシャル・ビジネス——それはどのようなものなのか

資本主義の構造を完全なものにするために、私たちは人間の多次元的な本質を認識させられるような、別の種類のビジネスを導入する必要がある。それは既存の企業を「利益の最大化を目指すビジネス（ＰＭＢ）」として記述するなら、新しい企業はソーシャル・ビジネスと呼ばれるかもしれない。企業家たちは、限られた個人的な収入を得るためではなく、特定の社会的目標を追求するために、ソーシャル・ビジネスを設立するであろう。

自由市場の原理主義者にとっては、これは冒瀆のように思えるかもしれない。利益以外の目的を持つビジネスのアイデアなど、既存の資本主義理論にはどこにもないからだ。たしかにすべてのビジネスがＰＭＢでなかったとしたら、自由市場には何の害もなかった。また資本主義は改善されるべきであることもたしかだ。賭け金は高くなりすぎ、私たちはこれ以上来た道を進むことができない。あらゆるビジネスは定義上、必ずＰＭＢであるに違いないと主張し、ある種の自明の理としてこのことを扱うことで、私たちは人間に備わった多次元性を無視する世界を創りあげてきた。その結果、ビジネスは私たちの最も切迫した社会問題に立ち向かうことができないままで残されてしまった。

私たちは、本当の人間の姿と、その多面的な願望を知る必要がある。そうするためには個人的な利益よりも目標を追求するビジネスの新しい方法が必要になっている。つまり、社会問題や環境問題を解決するのに完全に専念するビジネスである。

組織体制においては、この新しいビジネスは既存のPMBと基本的に同じである。しかし、その目的は異なる。労働者を雇い、品物やサービスを生み出し、その目的にふさわしい価格で顧客に提供することはこれまでと同じだ。しかし、その基調となる目的——そして評価基準——は、関わった人々の生活のために社会的恩恵を生み出すことである。会社そのものは利益を上げるかもしれないが、会社を支える投資家は、ある一定期間に投資したのと同じ額を取り戻す以外には、会社から一切の利益は持ち出せない。ソーシャル・ビジネスは、利益によってではなく、動機によって動く企業であり、世界の変革推進者として活動するのだ。

ソーシャル・ビジネスは慈善事業ではない。あらゆる意味においてビジネスにほかならないのだ。社会的目標を達成する間に、かかった総費用を取り戻さなければならない。ビジネスを営むのは、慈善事業を行なうのとは考え方も、活動内容もまったく異なっているはずだ。これが、ソーシャル・ビジネスとそれが社会に与える影響をこれまでとまったく違うものにしている。

今日、世界には社会的な利益を生み出すことに集中する多くの組織がある。そのほとんどがかかったコストをまったく取り戻すことができない。NPOやNGOは、プログラムを実行するために慈善による寄付金、基金からの補助、あるいは国庫からの補助に依存している状態だ。そういった組織のリーダーの大部分は立派な仕事をしている、ひたむきな人々である。しかし、彼らは自分たちのコストを自分たちの活動で取り戻すことがないために、やむをえず時間とエネルギーの一部を、時にはかなりの部分を、資金の工面に注いでいる。

ソーシャル・ビジネスは違う。まさしく伝統的なPMBのような管理原則に従って運営されており、ソーシャル・ビジネスではすべてのコストを回収するのが目標である。さらには社会的な利益を提供するサービスや製品を生み出すことに集中するときでさえ、コストの回収が目標になる。これらの製品やサービスに価格を設定することによって、この目標を追求するのである。

ソーシャル・ビジネスによる製品やサービスは、どのようにして社会的な利益を提供することができるのであろうか？　それには無数の方法がある。たとえば、次のような例を想像してほしい。

・貧しくて栄養不良の子どもたちに、非常に安い価格で、高品質で栄養価の高い食品を製造し、販売するソーシャル・ビジネス。高級品の市場には参加しないため高価なパッケージや広告も不要で、また会社は最大限の利益を上げることを強制されないので、製品をより安くすることができる。
・手頃な医療を貧しい人々に提供するための健康保険契約を設計し、売り出すソーシャル・ビジネス。
・手頃な価格で再生可能なエネルギーシステムを開発して、それ以外のエネルギーを買うことができない僻地の村落に販売するソーシャル・ビジネス。
・貧しく、政治的に無力な地域で、汚染を発生させるゴミ、下水、その他の廃棄物をリサイクルするソーシャル・ビジネス。

それぞれのケースで、そして考えられるその他の多くのソーシャル・ビジネスにおいて、企業は貧しい人々や社会全体の利益になるときにも収入を得られるような製品やサービスを供給しているのである。

製品やサービスに価格や料金を課しているプロジェクトであっても、完全に費用をまかなうことができるというわけではないものには、ソーシャル・ビジネスの資格はない。損失を補填するために補助金や寄付金に依存しなければならない限り、そのような組織は慈善事業のカテゴリーに残される。しかし、そのようなプロジェクトでも、持続されたベースでいったん全てのコスト回収を実現すれば、もうひとつの世界、すなわちビジネスの世界へと卒業していける。それができるようになったものだけを、ソーシャル・ビジネスと呼べるのである。

全コスト回収の達成は祝うべき瞬間だ。社会的な目的で運営されるプロジェクトが、いったん財政的な依存という重力に打ち勝てば、宇宙飛行の準備ができているようなものなのだ。そのようなプロジェクトは、自己持続型であり、ほぼ無制限の成長と拡大の可能性を享受することができる。そして、ソーシャル・ビジネスが成長すれば、それが社会に提供する利益も成長するのである。

ソーシャル・ビジネスは、企業として設計され、経営されるものである。製品やサービス、顧客、市場、費用、そして利益を伴っている。しかし、企業の利益最大化の原理は、社会的利益の原則に置き換えられている。投資家を喜ばせるために最大限の財務上の利益を集めようとするのではなく、ソーシャル・ビジネスは社会的な目標を達成しようとしているのである。

ソーシャル・ビジネスの利益はビジネスの中にとどまる

ソーシャル・ビジネスは別の重要な方法において、慈善事業やＮＧＯ、ＮＰＯとは異なっている。ソーシャル・ビジネスには、伝統的なＰＭＢのように、彼らの投資を取り戻す権利を与えられた所有者がいる。所有者は一人かそれ以上の個人、個人企業かパートナーシップ企業、あるいは一人以上の投資家であるかもしれない。彼らはソーシャル・ビジネスに資金を提供し、専門の経営者を雇うために資金をプールするのである。また、所有者が政府や慈善団体、あるいはこれらの組み合わせのこともあるだろう。

あらゆるビジネスと同じく、ソーシャル・ビジネスも無期限に損失を被ることはできない。しかし、そこで得たどんなわずかな利益も、投資家のものにはならない。したがって、ソーシャル・ビジネスは「損失もない代わりに配当もないビジネス」と定義されるかもしれない。ソーシャル・ビジネスによって発生した余剰金は、投資家に渡るのではなく、ビジネスに再投資される。その結果、余剰金はより安い価格、より良いサービス、そしてより大きなアクセシビリティという形で、ターゲットとしているグループの受益者に渡るのである。

収益性はソーシャル・ビジネスにとって重要である。社会的目標を妥協しないことが可能な場所であればどこでも、ソーシャル・ビジネスは二つの理由から利益を上げるべきである。まず第一に、投資家に元本を払い戻すこと、そして第二に、長期の社会的目標追求をサポートするためである。

伝統的なＰＭＢのように、ソーシャル・ビジネスには長期のロードマップが必要である。余剰金を発生させることによって、ソーシャル・ビジネスはその地平線を広くするのである。すなわち、新しい地図上のエリアに参入すること、求められる製品やサービスの質や範囲を改善すること、研究開発の努力に取りかかること、工程での効率化を進めること、新たなテクノロジーを導入すること、あるいはマーケティングやサービス配送を改革して、低収入の人々の層に届くようにすることが可能になるのだ。

しかしながら、ソーシャル・ビジネスの本質は、損害を被ることなく、可能なかぎり最良の方法で人々――特に私たちの中で最も恵まれない人々――と地球に奉仕することだ。

投資家がソーシャル・ビジネスへの投資を取り戻すにはどれくらいかかるのだろうか？　それはそのソーシャル・ビジネスの経営と投資家次第だ。提案された投資回収の期間は、投資目論見書に具体的に記されるが、それは五年、一〇年、あるいは二〇年かかるかもしれない。投資家は、この時間的な枠組みや、各自が予想した需要や、特定の社会的目標に対する好みをもとにして、投資するにふさわしいソーシャル・ビジネスを選ぶことができる。

いったん初期投資を回収すれば、投資家は、それらの基金を何に使うか決めることができる。同じソーシャル・ビジネスに再投資するか、あるいは別のソーシャル・ビジネスやＰＭＢに投資するか、または個人的な目的に使うかもしれない。いずれにせよ、彼らはそのソーシャル・ビジネスの所有者であり続け、これまで同様、会社をコントロールすることができる。

投資家はなぜソーシャル・ビジネスに投資するのだろうか？　一般的に、人々は慈善事業に関わって得ることができるのと同じ種類の個人的な満足のために、ソーシャル・ビジネスに投資するのだろう。満足はより大きいものになるかもしれない。というのも、彼らが創設した会社はとどまることなく、より多くの人々のために計画された、社会的便益のための仕事を続けるからだ。毎年、世界中の人々が数十億ドルもの資金をチャリティーに寄付していることから、人々が他人のためになる方法でお金を使いたいと強く願っていることがわかる。しかし、ソーシャル・ビジネスに投資するのは、慈善事業に寄付するのとは相当に大きな違いがある。

第一に、ソーシャル・ビジネスは自己持続型だということだ。毎年資金を投入する必要はまったくない。それは、自ら進み、自ら永続させ、自ら拡張するのである。一度セットアップされれば、自分自身で成長し続けるのだ。これにより投じた資金以上の社会的利益をもたらすことができる。

二番目に、ソーシャル・ビジネスの投資家は自分の資金を取り戻せるということだ。投資家はまったく同じ、あるいは異なるソーシャル・ビジネスに再投資することができる。この方法で、同じ資金がより多くの社会的な利益をもたらすことになるのだ。

これはビジネスなので、ビジネスパーソンにとっては単にソーシャル・ビジネスという商売の機会であるだけでなく、社会問題を解決するために自身のビジネススキルと創造性を発揮する機会であることに気付くだろう。投資家は、資金を取り戻すだけではなく、会社の所有者としてその後の行動について決めることができる。これが非常におもしろいところである。

ビジネスの風景の広がり

ソーシャル・ビジネスの参入によって、市場の中にはいくつかの新しくておもしろいオプションがあることがわかった。そして、市場はさらにおもしろく、魅力的で、競争の激しい場所になってきている。社会的な関心事は、広報の窓口を通してではなく、対等な立場で市場に入ってきたのだ。

ソーシャル・ビジネスはＰＭＢと同じ市場で運営されることだろう。他のビジネスがそうするように、ＰＢＭと競争し、裏をかこうとし、シェアを得ようとするだろう。もしソーシャル・ビジネスがＰＭＢからも供給可能なある特定の製品やサービスを提供するなら、消費者はまさに彼らが現在競争しているＰＢＭの中から選ぶように、どこで買うかを決めることになるだろう。従来どおり、価格、品質、便利さ、有用性、ブランド・イメージ、さらには、今日消費者の選択に影響を及ぼしている他のあらゆる要因について考えるだろう。

多分、ある消費者にとっては、ソーシャル・ビジネスが作り出す社会的利益がその商品を買う理由のひとつとなることだろう。ちょうど消費者が今日、労働者に優しいとか、環境面での配慮があるとか、社会的責任を果たしているという評判を元にある会社をひいきにするのと同じように。しかし、伝統的な資本主義の競争に見られるように、ソーシャル・ビジネスはおおむね、同じ諸条件のPMBと競合することになる——そして勝つのは最良の会社だ。

ソーシャル・ビジネス同士も互いに競争しあう。二つかそれ以上のソーシャル・ビジネスが同じ市場で操業していれば、消費者は、どの会社をひいきにするか決めなければならない。やはり、製品とサービスの品質が、ほとんどの顧客にとって、主な決定要因になるはずだ。

ソーシャル・ビジネスは、ちょうどPMBがそうしているように、潜在的な投資家を獲得するために競い合う。もちろん、それはPMB同士の中で起こるのとは異なる種類の競争になるはずだ。

投資を獲得すべく競合している二つの自動車メーカーについて考えてみよう。どちらのPMBがより素晴らしい将来の利益を持っているかの競争になる。A社がB社より利益を上げそうだとほとんどの投資家が信じれば、彼らはA社の株を買いに走るだろう。というのも彼らは、将来より高い配当を得られることを予想し、会社の総合的な価値(あるいは株価)において継続的な成長利益を得ると予想するからだ。これは投資家を幸福にし、A社の株価が上がる上向きのサイクルの始まりとなる。

対照的に、二つのソーシャル・ビジネスが投資家をめぐって競争するときには、それは今後の利益の最大化ではなく、達成される社会的利益に基づくものになる。それぞれのソーシャル・ビジネスが、ライバルよりも人々と地球の役に立つと主張しあい、そのためのビジネスプランを策定し、宣伝するだろう。ソーシャル・ビジネスの投資家は、慎重にそれらの主張を精査するはずだ。結局、彼らは自分の資金を、社会に利益をもたらすという目標を抱いて投資しようとするのである。また、彼らは自らの投資が最も良いことに使われるのを確実にしたいと思っている。ちょうど利益志向の投資家が、将来の配当と株価の成長への期待を最大にしようとするように、ソーシャル・ビジネスの投資家は、その会社が取り組んでいる社会問題の解決にどれくらい近づいているかを見極めたいと思っているのだ。

したがって、競合しているソーシャル・ビジネスは、互いにその効率を高めるために、また、人々と地球にとってより役立つようにと、お互いに励まし合うようになるだろう。これがソーシャル・ビジネスの概念の最大の力のひとつであり、それによって世界の社会的な進歩に自由市場の競争の利点がもたらされるのだ。

アイデアの市場での競争はいつでも前向きの強い力を持っている。大勢の人々がアイデアを発展させて磨き、できるだけ良い仕事をしようと競っているときには――そして競争の結果にしたがい、会社と人に資金が流れこむ時には――総合的なレベルであらゆる人々のパフォーマンスは劇的に上昇する。多くの人々が、この有益な競争の効果を見守っている。たとえば、パーソナルコンピューター・メーカーの間での苛烈な競争においては、ＰＣの速度、パワー、他の特徴が向上したときでさえ、ＰＣの価格は劇的に下落した。日本の自動車や電子工学製品の隆盛によって、米国やヨーロッパの企業は、顧客と投資家の両方を獲得するため、商品の品質改善を余儀なくされた。

ソーシャル・ビジネスの概念で投資の獲得競争市場を創ることによって、世界の恵まれない人々の役に立つことを希求する人々に前向きなプレッシャーがもたらされるのである。

ソーシャル・ビジネスにおける競争は、PMB同士の競争とは質の点で異なるものだ。PMBの競争は、より多くの金を稼ぐことに関するものである。損をすれば、財務的に傷つくことになる。ソーシャル・ビジネスにおける競争は、そのプライドや、どのチームが社会的目標を最もよく達成できるかを明らかにすることに関するものになるだろう。競争相手とも友人のままでいられるはずだ。彼らは互いから学び、社会に資するもっと大きな力になりたいと思えば、いつでも合併できる。そして、別のソーシャル・ビジネスが同じ分野に参入してくれれば、気を揉むよりむしろそのことを喜ぶはずだ。

投資家を引き付けるためにも、私は別の株式市場の創設を提案する。その株式市場を「ソーシャル・ストック市場」と呼ぶことができるに違いない。ソーシャル・ビジネスの企業だけがそこに上場することができる（この概念については第8章で詳しく述べる）。ソーシャル・ビジネスの株式を取引する公開市場の存在は、多くの恩恵をもたらすだろう。資金の流動性が生まれ、ちょうど現在のPMBへの投資と同じように。株主は投資を容易に移すことができる。そしてそれは、ソーシャル・ビジネスに対する公的な監視と評価を生じさせ、市場でよく起きる普通の問題——詐欺、虚偽の報告、あふれるクレーム、見せかけのビジネスといったもの——を解決するための政府の規制を補う「自然な規制」の層となる。そして、ソーシャル・ビジネスの概念への注目度が高まり、投資家と企業家からさらに多くの金とエネルギーとを引きつけるだろう。

二種類のソーシャル・ビジネス

現在のところ、ソーシャル・ビジネスの概念の開発においては、まだその概要を見ることができるにすぎない。何年か先にソーシャル・ビジネスが世界中に発生し始めるとき、そこに新しい特徴と形の発展を見ることは疑いない。しかし、今日の一歩先んじたわれわれの視点から、私は二種類の可能なソーシャル・ビジネスを提案しようと思う。

一つはすでに説明したものである。所有者に対する最大限の利益を追求するよりはむしろ社会的な利益を追求する企業で、経済的な報酬よりも心理的、精神的な満足のために、貧困削減、貧しい人々へのヘルスケア、社会的な正義やグローバルな持続性といった社会的な利益を求める投資家によって所有されているものである。

二つ目は、かなり異なったやり方で運営されるものである。貧しい人々や恵まれない人々によって所有されている、最大限の利益を追求するビジネスである。このケースでは、ＰＭＢが生み出す配当と株式の成長を貧しい人々の利益になるようにしむけ、そこから社会的な利益を得るものである。その結果、彼らの貧困を軽減する、あるいは一社会全体として貧困から脱出することさえ助けることになる。

これらの二種類のソーシャル・ビジネスの差異に注目してほしい。前者の場合、それは社会的な利益を生み出す製品、サービス、あるいは業務体系の本質である。この種のソーシャル・ビジネスは、貧しい人々を援助するために食物、住宅、ヘルスケア、教育、あるいはその他の価値ある品々を提供するだろう。環境を浄化したり、社会的不公正を減少させたり、ドラッグやアルコール依存症、家庭内暴力、失業、犯罪などの病気を軽減したりするために働くかもしれない。製品あるいはサービスの提供でコストをまかなっている間にこういった目的を実現して、投資家に対して金銭的な配当を支払わないあらゆるビジネスはソーシャル・ビジネスとして分類することができる。

二番目のタイプのソーシャル・ビジネスでは、製品やサービスは、社会的利益を生み出すかもしれないし、生み出さないかもしれない。この種の企業によって生み出される社会的利益というのは、その所有権から来るものである。企業の所有権は貧しい人々や恵まれない人々（会社の取締役会で定められた特定の、そして明確な評価基準によって定義される）にあるため、会社の経営で生じる金銭的な利益はすべて、貧窮する人々を助けるものになる。

ある国の貧しい村が、川によって商業の中心地と切り離されていると想像してほしい。川の深さ、幅、流れの速さのせいで、徒歩や普通の自動車では渡れない。川を渡る唯一の方法はフェリーだが、運賃が高く、スピードが遅く、本数が少ない。その結果、村の貧しい人々は、経済的、社会的なハンディキャップに直面している。そのことで彼らの収入は下がり、購入できるはずの商品も手に入らず、教育、ヘルスケア、そしてその他の重要なサービスにアクセスする機会が減っている。ここでは、国家や地方政府が、資金不足や政治上の無関心、あるいは他の短所のためにその問題に取り組むことができないと仮定しよう（これはあくまでも例であるが、開発途上地域の大部分での状態について正確に説明している）。

商業中心地と農村地域とをつなぐ新しい高速道路、もしくは安全で近代的な橋の建造のために、民間企業を作るとしよう。この企業は二つの方法においてソーシャル・ビジネスとして組み立てられる。

まず一つの方法として、貧しい住民には割引の通行料金でアクセスを提供することができるかもしれない。一方で中流、上流の住民や大きな営利団体には、商業的な通行料金を請求する（通行料金割引の資格を証明するためには、ある種の手続きが求められるであろう。政府の福祉を受ける資格があるのを示すのに使われるのと同じ種類の身分証明書を、橋の料金所の係員があらためるかもしれない）。橋と高速道路を架け、運営し、維持する費用は、通行料でまかなえるだろう。そして、時間が経つにつれて、当初、投資家によって提供された基金を返済するのに使うことができる。しかし、投資家はそれ以上の利益は受け取らない。これを超えた利益が通行料金によって発生するなら、地域に利益をもたらすさらなるインフラ——たとえばもっと多くの道路や橋、あるいは地域経済を刺激して、雇用を生み出すようなソーシャル・ビジネスなど——を整備する。

もう一つは、橋と高速道路会社の所有権を、実際に農村地域の貧しい住民のものにするやり方だ。所有権を低価格で分配する方法で販売するか、マイクロクレジット組織によって提供される少額のローンで購入させるか、あるいは、後で会社の利益で埋め合わせられる信用貸付で購入させる方法もある。通行料によってもたらされるさらなる利益は、新しいインフラを造るプロジェクトに再投資されるか、会社を所有している貧しい住民に対して配当の形で支払われる。それはダイレクトに彼らの経済状況を助けるやり方だ。

グラミン銀行は、小口の融資を担保不要の妥当な価格で、貧しい人々に利用できるようにしている。その結果、彼らは小さなビジネスを始め、貧困から完全に脱出することが可能になった。もしグラミンが富裕な投資家によって所有されているなら、それは普通のPMBであろう。しかし、そうではない。グラミン銀行は、貧しい人々によって所有されている。組織の株の九四パーセントは、借り手たち自身が所有している。

したがって、グラミン銀行はオーナーシップ構造によるソーシャル・ビジネスといえる。バングラデシュの貧しい女性たちがグラミンのような大きい銀行を所有できるのだから、実践的なオーナーシップマネジメント・モデルを思いつくことさえできれば、貧しい人々はどんな大企業でも所有することができるのだ。

そう、そしてソーシャル・ビジネスは、貧しい人々に恩恵をもたらす二つの形を結びつけることもできる。つまり商品とサービスの本質を通して社会的な利益を生むように考えられたプランを遂行すると同時に、貧しい人々や恵まれない人々に所有されるのである。

ソーシャル・ビジネスと社会的企業（ソーシャル・エンタープライズ）との違い

初めて〝ソーシャル・ビジネス〟という言葉を聞いて当惑する人もいる。たいてい、ソーシャル・ビジネスは社会的企業と同一視されがちである。私の友人であるビル・ドレイトンは、彼のアショカ財団を通して社会的企業の概念を説き、世界的なムーブメントを起こした。

数十年も前に、ビルは見たところ手に負えないような社会問題を解決するために、創造的で革新的な考え方が使えると確信するようになった。彼は世界中の多くの人々が、まさしくそのように活躍するのを見て興奮していた。それらの人々の中には、彼らが非常に特別なグループに属することを知らない人もいた。ビルが引き受けた最初のイニシアチブのひとつは、そういった人々を見つけて、彼らをアショカ・フェローズと呼ぶことによって認識させることだった。次に、社会企業家を集めて会議やワークショップを開き、彼らが互いに学び合うのを助け、小さな交付金で支援し、寄付者たちに紹介し、彼らの活動を記録し、彼らの仕事と哲学とを収めたビデオを作成したのだ。

今日、社会的企業は認められた運動となった。アショカ以外にも、社会的企業を促進するために専念するいくつかの財団がある。ジェフ・スコール（イーベイの最初の従業員であり最高経営責任者）によって設立されたスコール財団や、クラウス・シュワブ（世界経済フォーラムの創設者）によって設立された社会的企業のためのシュワブ財団などだ。彼らは世界中の社会企業家を見つけ、支援し、奨励することを自分たちの使命にした。

社会的企業は、ビジネスでも一般社会でもポピュラーな概念となった。アメリカのビジネス誌『ファスト・カンパニー』は、毎年、二五人の最も優れた社会企業家のリストを発行している。今日最も効果的なソーシャル・サービスを行なう組織に対して、注意と資金を向けるためである。社会的企業は学問の一分野にもなっている。その科目における最初のコースが一九九五年にハーバード大学のJ・グレゴリー・ディーズ博士（現在は、デューク大学のフュークア・ビジネススクールに所属）によって始められて以来、合衆国のビジネススクールのおよそ三〇のカリキュラムに、その科目が設けられている。

社会的企業の概念は非常に重要なものである。それは、効率的な取り組みが必要なのにまだ手がつけられていない問題について、人々が何かしたいと願う力を引き出すのだ。今日、この概念のまわりで形成されている動きのために、私たちは、世界中の実にさまざまな人々が、他人を助けるために胸躍る活動をしているのを見ることができる。グラミン銀行とグラミンの姉妹組織は、こういった動きの重要なシンボルとして挙げられることが多い。

しかし、ソーシャル・ビジネスと社会的企業とは同じものではない。社会的企業は非常に広い考え方だ。一般には、人々を助けるあらゆる革新的なイニシアチブを社会的企業として位置づけられるかもしれない。そのイニシアチブは、経済に関するものであったりなかったり、営利的なものであったりなかったりする。病人に無料の医療を提供するのも、社会的企業の一例であるかもしれない。保健医療施設がまったく存在しない村に営利の保健所を設立することもできるだろう。そして、ソーシャル・ビジネスでも、それを始めることができるのだ。

言い換えれば、ソーシャル・ビジネスは社会的企業の一部である。ソーシャル・ビジネスを設計し、経営しているすべての人は社会企業家といえるのだ。しかし、すべての社会企業家が、ソーシャル・ビジネスに従事しているというわけではない。

ごく最近まで、ソーシャル・ビジネスの概念が存在しなかったせいもあって、社会的企業ムーブメントは、ソーシャル・ビジネスを紹介してこなかった。その概念が紹介されて、現実に解釈されていることで、私は社会企業運動に関わる多くの人がそれに引き付けられるだろうと確信している。

社会的企業は、新しいタイプの企業を支えるのに必要な適切なツールと機構を考案し、洗練させることによって、ソーシャル・ビジネスを創造し促進することが可能だ。伝統的な構造を通すよりも、そのほうが社会的利益に関してはるかに多くを達成できることから、社会企業家の中には、ソーシャル・ビジネスに傾倒する人もいることだろう。

「ハイブリッド」はどうなのか？

ソーシャル・ビジネスについて学ぶ人の中には、ハイブリッド版――ＰＭＢとソーシャル・ビジネスの特徴の両方を兼ね備えているもの――は可能なのかどうかと考える人もいることだろう。

ＰＭＢは利益を上げようという動機で動く――つまりは個人的な収入への欲求である。ソーシャル・ビジネスは人間と地球にとって良いことをしようという欲求によって動かされるものである――つまり他人のための無私無欲な事業である。私利を求める要素と私利を求めない要素の両方が含まれ混ざり合った企業というのはありうるのだろうか？

もちろん、これは可能性としては起こりうる。しかも方法はいくらでもある。たとえば六〇パーセントの社会的な利益と、四〇パーセントの個人的な利益を目的にして動くビジネスをイメージすることができるだろう。あるいはその逆の割合でもいい。そのような組み合わせは、無数にある。

しかし、現実には、利潤の最大化と社会的利益の二つの相反する目標を抱いてビジネスを経営するのは、非常に難しいだろう。そういったハイブリッドビジネスの幹部社員は、次第に利潤を最大化するという目標のほうに少しずつ動くことだろう。会社のミッションがどのように設計されていたとしてもそうなるのだ。たとえば、食品会社の最高経営責任者に対して、「利益を最大にしたうえで、できるかぎり安い価格で高品質な食事を提供し、貧しい子どもたちが確実に栄養を摂取できるようにすること」という命令を下すと仮定しよう。最高経営責任者は、その指示のどの部分が本当の指示なのか、混乱するはずだ。彼の実績はどのように査定されるのであろう？　投資家のために稼いだお金の額か、それとも、彼が達成した社会的な目標であろうか？

ますます悪いことに、現在のビジネス環境は、ほぼ利益の最大化だけに焦点を合わせている。現在のあらゆるビジネスツールは、企業が利益を最大にしているかどうか判断することに関連している。財務会計の標準化は、明らかにそのために確立されたものだ。利益は正確な経済用語を用いて測定することができる。しかし、社会的目標の達成を測定することには、概念的な複雑さがある。もし目標が貧しい子どもの栄養を改善することであれば、いったい誰が正確に「貧しい」かどうかを判断するのか？　彼らの栄養状態が前後でどう変わったかを測定するために、どのような生物学的基準が使われるべきなのだろうか？　情報はどれくらい信頼できるものになるのだろうか？　いずれも正確に答えるのは難しい問題だ。そのうえ、社会的な問題は本来複雑なものなので、社会的な目標についての情報を集めようとすれば、収益のデータを扱うのより大きなタイムラグに苦しむことになるだろう。

これらのすべての理由から、最高経営責任者にとっては、基本的に会社をＰＭＢとして経営することや、他のＰＭＢとの比較で判断されることのほうがはるかに簡単であることがわかるはずである。したがって、利益を最大にするモデルとソーシャル・ビジネスのモデルという、二つの純粋なモデルの観点から考えることは、より現実的なのである。

純粋なモデルのひとつの大きな利点は、人々の心に間違った印象を与える小道具を加えるのが難しいということだ。あなたがソーシャル・ビジネスをしているなら、それはソーシャル・ビジネスであり、投資家はあなたの収入から少しのリターンも期待しないだろう。しかし、あなたが最大限の利益を追求する会社を経営しているのであれば、あなたはお金を生み出すためのビジネスをしているのであり、誰もあなたが社会的な理由からビジネスをしているのだとだまされることはないだろう。

過去は、伝統的なビジネスと社会的目標を結びつけようとする

ソーシャル・ビジネスは理論的な概念ではない。世界には、グラミン銀行やグラミン・ダノンのようなグラミン関連会社を含むソーシャル・ビジネスの企業がある。他にも未熟なソーシャル・ビジネスが急激に現われ始めている。この新しい形のビジネスによって、潜在している社会的な善と経済開

発の可能性が具現化されつつあるのだ。

ソーシャル・ビジネスは国内経済と国際経済における強力なプレイヤーになることができるが、その目標を達成するためには長い道のりがある。今日、世界のすべてのソーシャル・ビジネスの資産を集めても、世界経済のごくごく薄い部分にさえならないだろう。それは成長性が欠けているためではなく、人々が市場で概念的にソーシャル・ビジネスの存在を認めることも、そのために少し場所を空けることもないからだ。ソーシャル・ビジネスは変わり者だと思われて、主流の経済の外に取り残されている。人々は彼らに注意を向けることもないし、実際、彼らは文字通り「見えない」。というのも、学校で教えられた理論によって目をくらまされてしまうからなのだ。一度、ソーシャル・ビジネスが有効な経済構造であると認められれば、支援機関、方針、規制、標準、そしてルールが生まれ、ソーシャル・ビジネスが主流になる手助けとなるだろう。

近代資本主義が世界支配のために興隆を始めて以来、過去三世紀の間、世界中の多くの人々が、現在の不完全な形の資本主義の短所を認めている。彼らは問題を改善するためにさまざまな方法を実験した。しかしながら、これまでのところ私が思い描くようなソーシャル・ビジネスの完全な構造はまだその概念すら現われることはなかった。その結果、人々が社会的な目標に役立つようにビジネスを適合させようとした既存のモードのいずれも、さほど効果的ではなかった。唯一、ソーシャル・ビジネスだけが、人々が探し求めている完全な解決策を提供するのだ。

企業組織に人間性をもたらし、考え方を啓蒙する一つの試みとして協同組合運動がある。そこでは、労働者と消費者が、全員の利益のためにビジネスを所有し、経営に参加するのである。

ロバート・オーウェン（一七七一〜一八五八）はウェールズ人で、イングランドとスコットランドに紡績工場を所有し、経営していた。彼はしばしばこの運動の創始者であると考えられている。オーエンは産業革命の初期に、労働者に対する搾取の現状に愕然とした。特に彼は、工場労働者に対して一般の通貨ではなく、会社の売店だけで使える臨時の紙幣で賃金を支払うイギリスの習慣を嘆いていた。しかもその店では、安物の商品にやたらと高い値段がついているのだ。

この抑圧の悪循環は、私が最初にグラミン銀行の設立につながる仕事を始めたとき、ジョブラ村で見た、金貸しによって貧しいバングラデシュ人がさらにひどい状態になっていた姿を思い出させる。また、アメリカ南部の地主が、小作人を搾取していたことを思い出させる。地主は労働者の負債を理由に、値段が高すぎる会社の店と取引することを強要した。彼らは余った資金が所有者のポケットにだけ流れ込んで、決して労働者のところには利益が行かないように閉じた経済のループを作り上げたのだ。

オーウェンは、実際的な段階を踏んでこの問題に対処した。スコットランドのニュー・ラナークにある彼の工場で、彼は大量仕入れによって質のいい品物がコストをほんの少しだけ上回る価格で買える店をオープンしたのだ。これこそが協同組合運動の芽であった。この動きは、顧客によって所有され、主に商人のためよりも顧客にとって利益があるように運営されるビジネスという概念に添っていた。オーウェンのプランで経営される店は今や当たり前のものとなり、イギリス全土とヨーロッパのあらゆる場所で運営されている。

協同組合運動は、強欲な会社の所有者による貧しい人々の搾取に対抗して始まったものである。しかしながら、本来、貧しい人々を援助し、あるいはその他の特定の社会的な利益を生み出すという目的のためには、協同組合という概念は向いていない。協同組合事業の所有権を作り出し共有するために団結する人々の目標と利害が一致するかぎり、そういったビジネスは中流階級や貧しい人々の利益のために構築される。もし、利己的な支配に陥れば、協同組合事業は、社会のすべての人を助けるよりも、個人やグループの利益を得る目的のために、むしろ経済を制御する手段になることさえできる。協同組合が本来の社会的目標を見失うとき、それは他と同じように実際には利益を最大にするための会社になってしまうのだ。

社会的利益のための製品やサービスを売る非営利組織を作り出すことを通して、別の方法で、社会的に価値ある目標の実現のために、ビジネスのダイナミズムと自己接続性とを融合させようとした人もいた。私の定義では、そういった会社は本当の意味でソーシャル・ビジネスではない。一般に、彼らは部分的なコストしか回収しないが、それは、寄付依存の引力から逃げるのを可能にする「離陸速度」には達してないことを意味している。また、彼らには、ソーシャル・ビジネスの特徴である投資家兼所有者の要素がない。すなわちビジネスによってもたらされる社会的恩恵の有効性と効率を確立する中で生まれる利益を、基金の源泉とする要素がないのだ。

また、伝統的なＰＭＢの経営者によって社会的に責任のある方法で会社を経営しようという試みもある。それはＰＭＢが自らの利益追求の一方で、いくつかの社会的な利益を提供することを時々始めることも含む。企業はさまざまな理由のために、こういった方法をとるかもしれない。

・強い力を持っている、あるいは尊敬されている企業のリーダーの、個人的な目標や価値の追求を支えるため。
・会社にとって好ましい評判を得るため、あるいは過去の倫理的、またはビジネスにおける過失の批判をかわすため。
・その会社とビジネスをしてみたい顧客に「いい人たちだ」、と思わせ、彼らを惹きつけるため。
・会社に影響を与えうる法律を検討している政府の規制当局や立法府との友好関係を築き、サポートを勝ち取るため。
・会社を拡大するためのプランを妨害しようとするに違いないコミュニティや公共利益団体からの反対を抑えるため。
・現在は利益が上がらないが将来的には有望な新しい市場での足掛かりを得るため。そして世間の意見を味方につけるため。

企業がどんな動機の組み合わせで決断を下すのかはわからない。あるケースでは、幹部社員でさえも、それらを推進する動機がどのように混じり合っているのかを正確には説明できないかもしれない。

しかし、ＰＭＢである以上、これらのビジネスは最終的に、他のすべての営利目的の会社と同様に、財務上のプレッシャーに左右される。このことは、経営者がどれだけ社会的な目標を追求したいと思っていたとしても、利益の最大化との闘いになればいつでも、その目標は脇に追いやられてしまうということを意味している。

結局、ここで私が挙げたどのような組織体制も——協働組合組織、非営利企業、社会的責任を持つＰＭＢのいずれも——真のソーシャル・ビジネスにまさるものではなかった。これこそ、世界が新しいビジネスの方法を大いに必要としている理由である。

ソーシャル・ビジネスの概念がよく知られるところとなり、世界中の自由市場経済を通して広がり始めれば、この新しいビジネスの分野が解き放つ創造性は洪水のようにあふれ、私たちの世界を変えるであろう。

ソーシャル・ビジネスはどこから来たのか？

ソーシャル・ビジネスの概念はまだ新しく、なじみがないため、誰が、なぜそのようなビジネスを創設したのか想像するのは難しいことのように思えるかもしれない。誰もが、伝統的な企業家については詳しく知っている。そして、彼らを賞賛するか否かには関係なく、私たちは彼らの存在価値と動機について理解していると感じる。しかしソーシャル・ビジネスの創設者についてはそうではない。

機会を与えられれば、人間は誰でも潜在的にソーシャル・ビジネスに参加する可能性を持っていると私は考えている。ソーシャル・ビジネスを後ろから推し進める原動力は、それぞれの人間の中に内包されている。そういった力の断片を、私たちは毎日見ているのだ。人々は世界について心配し、お互いのことを心配しあっている。人間は、できることなら仲間であるほかの人間の生活をよくしたいという本能的で自然な願望を持っている。チャンスが与えられれば、人間は貧困や病気、無知、不要な苦しみのない世界のほうに住みたいと思うだろう。だから、人々はチャリティーに何十億ドルもの金を寄付し、財団を設立し、ＮＧＯやＮＰＯの運営を始め、数えられないくらいの時間のボランティア活動を買って出て、ときには社会的なセクターにおいて比較的給与が低い仕事に自分の生涯を注いでしまうのだ。いったんこの新しい道が広く認識され、理解されるようになれば、同じ原動力が、多くのソーシャル・ビジネスを創設するよう導くであろう。

　未来のソーシャル・ビジネスは次のようなところから飛び立つかもしれない。

・あらゆる形態、規模の既存の企業が、自身のソーシャル・ビジネスを始めたくなるだろう。ある企業は、既存の「社会的責任」の一部として、彼らの年間売上の一部をソーシャル・ビジネスに捧げることを選ぶはずだ。恵まれない人々を援助しながら新しい市場を探検する方法としてのソーシャル・ビジネスを創設する企業もあるだろう。また他の企業の助けを借りたり、専門的なソーシャル・ビジネスの企業家と協力するなどして、ソーシャル・ビジネスを自身で創設することもできる。

・伝統的な慈善事業と並行しながら、しかしまったく別々の状態で活動するために、財団はソーシャル・ビジネスのための投資基金を設立できる。ソーシャル・ビジネス基金の利点は、社会的な利益を生み出す活動をしているときにさえも資金が涸渇することなく、良い仕事を支える基金の力が継続的に発揮されることだ。

・PMB分野での成功を経験した個々の企業家は、ソーシャル・ビジネスを設立し、経営することで、彼らの創造性や才能、経営能力を試すことができる。彼らを豊かにしたコミュニティに対して何かお返しをしたいという願望や、あるいは単に何か新しいことを試したいという衝動に駆られてのことかもしれない。最初の実験の成功に気をよくすれば、次々とソーシャル・ビジネスを創設することに病みつきになるかもしれない。

・国家の援助計画、世界銀行、地域の開発銀行にまで及ぶ国際的な開発援助機関は、被援助国において、あるいは国際レベル、地方レベル、または機関上のレベルにおいて、ソーシャル・ビジネスを支援する特定の基金を置くことができる。世界銀行と地域開発銀行は、ソーシャル・ビジネスを支持するために子会社を創設できる。

・政府は、ソーシャル・ビジネスをサポートし、奨励するためにソーシャル・ビジネス開発基金を設立できる。

・余剰資産を持っている退職者は、ソーシャル・ビジネスが魅力的な投資機会であることに気付くはずだ。同様に、資産の相続やたなぼたで資産を手にした人も、ソーシャル・ビジネスを始めたり、あるいはそこに投資することを思いつくかもしれない。

・新たに大学やビジネススクールを出たばかりの若い人々は、若者特有の理想主義と、世界を変える機会を持てる興奮に動機づけられて、伝統的なＰＭＢよりもむしろソーシャル・ビジネスを起こすことを選ぶかもしれない。

世界中の若い人々（特に豊かな国において）は、ソーシャル・ビジネスの概念が非常に魅力的であることに気付くだろう。多くの若者たちが今日、現在の資本主義的なシステムの中に価値ある挑戦を見いだせずに不満を溜めている。世界中の消費製品にアクセスできるほど成長したときには、多くの金を稼ぐことはさほど魅力的な目標ではなくなる。ソーシャル・ビジネスは、その空白を埋めることができる。

ソーシャル・ビジネスは非常に多くの可能性のある場所から発展し、数年以内に、世界のビジネスシーンで確固たる存在になるだろうと、私は予測している。

人間は多次元的な存在である

エコノミストたちは社会を狭い心で見ているが、世界には二種類の人々がいると仮定することで、私たちは心を豊かにすることができるだろう。一つは最大限の利益を追求したいという人々で、もう一つはソーシャル・ビジネスを起こして、人間と地球のために良いことをしたいと願う人々だ。しかし、この新しい仮定があっても、私たちは、まだ一次元的な人間の世界にとどまっている。古典派経済学における一つのタイプに代わり、二つのタイプの一次元的な人々がいるにすぎない。

だが、本当の世界には一つのタイプの人しかいない。つまり、人間には二つ、三つ、四つ、あるいはもっと多くの関心と目標があり、そのさまざまな関心の強さは常に変化している。簡単にするために、私たちはこれらの関心を二つの広いカテゴリ――個人的な利益と、社会的な利益――に分けることができる。これらは私がこの章で説明したビジネスの二つのタイプに相当する。伝統的なPMBとソーシャル・ビジネスである。

個人、会社、そして投資家は、これらの二つの道のどちらかを辿るとき、どのようにそれを選ぶのだろうか？　素晴らしいことに、人々は「どちらも」あるいは「どちらか」という選択肢では立ち向かわない。多くの場合、人々にはさまざまな割合でPMBとソーシャル・ビジネスの両方に参加する機会があるだろう。それは彼らがその特定の瞬間に最も価値を見いだす目標と目的次第で変わるのである。たとえば――

・いざというときのために蓄えた資金を持っている個人は、PMB（たとえば退職基金を創設するという目標を持っている企業）に一部分を投資することを選び、残りをソーシャル・ビジネスに（社会、人類、地球を助けるために）投資することを選ぶかもしれない。

・PMBの取締役会は、一年間の余剰資金を新たな市場拡大のために別の会社を買うことに使うことができる――そしてその余剰資金の残りで、ソーシャル・ビジネスを始めたり、既存のソーシャル・ビジネスに投資することもできる。それは伝統的な慈善事業や法人の寄付に変わる手段になるだろう。

・基金の管財人は、基金の出資者が定めている目標と一致するようなソーシャル・ビジネスであれば、寄付収入の一部を、一つ、あるいはそれ以上のソーシャル・ビジネスに資金として供給することを選ぶかもしれない。

・キャリアか生活かという選択をするときになれば、ソーシャル・ビジネスはそれらのどれかを除外するのではなく、両方を楽しむ可能性を増加させるだろう。一人の人が、人生の一部分ではＰＭＢのために働くことを選び、残りの部分で伝統的な慈善事業や基金、あるいはＮＧＯのため、さらにはソーシャル・ビジネスの中で働くこともできる。この選択は、その個人のキャリアの興味や目標、そして社会的な関心が時間が経つにつれてどのように変化し、発展していくかにかかっている。

唯一の、一次元的な人間の行動のモデルに従うことで、投資先の選択や人生における決断のときに不自然だと感じる必要はどこにもない。私たち人間は多次元的な生き物なのである。そして、同じく私たちが認めるビジネスモデルも多様であるべきなのだ。ソーシャル・ビジネスを選択肢として認め、奨励することで、このことが可能になる。

第二部　グラミンの実験

3　マイクロクレジット革命

ソーシャル・ビジネスの考えは何もないところから生まれたものではない。最初にバングラデシュで、後に世界中の国々で、最前線で貧困と闘ってきた私の三一年間の経験から生まれたものだ。既存の機関が貧しい人々の肩から苦しみを取り除くことができないことを見て、私は多くの他の人と同様、よりよい答えを求めて動かされたのだ。当初、地域開発や銀行業務の経験がまったくない合理主義者であったため、私には、その分野のほとんどの人々の考えを制限しがちな先入観というものが、比較的少なかった。そこで私は、ただ貧しい人々の求めるものを理解し、常識の声を聞くことによって、新しいアイデアと方法で実験を行なうことができたのである。

その結果、革新的な組織構造を使って社会問題を軽減するという、人生をかけた取り組みが始まったのだ。私はこの新しい組織が、過去に失敗してきた団体よりも効果があり、柔軟性に富み、持続可能であることを願っていた。私の実験のすべてが成功してきたわけではない。しかし、その大部分は私が夢見ていたよりずっとうまくいっていた。そして、大規模で、有益な社会変革を導くときに、何がうまく作用し、何が作用しないかについての感覚を磨いていく基礎を与えてくれた。

したがって、ソーシャル・ビジネスの概念の起源を理解し、過去三〇年にわたる体験に基づいてそれがどのように作られたのかを見るためには、グラミン銀行の仕事にそのルーツがあることや、グラミン銀行の周囲でともに成長してきた姉妹団体のネットワークを理解する必要がある。

「貧者の銀行家」の誕生

私は一九四〇年に東ベンガルで生まれた。そこは当時、イギリス領インドであったが、一九四七年には新たに誕生した国パキスタンの一部になった。一九七一年一二月に、九カ月間にわたる独立戦争の末、東パキスタンは新たな国家となった。それがバングラデシュである。

私は政治家や学者、研究者という立場でではなく、独自に貧困問題に関わるようになった。というのも、私の周囲には貧困があふれており、そこから顔を背けることができなかったからだ。

それは一九七四年のことであった。私は一九七二年六月に、合衆国のミドルテネシー州立大学の助教授の職を辞し、バングラデシュに帰国していた。帰国するという私の決定は、バングラデシュ独立戦争に刺激を受けてのものだった。そして私は、自由で、繁栄している新しい国家をつくるのを助けるために本分を尽くしたいと切に願っていた。私は、チッタゴン大学経済学部に職を得て、そこの学部長になった。教えることは楽しかったし、学者としてのキャリアを積むことも楽しみだった。

しかし、あることが起きて、これは不可能になった――一九七四年から七五年にかけての、バングラデシュ飢饉である。

ほとんどの飢饉がそうであるように、このときの飢饉にも多くの原因があった。洪水、旱魃、サイクロン、モンスーンなど、一九七〇年代前半に次々に起きた破壊的な天災、そして、独立戦争。独立戦争は、バングラデシュの多くのインフラストラクチャーの破壊、運輸システムの崩壊、そして無数の避難民を生み出した。発足まもない政府による対応は、ひどく狂ったものであり、国際社会からの支援も不十分だった。ちょうど一九七三年の石油危機の後だったので、外国為替市場の混乱によって、一層悪くなってしまった。

いくらその原因について分析してみても、人間の重要さは明白だった。農業生産物と一人あたりの収入は急落した。何百万ものバングラデシュ人が、家族のための食物をまかなえなかった。飢饉がゆっくり進行している間、何十万人もの人が亡くなったが、世界はまるで無関心に見えた。

それは私が建国のために力を尽くそうと願っていたバングラデシュではなかった。無用の死がバングラデシュを荒廃させているというのに、大学の教室でエレガントな経済理論や自由市場のほぼ完璧な作用といったものを教えることが、次第に難しくなってくるのがわかった。圧倒的な飢餓と貧困に直面して、私には突然、そんな理論が空虚に感じられるようになった。私は、自分の周りにいる人々が、あとほんの少しだけでも多くの希望を持って、さらなる一日を乗り越えられるよう、何かすぐにできることをしたかったのだ。

飢餓を軽減するために私が最初に挑んだのは、灌漑によって農業生産性を改善するプログラムに関わることだった。私は、深い掘り抜き井戸と配水システムを管理する農民協会を創設するために、ジョブラ村の農民とともに働いた。このプロジェクトはすぐに成功した。農民は新しい灌漑システムを利用できるようになった。そして農民協会を通して肥料や種子、農薬の供給を受け、通常は作物の生産に適さない乾期に、新たに三度目の収穫ができるようになった。ジョブラ村の周りの土地の生産性はかなり改良され、地主たちは利益を上げることができた。

しかし、私は満足しなかった。灌漑計画で村人と一緒に働くうち、私はすぐ、貧しい人々の中でも最も貧しい人々は、収穫高が増えてもほとんど利益を得なかったことを発見した。彼らは土地を持っていなかった。日雇い労働者、工芸品製作者、あるいは物乞いをして、かろうじて生計を立てようとしていた。彼らの家は——もし家があったとしても——家具もなく、雨が降れば泥だらけになってしまうようなものだった。彼らの子どもたちはひどい栄養失調状態で、学校に通うより働いたり物乞いしたりしなければならなかった。飢餓の時には、こういった貧しい人の中の最も貧しい人々が、いちばん最初に死んで行くのだ。

農場の収穫高を上げることは確かに重要なことではあるが、飢えや貧困の問題を解決することにはならないことがわかった。その問題の根っこに深く切り込む解決法が必要なのだ。

彼らの発展を妨げているものが何なのかを知るために、私はできるかぎり多くの時間をジョブラ村で過ごした。努力は十分にした。村のいたるところで、人々が懸命に自助努力しているのを見た。小さな畑で作物を育て、籠や椅子、その他の工芸品を編んで売り、どんな種類の仕事でも請け負っていた。しかしどういうわけか、あらゆる努力をしてみても、村人たちのほとんどが、貧困から確実に抜け出るための道に進むことはできなかった。

私はついに、かろうじて生計を立てていく努力を支えるための最小額を知るために、貧しい人々の救いのなさと向かい合うことになった。

この問題の本質を私に教えてくれたのは、ソフィア・ベガムという名の村の女性だった。村の多くの女性と同じく、ソフィアは夫と子どもとともに、雨漏りしやすいわら葺き屋根の朽ちかけた泥の小屋に住んでいた。夫は日雇い労働者として働き、一日数セント相当の金を稼いでいた。どんな仕事をしてもその程度だった。家族の食い扶持を稼ぐために、彼女は一日中家の土間で竹の椅子を編んでいた。目をみはるような技術で作った、美しくて使いやすい工芸品だ。しかし、彼女が懸命に働いても、家族を貧困の淵から引き上げることはできなかった。

ソフィアと話しているうちに、私にはその理由がわかった。他の多くの村人たちと同じく、ソフィアは椅子を作る材料の竹を買うために現金が必要で、それを地元の金貸しに頼っていたのだ。しかし、金貸しは彼女が作る製品の価格を自分で決め、その価格で売ることに彼女が同意したときだけ金を都合していた。この不公平な取り決めと高い利息のために、彼女には一日にわずか二セントの儲けしか残らなかった。

こんな条件では、ソフィアのような女性がひとたび借金をすると、どんなに少ない額であっても、貧困から抜け出るのはほとんど不可能になってしまう。これは私にとって普通に理解できる金の貸し方ではなかった。それどころか、奴隷のような労働者を募集する方法ではないか。

私は、ジョブラ村のこの金貸しによる犠牲者のリストを作ろうと決めた。ある学生と私は一週間かけて村の家族をたずねて回り、このリストを収集した。その結果、四二世帯の人々が、合計で八五六タカ借りていることがわかった――アメリカ・ドルに換算すれば二七ドルにも満たない。

経済学の教授にとって、なんというレッスンであろうか！　私は、貧しい人々を助けるために数十億ドルを注ぎ込むという素晴らしい目標を持つわが国の五カ年次開発プランについて、学生たちに教えていたのだ。数十億ドルの約束と、飢えた人々が現実に必要としているもののギャップが、信じられなかった。

私は、金貸しの手からこの犠牲者を救い出すために、ポケットマネーから二七ドル相当の金を差し出した。この小さな行為によって人々の間に巻き起こった興奮によって、私はそこにさらに関わることになった。そんなわずかな金でそんなに大勢の人をそれほど幸せにすることができたのだとしたら、もっとやらないわけにはいかないではないか？

これが、以来、私がずっと続けてきたことである。

まず私が最初にしたのは、大学構内にある銀行に行って、貧しい人々に対して金を貸すよう説得することだった。しかし銀行は、貧しい人々は信用に値しない、と言った。貧しい人々には顧客としての信用履歴がなく、担保もない。しかも彼らには読み書きができないので、必要な文書に書き込むことすらできない、というのがその理由だった。そのような人々に金を貸すという考えは、銀行家として収入を得るためのあらゆるルールに反していた。

銀行のルールは専制的で非生産的であると私には感じられた。事実上、それはすでにお金を「持っている」人々にしか銀行は金を貸さないということを意味する。しかし、私がそう指摘すると、銀行員たちはただ肩をすくめ、その話を礼儀正しく終わらせたものだった。

数カ月以上におよぶあらゆる努力が失敗に終わった後、私は新しい方針でやってみることにした。貧しい人々に対するローンの保証人になることを申し出たのだ。実際には、銀行が私に金を貸し、その金を今度は私が貧しい村人に貸し与える、というものだった。銀行はこのプランに同意した。そして、村人たちにその金を貸し始めると、私はその結果に茫然とした。貧しい人々は毎回、きちんと決まった日時に彼らのローンを返済したのだ！

この良い結果を見れば、伝統的な銀行家も貧しい人々に金を貸そうという気になるだろうと思うかもしれない。しかし、これっぽっちの変化もなかった。

銀行家の中には時々、個人的には私の活動に対して共感を持っていると言ってくれる人もいた。そして、中には具体的なサポートのために動いてくれた人さえもいた。たとえば、A・M・アニスズーマン氏は、わが国で最も大きいナショナルバンクの一つであるバングラデシュ・クリシ（農業）銀行の総裁であるが、彼は一九七七年に私のアイデアに熱中するようになった。彼は、貧しい人々に金を貸すというアイデアを試すため、ジョブラ村に銀行の特別な支店を開設することに同意した。これは私の学生たち（「銀行員」としてボランティア的に取り組み続けてくれていた）にとって初めての、安定した、正式な雇用となるに違いなかった。そして同時に「グラミン」（「村」を意味する）という名前が、このとき初めて私たちの仕事に使われた。私たちはこの小さなプロジェクトを、農業銀行の「実験的グラミン支店」と呼んだ。それはほとんど完璧な返済率を含め、私たちの以前の非公式の努力と同じだけの成功を収めた。

しかし、このプログラムを州全体、あるいはそれよりもさらに進んで国全体をカバーできるよう、もっと拡大するように促しても、銀行家たちはまったく関心を示さなかった。彼らには、私たちがすでに享受した成功は必ず終わると考える多くの理由があった。彼らは貧しい人々がローンを返済するという事実を認めることができなかったのだ。

「あなたが尽くしている人々が、本当に貧しいはずはありません」と言う人もいた。「そうでなかったら、どうやって彼らにローンを返済する余裕があるのでしょう?」

「私と一緒に彼らの家を訪問しましょう」と、私は返答した。「彼らが本当に貧しいのがわかると思いますよ。彼らは粗末な家具さえ持っていないんです！　彼らはただ毎日、きつい仕事をしてローンを返済しているんですよ」

するとと彼らの言いわけの根拠は変化するだろう。「それじゃあ、あなたのプログラムがうまくいっているのは、あなたと学生たちが非常に深くクライアントに関わっているからに違いありません。でも、それは銀行業務じゃなくて、子守ですよ！　私たちは州全体のレベルに、そんなプログラムを拡大することなど決してできませんね」

確かに、私たちのスタッフが非常にひたむきで勤勉なのは、本当だった。しかし、そのために私たちは不公平だと攻撃されたのだ！　完全に貧しい人々のためになるよう設計されたプログラムなら、同じ人間の仲間たちを助けたいと思っている、ひたむきで思いやりのある若者たちを惹きつけることができるかもしれない、いやできるに違いないと私は信じていた（そして、バングラデシュの最も明るく最も勤勉な若者たちを配置したグラミン銀行が二五〇〇以上もの支店を持つまでに拡大したことは、私が正しかったことを証明したのだ）。

それでもまだ他の言いわけもされていた。「あなたの銀行は型破りすぎます。正式な内部管理や財政的な基準、監査の手順もないじゃないですか。いずれ、スタッフたちはあなたをだますようになるでしょう。問題なのは、あなたが銀行家ではなく、教授であるということです」

いかにも、私は教授であり、銀行家ではなかった――だから私は本物の銀行家に対して私のビジネスを買収するよう説得しようとして何年も費やしてしまったのではないか！　しかしこの議論が道を切り開いた。もし貧しい人々のための私たちの銀行業プログラムが、正式なスキルなどなくても財務上うまくいっているのだとすれば――みんながそのことを認めなくても――自分らが何をすべきか知っている人々によって一度うまく走らせることができれば、そのあとはどれほどうまくいくか、ちょっと想像してみてほしい！

しかし、議論の甲斐はなかった。真実は「本当の銀行家」が、貧しい人々に対してどのような少額の融資もしたくないと思っていたということだ。彼らにとっては、わずかなローンを貸し出すより、担保のある人により多くの額を貸し出したほうが、その借金を彼らが返済しなかったとしても、ずっと儲かるということなのだ。銀行の規則が変わるという可能性をまったく見いだせないまま、私は、貧しい人々のために別の銀行を創設することを決めた。担保や信用履歴、どんな法的な文書も要らない銀行だ。私は、まったく別の法律の下で、私たちのプロジェクトを特別な銀行に変換するよう政府に求め続けた。最終的に、私は成功した。一九八三年、貧しい人々のための銀行が、特別な目的のために作られた新しい法の枠組みの中で誕生した。私たちはそれをグラミン銀行と命名した。

考えは変化する

グラミン銀行は非常に小さく始まり、ゆっくりと成長した。革命的であったのは、考え方における変化であった。

過去において、経済的な団体はいつも自問していた。「貧しい人々は信用に値するのだろうか?」いつも答えはノーだった。その結果、貧しい人々はまるで彼らが存在しないかのように、金融システムから単に無視され、排除されてきた。私は逆の質問を返した。「銀行は人々にとって価値があるのだろうか?」と。そのとき私には、銀行が人々にとって価値がないと知ったので、新たな種類の銀行を創設するべき時に来ていると気付いたのだ。

差別の考えが好きな人など誰もいない。どこで、どのような形のものであったとしても、私たちはそれに反対する。人は誰でも偶然にある人種、ある階級、ある経済状態の下に生まれただけであり、そのことで苦しむべきではないことを、私たちはみんな理解している。しかし、金融機関は誰にも恐れられない差別の世界的なシステムを作り出した。担保がなければ、あなたは信用に値しない。銀行にとっては、そういう人は世界の隅にさえも受け入れられないのだ。

銀行業界の世界的な電子通信システムが突然崩壊して、世界のあらゆる金融機関が、突然機能しなくなったらどうなるか想像してほしい。あらゆる場所の銀行は、ドアを閉めるだろう。ATMの画面は真っ白になるはずだ。クレジットカードもデビットカードも、もはや使えないだろう。そして、何十億世帯もの家族は食料をテーブルに置くことさえできなくなるはずだ。そう、これはまさに世界の半分の人々が、毎日暮らしている、まさにその状態である。とどまるところを知らないホラーだ。

貧しい人々が貧困から抜け出すチャンスを得ようとしているのであれば、彼らのまわりに作られた制度上のバリアを取り除くのは、私たち次第だ。私たちは貧しい人々が実在しないかのように扱う不条理なルールや法律を、取り除かなければならない。そして、私たちは偏ったシステムによって課せられた人工的なものさしではなく、その人自身が持つ価値で人を見分ける新しい方法を思いつかなければならない。

バングラデシュで私が発見した問題――貧しい人々が経済システムの恩恵から排除されていること――は、世界で最も貧しい国だけに限られるものではない。それは世界中に存在している。世界で最も豊かな国においてさえ、多くの人々は信用する価値があるとは見なされず、そのために、経済システムに完全に参加するには不適格だとされてしまうのだ。

一九九四年に、私はテキサス州ヒクソンに住むタミという若い女性から手紙をもらった。彼女は新聞社に勤めているライターだった。タミは、アメリカの銀行システムでビジネスをしようという彼女の冒険について書いてきた。


子どもの頃、簡単な銀行口座を開こうとしたときに、二枚の写真付きの身分証明書を提出することを銀行に求められて、私の願いは退けられました。初めての場所で子どもが写真付きの身分証明書を持って、何をしろというのでしょうか？

大人になっても、それよりましな経験はありません。

私の母は、郵便局が紛失した彼女の為替の代金を返してもらうために、米国政府から五〇〇ドルの為替還付を受けたところでした。彼女は使っていた銀行の口座をクローズした日にその銀行に行きました。すると銀行では「あなたはもうここに口座をお持ちでない」という理由で、その為替を現金にするのを拒否しました。彼女はここ数年で合衆国にできた為替交換会社のひとつで現金を受け取らなければならなくなったんですが、さらに驚いたのは、現金化するのに二〇％もの手数料――一〇〇ドルです！――を取ったことです。

そこで私はそういった場所の調査を始めたところ、多くの人がそこを使うように強要されていることを知りました。その多くは社会保障費で生活する高齢者や、口座の最低残高を保つことができないために銀行口座を持つことができないワーキングプアです。彼らは小切手の振替料やサービス手数料を払うことも、銀行に対してすでに良い信用履歴があるのを示すこともできないのです。口座開設のために身分証明書を銀行に出さなければならず、困っている人もいます。小切手を現金に換えるときに身分証明書を示すのも大変です。

私が働いている新聞社では、週ごとに給与支払い小切手を受け取ります。私はいつもそれを銀行の同じ窓口で引き出しているのですが、毎週、彼らは私に運転免許証を見せるよう言うのです。州が発行した運転免許証には写真が付いていますが、彼らはそれでも足りないようで、クレジットカードまで見せろと言われます。どうも、借金があるときは、いつでも正直にならなければならないようです。

必死でやりくりしようと闘っている低収入の人々が、その大部分を基本的な経済サービスのために支払わなければならないというのは、言語道断ではないか？　彼らがそんなサービスを完全に受けられるようになるのはいつのことなのだろう？

タミから連絡をもらってから数年が経つが、問題は一向に進展していない。貧しい人々から搾取する新たな方法が常に開発されているくらいだ。たとえば、あなたが中流階級にいるなら、ペイデイローンのことなど一度も聞いたことがないかもしれない。それは通常、クレジットという主流の資金源に近づく手段がないアメリカの低所得者に対し、一五〇〇ドル未満を貸し付ける、少額の、短期貸し付けのローンのことだ。彼らは給料日から次の給料日までの間、予期せぬ医療費を支払ったり、車や何かの機器が壊れたりしてお金が足りない時、このローンを利用するのだ。

中流、あるいは高所得者層の人々は、そういった費用をまかなうためにクレジットカードを使うはずだ。期限内にすべてのクレジットカードの請求額を支払えば、手数料はかからないだろう。もし支払いに数カ月かかるなら、年率二五パーセントほどの金利は請求されるかもしれない。しかし、ワーキングプア層は、従来のクレジットカードを持つ資格を得ることができず、代わりにやむをえずペイデイローンを利用することになる。そして、これらのローンの金利と手数料は年率二五〇パーセント、あるいはそれ以上にもなる。

貧しい人々が直面している問題は、彼ら自身のせいにされがちである。しかし、これまで創られてきた組織が、いかに貧しい人々の役に立たなかったかを見れば、そういった組織や、そこで示されている後ろ楯となる考え方は、もっと大きな批判にさらされるべきである。

グラミン銀行で、私たちは経済的な差別に挑戦した。私たちはあえて銀行のクレジットを最も貧しい人々に与えた。私たちはそれまでの人生でどんなお金にも一度も触れたことさえなかった貧しい女性たちを仲間にしたのだ。私たちは規則を公然と無視した。道に沿ったそれぞれのステップで、あらゆる人が私たちにこう叫んだものだ。「あなたたちは、金を無駄に使っています！　あなたが貸すお金は決して戻ってこないでしょう。そのシステムは今はちゃんと動いているだろうけれど、そんなのはすぐに、崩れるはず。すぐに爆発して、姿を消すでしょう」と。

しかし、グラミン銀行は爆発もせず、姿を消すこともなかった。それどころか、さらに広がり、ますます多くの人々のもとに届くようになった。今日では、バングラデシュの七万八〇〇〇もの村で、七〇〇万人の貧しい人々にローンを行なっている。その九七パーセントは女性だ。

創設以来、銀行は総額六〇億ドル相当のローンを行なっている。返済率は現在、九八・六パーセント。グラミン銀行は、まさに経営がうまくいっている銀行のように、着実に利益を上げている。財務的に自立した状態であり、一九九五年以来、寄付は受け取っていない。グラミン銀行の預金と他の資金の総額は、今日、貸付総額の一五六パーセントに達している。一九八三年、一九九一年、および一九九二年を除き、銀行は毎年、利益を上げている。そして、最も重要なのは、グラミン銀行の内部調査によれば、五年かそれ以上銀行の借り手となっている人々の六四パーセントが、貧困線を越えることができている。

グラミン銀行は、小さな、国産のプロジェクトとして、数人の私の学生たちや、すべての地元の若者たちの助けで生まれたものである。長い歳月が過ぎ去った今でも、彼らのうちの三人が幹部社員として残り、私とともに歩んでいる。

さらなる経済的盲点

従来の経済学の考えでは、貧しい人々にクレジットを広げようとすることは、革命的なステップであった。それは、担保なしで融資を行なうことはできないという、伝統的な考え方を無視することを意味していた。この考え方は、広く一般的に大多数の銀行員がそのことについて分析したり、疑問に思ったり、あるいは考えることすらないまま抱いているもので、そのために人類の半分が、金融システムに参加する価値がないとして見限られているのだ。

しかしながら、もっと広く見れば、グラミン銀行のシステムは、主流派の経済学における他の多くの考え方をも再考させるものになっている。私はここまで、経済学の理論が人間性について根本的に単純化しすぎたイメージを描いているという事実について述べてきた。つまり、あらゆる人々が利益を最大にしたいという願望で純粋に動機づけられているという仮定である。その仮定が本当でないということは、現実世界の人々のことをほんの数秒考えればすぐにわかる。そして、これはグラミン銀行が困難を乗り越えて勝たなければならなかった、従来の経済理論の多くの盲点のうちのひとつにすぎない。

もうひとつは、貧困問題の解決法はすべて雇用を作り出すことにあるというもの、すなわち貧しい人々を救う唯一の手だては、彼らに仕事を与えることだという仮説である。この仮説は、エコノミストが推奨し、政府と支援組織が従っているいくつかの開発政策を形作るものである。寄付者からの資金は、ほとんどの場合政府が運営する大規模なプロジェクトにつぎ込まれる。民間資本は地方やその地域の経済を活性化させようとする大きな計画に投資される。何千人もの人々を雇うことで、貧しい人々を裕福な納税者に変えようとするものだ。それは素晴らしい理論である。ただし、これはうまくいかない。経験上、それを支えるのに必要な条件が揃ったためしがないのだ。

エコノミストは、ほとんどの経済学の教科書が認識する唯一の雇用が賃金雇用であるということから、貧困を軽減する手段としてこのアプローチに傾倒している。教科書の中の世界は、さまざまな賃金水準で異なる量の労働者を雇う「会社」と「農場」で構成されている。売れる製品やサービスを作り出す方法を見つけ、それらを必要とする人に直接に売ることで、人々が自己雇用で生計を立てることなど、経済学の論文にはまったく書かれていない。しかし、現実の世界では、貧しい人々がそうやって暮らしているのがいたるところで見られるのだ。

あるアメリカ人の友人が最近、初めてバングラデシュを訪れた。我が国の最貧地域のひとつを旅した後、彼はこう連絡してきた。

合衆国では、私は地方の貧困は、経済活動がないことに関係していると思います。私は妻とともにニューヨーク州の北部にある不景気な郡をドライブしたときに見た場面を思い出しています——寂しい街の中心部には、ウィンドウに古い商品を飾っているいくつかのくたびれた店や、シャッターを閉めたオフィスや工場などが並んでいるだけ。生気を感じることもほとんどなく、人人がそこでどのように暮らしているのかすっかり当惑しながら、一日中こういったコミュニティを通り抜けて目的地に向かったのです（そしてもちろん、それらの郡では生計を立てることができる人はますます減っています。だから、そこに住んでいる人の多くは都市に移ってしまったのです）。

しかし、私が今日ほんの少しだけ見たバングラデシュの田舎は、ニューヨークのどんな場所よりもはるかに（通貨価値にでいえば）貧しいのですが、信じられないほど経済活動が集まっているハチの巣箱のようです。あらゆる村に、何十軒ものトタン屋根の小屋が押し合うように並ぶ商店街があります。そこでは商品（靴、薬、家具、衣服、ＤＶＤ、食料品などありとあらゆるもの）が高く積み上がり、理容師から仕立屋まで、多くのサービスが提供されていました。裏通りでは、村人が売り物をマットの上に広げています――籠、帽子、パン、じゃがいもや野菜などです。そして特に、どの家や畑を通り過ぎるときにも、売るためのものを作ったり、修理したり、準備したりして働く人々を見かけるのです――乳牛の番をしたり、木製の家具を彫ったり、装飾品を修繕したり、作物を集めたりしていました。

私のアメリカ人の友人が観察した村人たちは、従来のエコノミストが認識するような「仕事」は持っていない。しかし、彼らは一生懸命働き、収入を生み出し、家族を養い、貧困から脱出しようとしている。彼らに欠けているのは、自分たちの仕事をできるだけ生産的にするために必要な経済のツールなのだ。

グラミン銀行で、私は、貧しい人々のためのクレジットが自己雇用を作り出し、彼らのために収入を生み出すことができるのを示そうとしてきた。家庭が生産単位であり、自己雇用が生計を立てるための自然な方法であることを認めないことで、経済学の論文は、経済の現実における不可欠な特徴を見落としているのだ。私は雇用を創り出すことに対して、議論するつもりはない。全速力で前に進めばいいと思う。しかし、人々は仕事が具体化するのを待つべきだとか、自己雇用は単に一時的な間に合わせであるというふうには考えないでほしい。人間には、就職することと自己雇用をすることの両方から選ぶ自由があるべきなのだ。合っているほうを選ばせればいい。多くの人々はそうしているのだ。

この過ちは、スタンダードな経済学の考え方では、別の盲点に結びつけられる。つまり、「企業家精神」など稀な特質だという仮定である。教科書によれば、ただ一握りの人々だけが、ビジネスチャンスを見いだす才能を持ち、そのチャンスの源に思い切って近づく勇気を持っているというのだ。

これに反して、世界の最も貧しい人々の間で注意深く観察を続け、グラミン銀行やその他の団体での数十年間の体験で確かめてきた私に言わせれば、企業家としての能力は実際には普遍的なものである。ほとんど誰でも、自分のまわりでビジネスチャンスを認識できる才能を持っている。そして、そういったチャンスを現実に変えるツールを彼らに与えれば、ほとんどの人はやってみたいと切望するのだ。

貧しい人々はまるで、わずかな高さにしか育たない盆栽のような人々なのである。彼らの種子には悪いところは何もない。ただ社会が彼らが育つ基盤になる土壌を与えてこなかっただけなのだ。貧しい人々が貧困から逃れるために必要なのは、私たちが彼らのために環境を作ることだけである。彼らのエネルギーと創造性をいったん解き放つことが許されれば、貧困はごくわずかの間に姿を消すはずだ。

経済学の理論には、また別の盲点もある。ほとんどの経済学の教科書を読めば、「男性」、「女性」、「子ども」といった分類に決して遭遇しないだろう。エコノミストにとっては、こういったもののいずれも存在していないのである。彼らが人間の存在を受け入れようとするのは、「労働者」について話すときである。つまり、生きるうえでの唯一の使命が、工場主や会社の経営者、農場主のために働くことしかない、ロボットのような存在の集まりである。そして、経済学の理論においては、「労働者」が男性と女性の両方からなるとは認めていないため、その世界観は男性によって支配されている（「男性」は、男性と女性の間の「デフォルト値」として扱われている）。

挑まれれば、彼らは「単純化」のためにそう言っているのだと、この極端な象徴化を守ろうとする。物事を明確に見るために、時にはそれを単純化することも必要だと私は理解している。しかし、「単純化」が基礎を無視することを意味するなら、それは度が過ぎるというものだ。アルバート・アインシュタインの「すべてのことをできるだけ単純にすべきだが、必要以上に単純にすべきではない」という言葉を引用しよう。主流派の経済学ではあらゆることが「単純すぎる」ようになっており、そのために現実を逸してしまうのだ。

グラミン銀行で、私たちはすぐに気付いたのだ。男性、女性、子どもを「労働者」の集まりだと思うのではなく、異なった能力とニーズを持っている人間として見ることこそが、この現実の世界においては重要だということを。お金を貸した人々の実際の振る舞いを観察して、私たちはすぐに、貧しい女性を信用して貸し付けると、男性に貸し付けるよりも家族に利益がもたらされることに気付いた。男性はお金を稼ぐとそれを自分のために費やす傾向があるが、女性はお金を稼ぐと家族全員、特に子どもに利益をもたらすのだ。したがって、女性に貸し付けることは、結局、家族全員への経済的利益とともに、地域の共同体全体に社会的利益をもたらす、滝のような効果を引き起こす。グラミン銀行では、私たちは最初にそういった母親を発見した。次に発見したのが子どもたちだ。感情的あるいは道徳的な強制ではなく、論理的に正しい経済的理由で彼らを発見したのだ。もし貧困が減ったり、排除されたりするべきであるなら、次の世代はきっとそうなるに違いない。私たちは、すべての貧困の徴候と不名誉を子どもたちから剝ぎ取る準備をしなければならない。そして、徐々に人間としての尊厳の感覚と未来への希望をしみ込ませていくのだ。

だから、子どもに焦点を当てたどのようなプログラムも、「人道主義的」あるいは「情け深い」プログラムであると見なすべきではない。現実には、それはまさに空港や工場、高速道路を建設するのと同じ（あるいははるかにそれを上回ると私は主張している）重要な開発なのである。

そして、これは従来の経済学のさらに別の主要な盲点に通じる。つまり、開発戦略における物質的な蓄積と到達度の重視だ。この焦点を、人間そのものや彼らの自発性、そして積極性に移す必要がある。

開発の最初の、そして最も重要な仕事は、個々の人間の内部にある創造性のエンジンのスイッチを入れることだ。人々の創造的なエネルギーを花開かせるようなものでなく、貧しい人々の物理的な要求に応えたり、仕事を提供したりするにすぎないプログラムでは、真の開発プログラムとは言えないのだ。

だからグラミン銀行は、貧しい人々に施し物や交付金ではなく、信用貸付を提供しているのである。自分自身で作り出す仕事をとおして返済しなければならない、利子が付いたローンである。この原動力で、グラミン銀行は維持できるのだ。ローンを返済することで、絶えず経済成長が拡大しているサイクルの中で、同じ個人、あるいは新たな銀行のメンバーに対して、将来のローンのための基金が提供されることになる。また、貧しい人々が自身の手で、世界をより良く変えることができるということを示す助けにもなる——そして彼らが自分たちのために、そうするためのツールを与えることにもなる。

評論家たちはしばしば、マイクロクレジットは経済開発に著しく貢献することはないと言う。彼らが正しいのだろうか？　私は、その答えは「経済開発」をどう定義するかによると思っている。一人あたりの所得によって測定されるのか？　一人あたりの消費額なのか？　ほかの何か一人あたりのことなのか？

私にとって、開発の本質は、人口の半分を占める貧しい人々の「人生の質《クオリティ・オブ・ライフ》」を変えることである。その「クオリティ」は、消費量の大きさによって定義されるべきものではない。また、そこには個人が自身の創造的な可能性を切り開くことができる環境を含んでいなければならない。これは、収入や消費額をただ測定するよりもずっと重要なことだ。

マイクロクレジットは、社会の打ち捨てられた人々の間で、経済的なエンジンのスイッチを入れる。たくさんの数の小さなエンジンがいったん動き始めれば、大きなことが起こる準備は整うのだ。

グラミン銀行の発展

グラミン銀行がバングラデシュの貧しい人々の社会にますます深く根づくようになるにつれ、経済的不均衡と経済機会に関する新たな領域が明らかになった。それに応じて、グラミン銀行の仕事は発展し、広がっていった。

たとえば、一九八四年には住宅ローンの提供が始まった。ここではまた、官僚の抵抗に出くわした。住宅ローンのために、都市銀行に提供されるのと同じ種類の基金をバングラデシュ中央銀行に申請したところ、私たちが提示したのが非常に少額のローンだったために――五〇〇〇タカ、当時の一二五ドル相当――その場で却下された。額が少なすぎて、政府が「住宅」と認めることができるようなものなど何も作れないだろう、というのだ。たしかにそうかもしれないが、それでは、私たちが受け持っている貧しい人々が、雨露をしのぐために屋根用のトタンを買いたいと必死に願っている事実を変えることはできなかった。私たちは官僚があら捜しできないような適切な言葉を思いつくことを望んで、何度か申請書を書き直してみた。しかし、ある好意的な銀行の総裁が私の求めに応じて介入するまで、住宅ローンを提供するための許可を得ることができなかった。その総裁は規則を無視して、貧しい人々が彼らの荒れ果てた家をより良いものにするため、グラミン銀行が手助けすることを許可したのだ。
一九八四年に導入して以来、住宅ローンは六五万戸もの家を建築するのに使われてきている。これらの家の法律上の所有者は、自身がグラミン銀行のメンバーとなっている女性たちである。それはバングラデシュの女性たちに力を与える重要なステップとなった。彼女たちはこの国では歴史的に最も非力で、迫害されてきた階層だからだ。

貧しい人々とともに働いてみて、私たちはすぐに、グラミン銀行は金融サービスを提供するだけでは十分でないことがわかった。また、私たちには強い社会的な課題を推し進めることも重要だった。銀行という基本的な組織と、貸し付けのシステムはその一例を示したのである。

グラミン銀行の借り手は独立した存在ではない。それぞれ五人の仲間で作ったグループに所属するのだが、五人のうち二人はほとんど関係のない人かもしれない。五人の仲間のひとりがお金を借りたいときには、彼女が残りの四人から許可を得なければならない。それぞれの借り手が自分のローンに責任を持つが、小さな社会的ネットワークとしてのグループは、互いに励まし合うことで精神的なサポートになる。負債という慣れない負担を抱え、「ビジネス」というなじみのない世界を通じてメンバーそれぞれが進むことにおいては、そういった機能が実際に支えとなるのだ。五人のメンバーの中で独立している人は誰もいない。そのような一〇から一二のグループが、週ごとのミーティングのためにセンターに集まる。センターは彼女たち自身の手で村の中に作られた、簡単な小屋のようなものだ。国中には一三万以上のセンターがあり、一カ所につき五〇人から六〇人のグラミン銀行のメンバーを抱えている。週ごとのミーティングでは、その地方支店の支店長がローンの返済金を徴収し、新たなローンの申請書が提出される。そして、さまざまなひらめきや教訓に満ちた、活動が始まる。新たなビジネスのアイデアを話し合ったり、健康や経済を話題に意見発表をしたりするのだ。センターのリーダーは民主的に選出される。

グラミン銀行の共同体指向の原動力が、私たちのシステムの成功の重要な要因であることは疑う余地がない。グループとセンターの存在から生まれる前向きな社会的な圧力が、借り手が彼らの義務に対して誠実なままでいられるよう大きな役割を果たす。グラミンのメンバーが、彼ら自身のローンを返済する理由について聞かれたとき、最も一般的な答えは「私がグループの他のメンバーを失望させるのがいやだから」というものだ。

評論家の中には、これは強制的ではないかと懸念する人もいる。しかし、誰もグラミン銀行に加わるよう強制などしていないので――そして、この銀行の唯一の目的は貧しい人々が貧困から脱出する手助けをすることなので――このシステムはそれなしではおよそ不可能に見えることを共同体の力で人々になしとげさせる一つの例証であると見るほうが適切であると思う。

別な向きから私たちの社会的な課題を支えている重要なものが、〈一六カ条の決意〉である。これは時間とともに導き出された社会的、個人的な義務をまとめたもので、当初、一九八〇年代の初期に、グラミン銀行の借り手とスタッフの間の集中的な意見交換を通じて明らかになったアイデアから出てきたものだった。現在〈一六カ条の決意〉のさまざまなバージョンが、国中のセンターや支店で作られた。それらは時間が経つにつれて、他の支店でも共有されるようになった。一九八四年までに、それらはまとめられて、〈一六カ条の決意〉として知られるものとなった。これは、グラミンのプログラムにおいて不可欠な部分である。銀行のすべての新しいメンバーは、〈一六カ条の決意〉を学び、すでにメンバーとなっている人々に続くことを期待されている。

〈一六カ条の決意〉

1 私たちは、グラミン銀行の四つの原則である、規律、団結、勇気、勤勉に従い、どんな人生を歩むことになっても、それを実現することを誓います。
2 私たちは家族に繁栄をもたらします。
3 私たちは壊れかけた家には住みません。私たちは家を直し、できるだけ早く新しい家を建てられるように働きます。
4 私たちは一年中野菜を育てます。私たちは、その野菜をたくさん食べ、残りがあれば売りに出します。
5 種まきの時期には、私たちはできるだけ多くの種をまきます。
6 私たちは、家族の人数をなるべく増やさないように家族計画を行ないます。出費を少なくします。健康に留意します。
7 私たちは子どもに教育を受けさせます。教育を受けさせられるような収入を得られるようにします。

8　私たちはいつでも子どもたちや、周囲の環境を清潔にしておきます。

9　私たちは簡易トイレをこしらえ、それを使います。

10　私たちは、飲む前に水を沸騰させるか、ミョウバンを使います。私たちは、砒素を取り除くためにピッチャーのフィルターを使います。

11　私たちは息子が結婚するときには持参金を要求せず、娘が結婚するときには持参金を渡しません。私たちは持参金の呪いにセンターを巻き込まないようにします。私たちは幼い子ども同士の結婚を勧めません。

12　私たちは誰かに不正を押しつけず、誰かが私たちに不正を押しつけることも許しません。

13　私たちはより高い収入を得るために、みんなで集まってより大きな投資を始めます。

14　私たちはいつもお互いに助け合います。もし誰かが困難に陥ったら、その人を助けます。

15　どこかのセンターで規則違反があったときには、私たちはそこへ出かけていって、規則を回復するのを助けます。

16　私たちはあらゆる社会活動にそろって参加します。

〈一六カ条の決意〉のおかげで、グラミンの借り手たちは、子どもを学校に入れることに心を砕くようになった。事実、すべてのグラミンの家族にいる学齢期の子どもたちは、必ず授業に参加している。

ほとんど読み書きができない借り手たちにとってはまったくの偉業である。バングラデシュの田舎のあらゆる世代にまで教育を拡大したことは、歴史的な進展だ。

数年が過ぎて、グラミンの家族の子どもたちは高等学校に進学し、その多くがクラスのトップを占めるようになってきた。この偉業を祝って、私たちは最も優秀な学生たちに対して奨学金を支給することにした。今日、グラミン銀行では、毎年三万人以上の借り手の子どもたちに奨学金を与えている。子どもたちの多くが、医師、技術者、大学の教師、その他の分野の専門家になるために、高等教育に進むようになった。そこで私たちは、グラミンの学生が高等教育を卒業しやすくするために進学ローンを導入した。今、彼らの中で何人かは博士号を取っている。現在、進学ローンを受けている学生は一万八〇〇〇人おり、毎年八〇〇〇人以上の学生がこの数に加えられている。

これらの例が示すように、グラミン銀行は単なる金融機関以上のことをしている。家族が貧困の手から逃れられるためのものを身につけるであろう、まったく新たな世代を私たちは生み出しているのだ。私たちは貧困の歴史に終止符を打ちたい。グラミン銀行は、そのためのツールなのである。

また、グラミン銀行の成功が、単純に経済学的なものを超越した動機ややる気の存在を進んで認め、支えてきたところから生まれていることに気付いてほしい。人間は、ただの労働者ではないし、ただの消費者や企業家でもない。誰もが、親であり、子どもであり、友人、隣人、市民なのである。彼らは家族について心配し、彼らが住むコミュニティの世話をし、他人からの評判や他人と自分との関係について真剣に考えている。伝統的な銀行家にとっては、こういった人間の関心事というものは存在しないに等しい。しかし、人々はグラミン銀行の成り立ちの中心にいるのである。私たちが貧しい人人に提供する融資は、単なる取引記録ではなく、それぞれに渡した一握りの紙幣でもない。それは人生を創り直すためのツールなのだ。グラミン銀行のスタッフも借り手たちも、その現実を見失うことはない。

グラミンシステムの発展

グラミン銀行は、貧しい人々のための企業であり、機関である。どんな種類の組織であれ、最大級の試練のひとつは、ひどい経済的災難と人的被害をいかに乗り切るかということだ。ほとんどの組織は良い時代には繁栄することができるが、最も弾力的であるものだけが、災害を乗り切ることができる。

一九九八年に、バングラデシュは史上最もひどい洪水を経験した。これはほかのどんな洪水とも違っていた。すべてのバングラデシュ人が、何世代にもわたって洪水といえばこの洪水のことを想い起こすだろう。その年の七月半ばから始まり、国土の三分の二が一一週間にわたって浸水し、ひどい苦しみと経済のひずみを引き起こした。三〇〇〇万人の人が家から避難し、一〇〇〇人以上の人が亡くなった。そして、二期作の米が大きなダメージを受けた。

ご想像のとおり、グラミン銀行のメンバーとスタッフも逃れることはできなかった。一五四人のメンバーが洪水で亡くなった。さらに多くの人が、家族や家、農場、家畜を流された。借り手の半分以上、支店の七〇パーセント以上が、洪水の影響を受けた。

バングラデシュの広大な地域で経済活動が休止したため、多くのグラミンのメンバーは、あらゆる収入源を失い、ローン返済を続けることができなくなった。同時に、彼らは、途方もないほどお金が必要になった。銀行は非常時の支援プログラムで対応した。センターの四二パーセントを「災害センター」と宣言し、五カ月間という期間を示してローンの回収作業を中断させた。また、つなぎ融資プログラムとして多くの資金を投入した。グラミン住宅ローンを通じて家を建てていたメンバーには、修理のために五〇〇〇タカ（当時の一二五ドル相当）の追加ローンを貸し付けた。そして、他のメンバーは同じ目的のために二五〇〇タカのローンを受け取った。

これらの対策は、グラミンのメンバーの苦難を軽減し、洪水によって破壊されたコミュニティの再建を加速した。しかし、これらは銀行へのものすごい経済的な圧迫となった。一九九九年の中頃、私たちはある地域における大規模な債務不履行という深刻な問題を経験していた。これは予期せぬものではなかった。荒廃した経済の中で重大な打撃を即座にはね返すことができると考えるのは、非現実的だったかもしれない。しかし、緻密に問題を研究してみると、驚くべきパターンを発見した。いくつかのセンターが経験した最も重大な債務不履行の問題は、うまくいっている他のセンターのすぐ隣りにあったのだ。

真相究明のためにこれらの矛盾について調べてみると、大洪水はその問題のただ一部分にすぎないことがわかった。メンバーが最も大きな困難を経験していた銀行のセンターは、長年闘い続けていた。

それが洪水によって引き起こされた負荷によって問題が増幅され、表面化したことがわかったのだ。長い間にわたり、私たちは、新しい規則を加えて、グラミンの基本的なシステムの特徴を修正してきたが、プログラム全体のオーバーホールをまったく行なわないままだった。その結果、グラミンのシステムは、一般的にはうまくいく「フリーサイズ」のプログラムではあったものの、借り手の特殊な必要性を満たすことができていなかった。一五年間以上の運営を続けてきた後、グラミンは変革の時にきていた。一九九八年の大洪水は、システムの大きなアップグレードの機会となったのだった。

次の二年間をかけて、国中のグラミンのスタッフは、銀行の経営について再考して可能性を伸ばすプロセスに参加した。その経済的な足元をさらに強化し、メンバーのニーズに関連するように商品を改訂し、状況とニーズの変化に対応できる柔軟性を高める方法を探し求めたのだ。

特に、私たちは二つの領域に焦点を合わせた。まず最初に、私たちはグラミン銀行に預けられた総貯蓄高を大いに増加させたかった。これによって、銀行の資本構成を改良し、経済的負荷を受けた期間（たとえば、次に自然災害がバングラデシュの人々に大損害を与えるようなとき）にも頼ることができるような基金の蓄えを作ることができる。一九九五年に、私たちは、グラミン銀行が完全に経済的に自立していくことを決めた。もはやどの国からも、あるいは国際機関からも資金を受け取らず、代わりに完全に自らの財源でまかなうことにしたのだ。しかし、洪水に襲われたときには、追加の基金を必要とした。私たちは寄付を探しまわらなかった。バングラデシュ中央銀行に行って、金を借りたのだ。そして、都市銀行から金を借りるために債券を発行した。再設計されたグラミンのシステムは、災害時にさえ資金を借りずにすむほど強くなるだろうと私たちは自信を持った。

二番目に、私たちはローン商品にもっと大きな柔軟性を取り入れたいと思っていた。私たちは借り手がいつ、どのようにローンを返済するかについて、もっと多くの選択肢を与えた。借り手のビジネスが順調な時期にはより多くのローンを返済することができ、一方で不景気な時期には少なく返済できるようにしたのだ。

私たちはグラミン銀行の設立時と同じだけの心意気で、際限のない実験的試みに挑戦した。何十もの考えが、表面化され、討論されて、試された。うまくいったものは新しいグラミンの青写真の一部になった。二〇〇一年の終わりまでには、新しいシステム（グラミンⅡと呼んでいる）が完全に定義された。銀行全体をさまざまな地区に分け、それぞれが地元の事情や、銀行員を再教育する能力に応じてひとつずつ実地し始めた。二〇〇二年八月までに「グラミンⅡ」は全国で採用された。

グラミンⅠとグラミンⅡとの多くの違いは、非常におもしろいものだ。グラミンⅡがどのように誕生したかについて、その詳細の全文を知りたい方は、『貧者はいつも返済する——グラミンⅡの物語』を読むように薦めている。[1] この本では案件を徹底的にカバーしている。次のページの図はその本から抜粋したもので、グラミンⅡにおける主な刷新について手軽な概要を提供している。

この図は、グラミン銀行が、他のビジネス同様、顧客と彼らが求めるものに最も効果的に役立つために時間の経過とともにどのように進歩し、適応しなければならなかったかについて示している。これはソーシャル・ビジネスの創設者なら、学んでおくべきことだ。ちょうどＰＭＢが、絶えず変化す

グラミンⅠからグラミンⅡへ
よりフレキシブルで気の利いたシステム

グラミンⅠ	グラミンⅡ	変化の理由
年金のための貯蓄口座は用意されていない	借り手はグラミン年金計画に毎月一定額を預ける	借り手が引退後のための資金を作るのを助けるため
固定された、フリーサイズの貯蓄プログラム	メンバー個人の必要性に合うさまざまな貯蓄計画	特別な必要性と長期の経済的利益のために貯蓄を奨励するため
メンバーでない人から貯蓄を集めるという新規構想はない	非メンバーからも貯蓄を集める活発なキャンペーン	銀行が将来の貸付に自己資金で対応できるようにするため
分割払いの総額が固定された約1年間のローン	ローンの継続期間と分割払いの規模は変えられる	借り手個々の必要と状況の変化に合わせてローンをオーダーメイドできるようにするため
支店別にローン貸付総額の上限がある	個人のローンの限度額は貯蓄額やその他の測定値に基づく	メンバーの良い借入れと返済に報い、またそれを奨励するため
亡くなった借り手のローンの責任は家族にある	特別な貯蓄基金によって死後も未払いローンが確実に支払われる	死んだ後に負債を後に残すことに対する借り手の恐怖を軽減するため
ローンが52週以内に返せなければ借り手は債務不履行者となる	返済スケジュールから6カ月以内に間に合わなければ、借り手は債務不履行者となる	潜在的な借り手問題に関する早期の警告を作り出すため
銀行の新たな支店の資金は本部から12パーセントの利率で借りる	新しい支店は開店初日から、借り手や借り手以外から集めた貯蓄を使って自己資金で運営される	支店が早急に独立採算をなしとげるのを確実にするため

る競争環境からの要求に、すばやくフレキシブルに対応するように、ソーシャル・ビジネスもまた、発展、向上するのをやめてはいけないのだ。

グラミン銀行は四つの異なった金利を持つ四つの異なったローン製品を提供している。従来の銀行が求める複利とは異なり、すべて単利のローンである。借り手からの利子の総額は、元本を上回ることは決してない。もしある借り手がローンを返済するのに二〇年かかったとしても、彼女は借りた額の合計の二倍以上の額を支払うことはない。

基本的な収入を得るためのローン——さかのぼれば一九七六年、私たちがプログラムをスタートさせた時からの古典的な製品だ——は、二〇パーセントの利子で提供されている。住宅ローンには八パーセントの利子を付けている。二〇〇〇年に私たちが実行したプログラムでは学生ローンも行なっているが、在学中は〇パーセント、卒業してからは五パーセントの利率で貸し付けている。そして二〇〇四年には、私たちはまさしく最も貧しい人々に対してクレジットを提供するプログラムを始めた——最も貧しい人々とは物乞いたちのことで、私たちは彼らを「闘っているメンバー」と呼んでいる。

グラミン銀行の普通の規則は、いずれも物乞いの人々には適用されない。そのローンは典型的なもので一五ドルほど。無利子で、借り手が返したいと思ったときに、返せる額を返済すればいい。「闘っているメンバー」たちは、家から家へと物乞いに歩くとき、スナック菓子やおもちゃ、家庭用品などのような小さな商品を持参するためにそのローンを使う。彼らはすぐにどの家で物が売れ、どの家で物乞いができるか、わかるようになるのだ。

このアイデアはうまくいっている。現在、そのプログラムには一〇万人もの「闘っているメンバー」がいる。彼らのうち一万人以上がすでに物乞いをやめ、物売りだけで暮らすようになった。残りの大部分は、今も半分は物乞いをして暮らしている。そして、そう、「闘っているメンバー」はローンを返済している。このプログラムの下で貸し出された金の総額は、今のところ九五〇〇万タカ、そのうちすでに六三〇〇万タカがすでに返済されている。

グラミンIIにおける他の魅力的な刷新としては、年金基金プログラム、フレキシローンプログラム、そしてローン保険がある。

毎週、あるいは毎月、一定額を預けると約束することで、借り手は年金基金口座を開く。一〇年間その約束を守れば、借り手は預金の合計の二倍相当の額を受け取ることができる（約一二パーセントの利子にあたる）。グラミンのメンバーたちはこのプログラムをとても好んでおり、彼らの貯蓄が年ごとに増えるのを見ては興奮している。二〇〇七年半ばまでに、借り手からの総預金は四億ドル以上に達し、そのうち年金基金預金がおよそ五三パーセントを占めている。

もし借り手が、当初のスケジュール通りにローンを返すのが困難であれば、彼女はそれをフレキシ・ローンでカバーすることができる。フレキシ・ローンなら、彼女はより長い時間をかけて、さらにわずかな分割払いでローンを返済することが許されている。もし、借り手やその夫が亡くなった場合には、ローン保険ですべての未払いのローンを償却することが可能になる。グラミンIIのこれらの特徴により、マイクロローンは貧しい家族にとって、物入り時の負担ではなく支援の源となることになったのだ。

グラミンⅡにおける変革のおかげで、グラミン銀行の財務状況は、現在、これまで以上に強固なものとなっている。貧しい人々のために提供するサービスは広がって、よりフレキシブルで役に立つようになった。二〇〇六年に、銀行は二〇〇〇万ドルの利益を得ることができ、初めて、配当金を支払った。（前政府で定められた制限が撤廃されたからだ）。借り手は銀行の株主として、これらの配当金の支払いを受け取った。

世界のマイクロクレジット

バングラデシュでは、貧しい家族の八〇パーセントにマイクロクレジットが行き届いている（数百万世帯に対してはグラミン銀行から、そのほかの世帯にも他の多くのマイクロクレジットNGO、特にバングラデシュ・ルーラル・アドバンスメント・コミッティーや、BRAC、あるいはASAなどから提供されている）。今日では、私たちは、二〇一二年までにバングラデシュの貧しい家族のほぼ一〇〇パーセントにマイクロクレジットが届くと予測している。そうなれば、わが国は世界で初めてあらゆる貧しい家族に金融サービスをもたらした最初の国になるだろう。

マイクロクレジットの考え方は、バングラデシュのジョブラ村で生まれ、世界的に広がっている。現在、ほとんど世界のあらゆる国にマイクロクレジットのプログラムがある。マイクロクレジットは、アジアで最も大きく広がった。しかし、また、それはアフリカ、ラテンアメリカの国、そして中東にも足掛かりを持っている。マイクロクレジットは合衆国を含む世界の多くの国の貧しい人々の間で動き始めている。

これらのプログラムの多くが、その運営方法をグラミン銀行に倣っている。そして、中には、私たちから直接学ぶために幹部やスタッフを派遣してくるところもある。グラミンの方法論を学びたいという要求があまりにも大きくなったので、私たちはその使命に特化した別の組織、グラミン・トラストを設立したほどだ。

グラミン銀行自体は、バングラデシュだけの中で運営されていることを理解していただきたい。他国にはいかなる支店も部門もない。また、私たちは、世界のどこかで運営されているマイクロクレジット組織と提携しているわけでもないし、そういった組織に対して何の責任も持たない。それらの組織がインスピレーションやガイダンスの源として、私やグラミン銀行を引き合いに出していたとしてもだ。唯一の例外は、出資者とグラミン・トラストとの間の特別な協定の下で作られた、ＢＯＴプログラムと呼んでいる一握りのプログラムだけである。

世界中の多くのタイプのマイクロクレジット運営者の間で実りある対話ができる最も良いフォーラムの一つが、マイクロクレジット・サミット・キャンペーンである。この世界的な組織の物語を知ることで、マイクロクレジット運動の成長と発展を辿ることができる。

一九九七年、マイクロクレジット・サミットの初の会合がワシントンＤＣで行なわれた。一三七の国のさまざまな種類と規模のマイクロクレジット組織から約三〇〇〇人の代表者が出席した。私たちはマイクロクレジットと他の金融サービスを、二〇〇五年までに、世界の最も貧しい一億世帯に、願わくば女性たちをとおして到達させようという目標を、全員一致で採択した。

これは無謀な目標であった。当時、マイクロクレジットが行き届いている世帯数は七六〇万にすぎず、そのうち五〇〇万がバングラデシュの家庭だった。一億世帯などというのは、はるかな夢のように思えた。もし開発経済学で同様の大胆な計画について学んだことがあるなら、それがほとんど達成不可能な目標であることがわかるだろう。ほとんどの場合、努力はとうてい足りず、目標は静かに打ち捨てられ、誰も再びそれについて語らなくなる。

しかし今回、結果は非常に異なっていた。私たちは、カナダのノヴァスコシア州、ハリファクスで開かれた第三回マイクロクレジット地球サミットにおいて、予定より一年遅れではあるが、二〇〇六年末までに一億世帯という目標を達成したことを発表できた。

私たちはこの嬉しい報せを大いに祝った。しかし、私たちはその機会を来るべき新たな目標設定のために利用した。まず最初に、二〇一五年までに世界中の一億七五〇〇万世帯がマイクロクレジットにアクセスできるよう、サービスを拡大することに同意した。さらに重要なこととして、私たちの努力が世界的な貧困に大きな影響力を持つことを誓った。具体的には、私たちは一億世帯が、マイクロクレジットやその他の金融サービスによって貧困から脱出するのを助けるという目標に専念することにした。一家族あたり五人の人間が影響を受けるという見積もりに基づくと（開発途上地域における経験から、この数字はおよそ正確である）、これは次の一〇年間に、五億人の人々が貧困から解き放たれるであろうことを意味する。これはまさにミレニアム開発目標で掲げられた目標のとおりだ。

金貸しの復活

長年にわたり、ますます多くの組織がマイクロクレジットに関わるようになると、その用語の元の意味を無視するほうが便利だと気付く者も出てくる。マイクロクレジットは、貧しい人々が貧困から脱出するのを目的として、収入を得るためのビジネスを支えるために、担保なしで提供されるローンであると説明されるべきである。しかし、今日では、貧しくない人々を対象に、収入を生み出すためというよりも消費のために、担保を必要とするローンを提供して、それを「マイクロクレジット」と自称している多くの組織がある。さらには一〇〇パーセントかそれ以上の高いレートの利率を課した、投資家が途方もない利益を生むための「マイクロクレジット」さえあるのだ！

こういう状況では、私たちがマイクロクレジットについて話すとき、何について話しているのか、よくわからなくなる。明確で首尾一貫したカテゴリにマイクロクレジットを分類すべき時が来ていると私は思う。そこで、私が提案するカテゴリはこんなものである。

タイプ1　貧困に焦点を当てたマイクロクレジット

これらは貧困に焦点を当てた、担保不要の低利のマイクロクレジット・プログラムである。グラミン銀行は、このタイプのマイクロクレジットを提供するために創設された。タイプ1のプログラムでは、二つのゾーンのいずれかの利息をかけている。グリーン・ゾーンでは、資金調達コストの市場金利プラス一〇パーセント未満相当の利率、イエロー・ゾーンでは資金調達コストの市場金利プラス一〇〜一五パーセント相当の利率をかける。

タイプ2　最大利益を追求するマイクロクレジット

これらはイエロー・ゾーンより高い利率が課されるプログラムであり、金貸しの領域で運用されるレッド・ゾーンである。あまりに金利が高いため、これらのプログラムを貧困の撲滅に焦点を当てたものと見ることはできない。むしろ、株主や他の投資家がより大きな利益を得ることが主な目標であるように思われる営利事業である。

この分類は、高い給与コストが運営費用を異常に圧迫しているときなどの特別な折には、調整されるかもしれない。そして、これらの原則は、マイクロクレジットが借り手によって所有されているところには適用されないだろう。

しかしながら、あらゆるマイクロクレジットのデータベースを整備しているマイクロクレジット・サミット・キャンペーンの事務局は、私が提案するようなシステムにしたがってこれらを分類すべきだと思う。それだけでなく、マイクロクレジット・サミット・キャンペーンには、タイプ1のプログラムだけを含むべきはずであると私は信じている。タイプ1のプログラムだけが、グローバルな貧困を根絶するのを助けるためにマイクロクレジットを利用するという、キャンペーンの目標に貢献するからだ。

私は、世界のすべての貧しい人々が、ソーシャル・ビジネスを通してマイクロクレジットを利用するのを見届けたいと思う。利益を最大化する（タイプ2の）プログラムは、中流の下、あるいはそれ以上の階級の人々を相手にすればいい。

利益を最大化するマイクロクレジット・プログラムも、実際には貧しい人々と、そして一般的に世界経済に有益であると主張する人がいる。彼らは、より高い利率を課すことで、マイクロファイナンス機関（ＭＦＩ）がより急速に持続可能になれると主張するのだ。彼らはまた、高い利率は最も豊かな国の資本市場の投資家を惹きつけることで、ＭＦＩが貧しい人々へのサービスを拡大できるとも主張する。最終的に彼らは、高い利率によってより大きな企業を作るためのより多額のローンを可能にし、つまりは、より多くの貧しい人々を雇用することができると言うのだ。

これらの議論の後ろにあるビジネスモデルは、従来の金融の世界では身近なものであり、顧客が中流階級の、あるいは裕福な人々であるかぎりは、私はそれには何ら異存はない。しかし、貧しい人々に対して、高金利（三〇パーセントかそれ以上）、あるいは非常に高い金利（七〇パーセント以上）のローンさえ正当化しようとするときには、深刻な問題があると私は思う。「利益はすべて中流階級の顧客から上げてください！」と私は言っている。「どうぞ遠慮なくあなたの地位を利用してください！　しかし、貧しい人を相手に同じように考えるのはやめてください。貧しい人々に金を貸すなら、彼らが貧困の壁をよじ登る際に、最大の助けとなることができるように利益のことは考えないで。彼らが一度壁を登り切ることができたら、次には、他のあらゆる顧客と同じように扱えばいい。でも、それまで待ってください」

マイクロクレジットは、より多くの金貸しを創り出すのではなく、金貸しから国民を守るために作られたものなのだ。

大部分のマイクロクレジット仲間のように、私はマイクロクレジットには多くの異なったモデルが存在する余地があり、また、広い選択肢を伴う実験的な試みからは、大いなる進歩が生み出され、何がうまくいき、何がうまくいかないかについて大いに価値がある洞察が得られると信じている。私は他のマイクロクレジット運営者との度重なる議論やミーティングから大いに学んできた。そして、貧しい人々が彼ら自身の努力によって貧困を脱する手助けをするという共通のゴールを分かち合いながら、私たちは協力、相互援助できる多くの共通領域を見つけることができると考えている。

マイクロクレジット基金の問題

私たちがマイクロクレジットの範囲を広げようとする際に直面する最も大きい問題は、処理能力の不足ではない。そうではなく、マイクロクレジットが採算水準に達するまでの最初の数年間を乗り切るまでに使える資金の不足である。

しかしながら、これは、タイプ1のマイクロクレジット組織が、外部のローンや外国株式投資を必要とすることを意味しているわけではない。インフレが続く地域（ほとんどの開発途上国がこれにあてはまる）のＭＦＩがそのような外国ファンドを受け入れることは非常に危険なことである。結局、国際的なローンを返済したり、あるいは交換可能通貨で配当を払ったりするときには、ＭＦＩは現地通貨で集めたものよりさらに多くを支払うことになる。したがって、外部のローンの実効金利は、ときにはローンに同意したときよりも高くなってしまうこともあるのだ。

実際には、貧しい人々にお金を貸すために、どんな国にも多くのお金が用意されている。それを流動させ、貧しい人々が使えるようにすることがすべての課題なのだ。ＭＦＩは担保を差し出せないため、地方銀行はＭＦＩに資金を貸し与えることができない。しかしながら、もし国内外の組織が保証人として機能するように進み出れば、地方銀行は喜んでお金を提供する。これは、グラミン・キャピタル・インドや、グラミン・ジャミール・パン・アラブ・マイクロファイナンスなどの組織によってすでに行なわれている市場ベースの解決策である。

基金問題については、他に二つの市場ベースの解決策がある。ひとつは、ＭＦＩが預金を受け入れることである。ＮＧＯによって運営されているマイクロクレジット組織では、それが法的に禁じられていることがある。それは奇妙なことだ。従来型の銀行は、よく運営されているところには資金を貸し出すが、しばしばその返済率は七〇パーセント程度かあるいはそれを下回りながら、多額の預金を集めることが許されている。一方では、返済率が九八パーセントかそれ以上にもなるマイクロクレジット組織には、同じことをするのが許されていないのだ！

マイクロクレジット界から私たちが、この矛盾について異議を申し立てると、よく「マイクロクレジット・プログラムはどのような法律でもカバーされていません。それは、彼らが顧客から預金を集めるのを許容することは非常に危険であることを意味するのです」と言われる。これはおかしい議論であると感じる。法の適用範囲の不足が問題なら、それを直せばいいだけだ。マイクロクレジット組織をマイクロクレジット銀行に作り替えるための法律を作り、プログラムを法の枠組みに組み込もう。そして、マイクロクレジット組織のための規制機関を作ろう。すでに存在する従来型の銀行の規制機関に並立するようなもので、しかしそれとは切り離された、まったく異なる機関を設立するのだ。

私は長い間、あらゆる国がこの論理的な方法を採るよう促しているが、その進展は失望させられるほど遅い。長い交渉の末に、バングラデシュ政府は独立したマイクロクレジット監督局を作ったが、マイクロクレジット銀行を創設するための法案は可決していない。政府と専門家による合意のもとに法案が議会を通過するのが待たれている。

預金を集めることへの制限がなくなれば、マイクロクレジット・プログラムは寄付による資金への依存から解放され、その活動は急速に拡大するに違いない。これは金融サービスを貧しい人々にもたらす、理想的な、究極の解決策である。誰もがこの計画によって利益を得ることができる。預金者は、高い利子を得ることができて幸福だろう。貧しい人々は、資金の供給に関して制限や不安を感じることなく、金融サービスを享受することができる。預金はマイクロクレジットの形で地域の貧しい人々のものとなり、地域経済を確立するのに役立つだろう。そしてマイクロクレジット銀行は財務的に自己持続できるようになる。

グラミン銀行はまさにこのように運営されている。新しい支店を始めようとしてその場所を選ぶとき、私たちはマネジャーに対し、「ここがあなたの場所です」と言う。「ここに行って、支店を開きなさい。私たちはお金を出さない。その代わりに、この地域で預金を集め、それを貧しい人々に貸し与え、一二カ月で損益分岐点に達するように努力するのです。それがあなたの任務です」

新しい支店長の大部分は、その目標を達成する。中には一二カ月よりわずかに長い時間がかかることもあるが、預金集めに苦労することはない。このシステムを利用して、私たちは二〇〇六年には、一日平均一・五店の支店を開設してきた。

しかし、ＭＦＩが法のせいで顧客の預金を受け入れることができないので、マイクロクレジット基金の現行の制度は適切とはいえない。だから彼らは寄付に頼らなければならないのだ。

国際的援助は、少なくとも毎年五〇〇億ドル規模の活動がある。現在のところ、マイクロクレジットへのサポートは、この総額の一パーセント未満で構成されている。私たちが真剣に金融サービスを貧しい人々にもたらそうとするなら、この合計は例年の外国からの援助総額の少なくとも五パーセントに引き上げられるべきだ。言い換えれば、およそ二五億ドルになる。

このお金は、ホールセール（卸売）・ファンドの創設を通じて地方のマイクロクレジット組織を作り出すのに使われるべきである。これによって寄付者の資金は、マイクロクレジットの立ち上げと支援に向けられるのだ。

各国には、それぞれ独立している多くの非政府系ホールセール・ファンドがあるべきである。中国、インド、インドネシア、ナイジェリア、およびフィリピンのような広い国においては、ホールセール・ファンドが、国の各地域にあるべきである。一方、中米のように、多くの小さな国々からなる地方では、共通のマイクロクレジット基金が、数カ国を同時にカバーできる。また、地方、あるいは全世界をカバーするホールセラーは、直接、草の根組織を支えるのではなく、むしろ全国レベル、地方レベルの基金を支えるだけに制限されるだろう。

私は個人的にそのような二個のホール・セール・ファンドの運用に詳しい。ともにバングラデシュの、グラミン・トラスト（ＧＴ）とパリ・カルマ・サヤク財団（ＰＫＳＦ）だ。

一九九一年以来、ＧＴはアジア、アフリカ、ヨーロッパ、およびアメリカ大陸の四〇カ国の一四〇のマイクロクレジットプログラムに対し、資金と技術サポートを提供している。ＧＴが提供する長期低利貸付は、現地通貨立てでなされる。それは、ＭＦＩではなく、ＧＴが為替リスクに堪えられるようにだ。

また、ＧＴは経験豊富なマイクロクレジットの運営者による開業サポート、トレーニング、そして技術支援のパッケージを提供している。それはまるで、企業の新しいフランチャイズを与えられた人が受けるガイダンスのようである。新規立ち上げにおけるＧＴのノウハウによって、資金提供者はそのプログラムを支援しやすくなる。寄付者からの基金によって、ＧＴは世界中に多くのすぐれたマイクロクレジットを設立する手助けをしてきたのだ。

パリ・カルマ・サヤク財団（ベンガル語で「地域雇用支援財団」を意味する）は、マイクロクレジット・プログラムを促進する、全国規模のホールセール・ファンドである。この財団は、あらゆるサイズのプロジェクトを拡大することと同様に、プロジェクトの始動に対して融資を行なう。一九九〇年に自らの基金を元に、バングラデシュ政府によって設立されたものだ。その後、ＰＫＳＦは世界銀行から二度資金を借りている。一九九六年に一億五〇〇〇万ドル、二〇〇一年に一億五一〇〇万ドル。これらを元にバングラデシュの一八六のマイクロクレジット組織に対して、五億五四〇〇万ドルを支出したのだ。

国内のホールセール・ファンドは、間接経費を劇的に削減する。第三世界の国では、そこに拠点を置く基金のほうが、ヨーロッパや北アメリカを本部とする基金からローンを提供するよりもわずかなコストで、その国の村の貧しい女性たちにローンを提供できる。ホールセール・ファンドのメカニズムを通して、より多くのお金を、職員やコンサルタントへの給料、料金、海外出張の代金としてではなく、ローンとして最も貧しい人々の手に渡すことができる。

ホールセール・ファンドの別の利点は、マイクロクレジット・プログラムのための基金を継続的に制度上の期限を超えてはるか向こうにまで提供できるということだ。任意のプロジェクトの期間の終了時に資金調達が停止すると、資金提供者はそのプログラムから離れていくことが多い。また、マイクロクレジット・プログラムを念頭に置いて設計されていない長期にわたる承認手順のために資金が遅れて届くという問題もある。多くのマイクロクレジット・プログラムの経営者が、ローン・プログラムの品質を確実にするよりむしろ、プログラムのための財源を確保するために多くの時間を費やしているると私に語っている。さまざまな寄付者に対する複数の報告手順のために多くの時間が取られるという問題はホールセール・ファンドに資金源を一本化することにより、ひとつの標準的な報告様式を持つビジネスの枠組みの中で解決される。

最終的に、ホールセール・ファンドは、保証や、目的に合わせた債券を発行するなどその他の経済的な仲介物を提供することにより、地方あるいは国際的な金融機構を利用するうえでマイクロクレジット・プログラムを助けることができる。このように、ホールセール・ファンドは、寄付者たちの施しを、真のソーシャル・ビジネスに変える手助けとなってマイクロクレジット・プログラムを持続可能な方向に導くことができる。

二〇〇七年六月に、ドイツのハイリゲンダムで行なわれたG８の会談で、アフリカのためのマイクロファイナンスのホールセール・ファンドとして、「アフリカ・マイクロファイナンス・ファンド」（ＡＭＦ）を創設することを決定した。これは喜ばしい決定である。成功を確実にするためにはその経営構造が重要になるだろう。私は、ＡＭＦが、アフリカ各国のひとつ、あるいはそれ以上のマイクロファイナンスに対して資金を提供する使命を持つ、独立した資金となることを望んでいる。また、基金を運営する人々のトレーニングにも厳しく取り組んでほしい。ＡＭＦがうまく運営されれば、アフリカでのＭＦＩの設立と成長を加速するうえで、重要な役割を果たすことができる。アフリカは、現在、マイクロクレジットの経済エネルギーを最も必要としている大陸である。

主流の銀行とマイクロクレジット

従来の銀行でもマイクロクレジット・プログラムを動かすことができるのだろうか？　人々を訓練し、仕事に合わせて方法論や経営組織を鍛えあげさえすればもちろんできる。通常、私が彼らに対して行なっている提案は、マイクロクレジットを支援する子会社を創設することだ。そしてその会社をソーシャル・ビジネスの原理で運営し、完全に別々の経営にするか、あるいは少なくともひたむきなスタッフたちによるマイクロクレジット支店を別に設立するのだ。

インドでは、NABARD（全国農業農村開発銀行）が、都市銀行に対して、自助グループ（SHG）の方法論を通じて貧しい人々にお金を貸し与えることを奨励している。SHGでは約二〇人（大抵の場合は女性）が一つのグループを作り、都市銀行の支店と提携している。最低六カ月間預金をすると、そのSHGは銀行からローンを受ける資格を得る。通常、銀行は約一〇～一二パーセントの利子（最優遇貸出金利）でSHGに貸し付けられる。そして、SHGはさらに高い、通常二五～三〇パーセントの利率で、順番にメンバーに貸し付ける。

NGOは、メンバーが通帳を維持し、貯蓄を管理するように訓練することで、SHGの形成をサポートする。グループが政府の貧困対策の支援を受けて結成されるときには、ローンには最大五〇パーセントの助成金が支給されるかもしれない。

二〇〇六年三月現在、インドには三三〇〇万人の顧客を抱える二二〇万のSHGがあり、その半分が貧しい人々で占められている。二〇〇六年のプログラムの下で、総額一九億八〇〇〇万ドルの支出があった。

このSHGのモデルによって商業銀行は、マイクロファイナンスの子会社を創設したり、特別に訓練された人材を雇ったりすることなく、マイクロクレジットに関わることができるようになった。

不可欠な基盤としてのクレジット

誰もが、お金が重要であることを理解している。貧しい人々に特有の問題は、お金を彼らに持ってくるような機関がまったくないということである。マイクロクレジットは、ビジネスライクにその問題を解決する。今ではその方法論も知られるようになったので法的に地位を与えられるべきであるし、主流の金融システムに不可欠な部分とされるべきだ。

評論家の中には、マイクロクレジットだけでは貧困の問題を解決できないと強く指摘したがる人もいる。解決できると主張する人もいなかった。しかし、マイクロクレジットは、それに基づいた他のあらゆる貧困撲滅プログラムが手堅い下地を見つけ、よりよい業績を上げるための礎となるのである。

貧困は多次元的な現象である。それは人々の人生と暮らしに関わるものである。人々を貧困から解放するために、個人的なレベルからグローバルなレベルまで、または、経済情勢から政治的、社会的、技術的、あるいは心理学的な要因まで、彼らの人生のあらゆる面に立ち向かう必要がある。これらは別々で何の関係もない要素というわけではなく、密接にからみ合っているものだ。

成功したマイクロクレジット・プログラムを作り上げてきた私たちの経験から、グラミン銀行はこういったすべての要因の重要性を認識することを推し進めてきた。次の章では、私が徐々に関わるようになった他の種類のベンチャーのいくつかについて説明しよう。それらには貧しい人々の健康、教育、情報技術、自己持続性を推進するプログラムから、バングラデシュ中でたったひとつの利益追求のための大企業を含む大規模なビジネスの成功までが含まれている。これらのさまざまな企業の発展の中に、後にソーシャル・ビジネスとして知られるようになる概念の最初の「種子」を見つけることができるはずだ。

注

1　Asif Dowla and Dipal Barua, *The Poor Always Pay Back: The Grameen II Story* (Bloomfield, CT: Kumarian Press, 2006).

4　マイクロクレジットからソーシャル・ビジネスへ

私は時に「貧しい人々のための銀行家」と呼ばれるが、私はその呼び名に誇りを持っている。しかし、私がまったくの偶然で貧しい人々のための銀行家になったことは、あまり多くの人には知られていない。もともと私には、どんな種類であっても銀行員になろうなどという意志はまったくなかったのだ。三〇年以上も前に、私がジョブラ村で貧しい人々を支援するための取り組みを始めたときには、私は銀行員ではなく、経済学の教授だった。銀行業に関する多少の知識を持ちあわせてはいたものの、その分野に直接関わった経験など一切なかった。大学のキャンパスの隣にある村の貧しい人々に資金の貸し付けを始めたとき、私はそれがゆくゆくどうなっていくかなど、考えてもいなかった。

そのとき以来、銀行業について知識がなかったことが、私を大いに助けたのだとわかるようになった。私が訓練を受けた銀行員でなく、実際の銀行業務について一つの教えも受けたことさえないという事実のために、先入観もなく、貸し借りを行なう過程について自由に考えることができたのだ。もし私が銀行員であったならきっと、銀行のシステムが貧しい人々に対してどのように役立つかなど、決して探ろうとはしなかったであろう。また、もしそうしていたとしても、きっと間違った取り組みをしたことであろう。今ある銀行のシステムから始めて、次にどうしたら貧しい人々にそのシステムを合わせせられるかを考えようとしたに違いない。私が編み出すどのような解決策も、安普請で、効果のないものだったことだろう。私は部外者であったからこそ、貧しい人々自身――彼らが抱える問題、彼らの技術、彼らのニーズ、彼らの能力――を間近に見ることから始めることができたのだ。そして私は、貧しい人々の中に貸し付けシステムを築き上げた。ある日、私は目覚めて、驚いたことに私が銀行家になっていることに気付いたのだ。非常に型破りな銀行家に。

ほぼ同じような具合で、私とグラミン銀行の同僚たちは気がつけば「偶然なる企業家」となっていた。私たちは、一連の関連企業を始めようとも計画していなかった。貧しい人々が貧困に身をゆだねるようになった経済的、社会的な状況の理解に励み、また、貧しい人々がその運命から彼らを解放するのを助けるツールを開発しようと、ただ銀行家の役割を果たして貧しい人々の側で働いていただけだ。その過程で、私たちは貧しい人々の役に立つかもしれない新しいベンチャーを始める機会を、偶然見つけることになったのだ。あるときは、私たちなら貧しい人々の役に立つと信じてくれた人々によって、責任ある仕事がめぐってきたこともある。状況に逆らうことなく、そしてまた、貧しい人々のためにチャンスを具体的な利益に変えられるかもしれない可能性に引かれて、私たちは新たなビジネスアイデアの実験を始めたのだ。最初はひとつ、そしてまたひとつ、さらにひとつ、と。アイデアの中には定着し、開花したものもあったが、（少なくともそのときは）失敗したものもあった。

その実験からおよそ二〇年が経って、私たちは気付くと二五もの組織を運営していた。そして、しばしば集合的に「グラミン・ファミリー」と呼ばれることもある（その全リストに関しては、次頁の表を見てほしい）。

これらの会社は、注目すべき一連の活動に従事している。グラミン・フォンは、今ではバングラデシュで最も大きな企業である。グラミン・フォンのサポートで運営されているビレッジフォン・プロジェクト（村の電話プロジェクト）では、約三〇万人の女性が「テレフォン・レディー」となって、バングラデシュ全国の村々で携帯電話貸与のサービスを展開している（ただし二〇〇五年以来、テレフォン・レディーのビジネスは下火になっている）。グラミン・テレコムとグラミン・コミュニケーションズは、インターネット・キオスクを農村地域に配置し、バングラデシュの最も辺鄙ないくつかの地域に、インターネットによる利益をもたらした。グラミンの漁業と織物会社は仕事を作り出し、単純で、自己持続できる、適切な技術を通して、数百の村に新たな成功をもたらした。三〇以上のグラミン・エネルギーセンターは、ソーラー住宅と生物燃料システムを推進し、地元の女性たちを太陽エネルギー関連の電子部品の生産に従事させ、訓練している。

これらのさまざまな企業をすべて関連づける、共通のテーマはあるのだろうか？　まさに一つだけある。彼らはみな同じ目標を共有しているのだ。バングラデシュの人々、特に貧しい人々の暮らしを改善することだ。

グラミン・ファミリー

会社名	設立年	目的の順
グラミン銀行	1983年	貧しい人々のための金融サービス
グラミン・トラスト	1989年	世界中のＭＦＩへの訓練、技術支援、経済支援
グラミン・クリシ（農業）財団	1991年	農業技術と生産高の向上のための実験や訓練
グラミン・ウドーグ（企業）	1994年	手織り布「グラミンチェック」の輸出
グラミン・ファンド	1994年	起業家を支援するソーシャル・ベンチャーキャピタル・ファンド
グラミン・モーショー・オー・パシューサムパッド（漁業と畜産）財団	1994年	魚の養殖、家畜の飼育プログラム
グラミン・テレコム	1995年	貧しい人々への通信サービス
グラミン・シャモグリー（製品）	1996年	グラミン・チェックの手織り布、手工芸品、他製品の国内販売
グラミン・サイバーネット	1996年	インターネットのプロバイダ
グラミン・シャクティ（エネルギー）	1996年	バングラデシュの地方のエネルギー資源の刷新
グラミン・フォン	1996年	携帯電話サービス
グラミン・カルヤン（福祉）	1996年	グラミン銀行のメンバーに対する、健康福祉サービス
グラミン・シッカ（教育）	1997年	貧しい家庭の学生たちに対する奨学金やその他のサービス
グラミン・コミュニケーションズ	1997年	インターネットのプロバイダ、およびデータ処理サービス
グラミン・ニットウェア	1997年	ニット製品の製造および輸出
グラミン・キャピタル・マネジメント	1998年	投資マネジメント
グラミン・ソリューション	1999年	ビジネスのためのＩＴソリューションの開発
グラミンＩＴパーク	2001年	ダッカにおけるハイテクオフィスビルの開発
グラミン・バイボサ・ビカーシュ（ビジネス・プロモーション）	2001年	少額のビジネスローン保証の引き当て
グラミン情報ハイウェイ会社	2001年	データ相互通信とインターネットプロバイダ
グラミン・スター・エデュケーション	2002年	情報テクノロジーのトレーニング
グラミン・ビテック	2002年	電気製品の製造
グラミン・ヘルスケア・トラスト	2006年	グラミン・ヘルスケア・サービスへの基金
グラミン・ヘルスケア・サービス	2006年	貧しい人々に対するヘルスケアサービス
グラミン・ダノン	2006年	貧しい人々が購入しやすい栄養食品

これらのグラミン企業は、法的には二つのカテゴリーに分けられる。大部分は非営利企業（会社法での非営利企業は株をまったく発行せず、「所有者」をまったく持っていないことを意味している）として会社法の下に登録されるのだが、課税の対象になる。それ以外のいくつかは、営利企業として登録され、株主に所有され、もちろん課税される。

私たちが会社のネットワークを創設したとき、私たちはマスタープランなどまったく持っていなかった。二〇年かけて少しずつ作ってきたのだ。会社を始めるときは単に、貧しい人々を援助するために最も実用的と思われたアプローチに基づいてそれぞれの会社のための組織体制を選択した。その結果、一見まとまりのないパッチワークのような企業体になっている。しかし重要なのは、それぞれのパッチワークの断片が、より大きい使命を支えるためにうまく働くことなのである。

振り返れば、さまざまなグラミン会社の設立には共通のパターンがあった。ヘルスケアの不足を例にとろう。まず、貧しい人々の間に共通する問題が続いているのを目にして、先駆的な動きが生まれる。調査の結果、貧困に打ち勝つことができない借り手の一つの主な理由が、家族の慢性病であることが私たちに伝えられる。なかには収入の大部分を、病人の治療のために費やさざるを得ない家族もある。私たちは、国営のヘルスケアシステムがどれほど役に立たないか、そして非機能的であるかを見てきた。その結果、貧しい人々は彼らの収入の多くの部分を村の霊媒師やニセ医者に費やしており、彼らの処置は効果がないだけでなく、患者にとっては有害なことさえあった。

まず、私たちは既存の枠組みの中でその問題を訴えようとした。私たちは認知キャンペーンを始めた。たとえば、子どもたちの間のビタミンA欠乏症や「鳥目」に関連する病気と闘うために、（一六カ条の決意の中にもあるように）野菜を育てることを奨励したのだ。グラミン・カルヤンを通してヘルス・センターを作る前には、私たちは多方面からばらばらにことを運んでいた。今でも、どの形式がうまくいくのか知るために、私たちは同時に数個のプログラムを動かしている。それは私たちが実験しながら仕事を進めていることをよく表わしている。

私たちは現場のスタッフや、受益対象者たちと話し合いを続けることで、各プロジェクトの細部を詰めていく。試験的な構造や仕事の手順を作り、徐々に調整していく。もしうまく働いていないことがわかれば、それらをすべて捨て去る。そして再び新しい構造を設計しなおすのだ。

アイデアを探り、それらを持続可能なビジネスに変える過程は、今日まで続く、まさに進行中のものである。たとえば、ここ最近の数カ月で、世界的に有名なテレフォン・レディーのビジネスは急速に衰退している。予想してはいたものの、これほどとは思わなかった。バングラデシュでは携帯電話業者同士の競争が非常に激しいため、電話機の価格が大幅に下がったのだ。現在、国内には三二〇〇万人の携帯電話加入者がいる。五人に一台の計算になるが、これは、電話をかけるためにテレフォン・レディーのところに行く必要がある人が、それほど多くはないことを意味している。そこで私たちはテレフォン・レディーのための新たなビジネスモデルを試している。彼女たちをグラミン・フォンの代理店にして、電話料金前払いの窓口とすることでプリペイドサービスの市場に入るのを助けようとしている。また、彼女たちにはインターネット・アクセスやその他のサービスの提供にも関わってもらおうとしている。

二〇〇七年九月に、私たちはバングラデシュにＷｉＭａｘ（無線通信規格のひとつ）インフラを立ち上げるために、インテルとグラミン・ソリューションズの間で覚書を交わした。バングラデシュの高校と生徒のパソコンとをつないだり、教育と公共医療に高度な情報通信技術を提供したりするためだ。これは私たちをさまざまなビジネスに、特に貧しい人々の利益になるビジネスに導くかもしれない。

休みなく興奮と創造性が続く感覚は、このグラミンの環境で働くおもしろさの一つである。

しかし、ここでグラミン・ファミリーについて記すうえで最も重要なことは、彼らがソーシャル・ビジネスの概念に向かう歴史的な足掛かりとなっているという事実である。それぞれの会社の背後にある物語を見れば、ソーシャル・ビジネスの概念がゆるやかに現われているのを見ることができるのだ。つまり、商品やサービスを販売し、その所有者が投資した資金を返済する自立した会社でありながら、その主な目的は、社会に奉仕し、貧しい人々のあらゆることを改善することにある。多くは、法的にはＮＰＯの運営形態を取っているが、私たちは徐々にそれらを企業として運営する方向に導いてきた。典型的な非営利の企業として運営するのではなく、ビジネスの原則を採用したのだ。そうすることで、社会的目標を持ったビジネスの世界への移行を促し、それらの企業はソーシャル・ビジネスの概念により近づいたのだ。

グラミン・ビジネスのすべてをここで語りきることはできないが、現在の私たちの活動の幅の広さを示すいくつかの例を紹介しよう。

マイクロクレジットという言葉を世界に広める――グラミン・トラスト

一九八〇年代の後半までに、グラミン銀行は首尾よくマイクロクレジットの事業としての可能性を示した。そして、それ以上に、貧しい人々の暮らしを向上させる手段になることを示した。その結果、世界中の開発途上の共同体で暮らす多くの人々が、グラミン銀行に倣って彼ら自身のマイクロクレジット・プログラムを立ち上げたいと考えた。バングラデシュの私たちのもとには、アドバイスを求め、指導や支援を求める人々が次から次へと訪れるようになった。

私たちは貧しい人々を援助するツールとしてのマイクロクレジットのパワーを固く信じているので、この概念を広めたがっている人々に対して私たちの時間を割くことを惜しまなかった。しかし結局、そこに多くのエネルギーが必要になったことで、バングラデシュの貧しい人々の役に立つという私たちの一番の使命から注意が逸れるという深刻な事態になった。そこで一九八九年に、私たちはグラミン・トラストという、世界中のマイクロクレジットを促進する使命を持つ非営利団体を設立した。

グラミン・トラストは、我々の助けを求めるマイクロファイナンス組織（ＭＦＩ）に、さまざまな種類の支援を提供している。ＭＦＩの運営者やスタッフに対するトレーニングプログラムの開発、世界各国のＭＦＩのリーダー間でアイデアや経験の共有を容易にするワークショップの主催、マイクロクレジットのしくみを学びたいと願っている団体と個人のための対話プログラムなどである。さらに、グラミン・トラストの専門家は、コンサルティング、評価、モニター、およびその他の技術支援をMFIに対して行なっている。

グラミン・トラストは一九九〇年代前半に、自身の基金を工面できないほど小さなMFIへのホールセラーとなることで、異なった領域に入っていった。それは私が長い間考え続けていた概念であった。というのも、多くの価値あるマイクロクレジット組織が、資金不足のために実を結ばずに終わっているという事実に気付いていたからである。しかし、グラミン・トラストにも、シカゴでの講演での思いがけない出会いのおかげで、世界の最も革新的な慈善家団体のひとつであるマッカーサー財団から、寛大な交付金を得ることになるまでは、この種のサポートを提供するための資金はなかった。マッカーサー財団からの支援に促される形で、追加の交付金が、世界銀行、ロックフェラー財団、USAID、その他の政府や国際機関から用意されるようになった。

世界中の多くのマイクロファイナンス組織が、グラミン・トラストから元手となる資金を借りている。今日では、三七カ国の一三八のMFIプロジェクトに資金、トレーニング、その他の多くのサポートを提供している。これまでにグラミン・トラストでは、合計二一八二万ドルの基金を提供している。

グラミン・トラストの最大級の事業は、いわゆる「立ち上げ・運営・引き渡し」（BOT）プログラムだ。多くの貧しい人々が悲惨な状況にある地域において、出資者がマイクロクレジット・プログラムの急速な導入の必要を感じるケース、あるいはマイクロクレジットが特定の国や地域で働くことができるかどうかに対して大きな疑問が投げかけられているようなとき、グラミン・トラストは、プロジェクトを始めるために自らのチームを率いてバングラデシュからやってくる。グラミン・トラストは、目標国のマイクロファイナンス・プログラムを完全に立ち上げ、持続できるようになるまでそれを管理して、現地の人々がプログラムのコントロールができるよう訓練する。それは、導入と同時に運営できるグラミン方式のプログラムを作るための、一種の「ターンキー・システム」である。プログラムがいったん動きだして、通常三～五年かけて持続可能なレベルに達すれば、グラミン・トラストはその場を離れるか、あるいは出資者の要望があれば、プログラムの所有権を保有することになる。

グラミン・トラストは、ミャンマー、トルコ、ザンビア、コソボ、コスタリカ、グアテマラ、インドネシアでＢＯＴプロジェクトを実行しているか、もしくはその過程にある。その規模には差がある。一九九七年にそのプログラムを始動したミャンマーには九万四〇〇〇人のメンバーがおり、二〇〇六年に始まったインドネシアのプロジェクトではちょうど一〇〇〇人になる。さらに多くがまだ開発段階にある。

古い工芸品を生き返らせる――グラミン・ウドーグとグラミン・シャモグリー

バングラデシュには、美しい織物作りの長い歴史がある。何世紀もの間、バングラデシュの手織物は、世界中で多くの需要があった。しかし、産業革命が起こり、イギリスで機械化された繊維工業が始まると、南アジア産の織物の市場は徐々に消えていった。事態をますます悪化させたのは、イギリス政府がインド亜大陸での織物の製造を禁じたことだった。違反した織り手の親指を切り落とすという法律さえ実施されたのだった。マハトマ・ガンジーがインド独立運動の時期に、糸車の前に座っている有名な写真を思い出してほしい。ガンジーにとって、地方の自立とは、経済的必要を満たし、その地域の人々が文化的遺産を誇れることのシンボルでなくてはならなかった。

今日、バングラデシュ人の繊維工業はいくつかの基本的な難局に直面している。わが国には手織り機を使い、さまざまな色とパターンで美しい織物、特に純綿の織物を生産する何百万人もの小さな地方の織り手がいる。しかし、そのような素材を売り出すのは難しい。特に大きな衣類メーカーが、決まった仕様で作られた何千ヤードもの織物を欲しがるときには難しい。そこで一九九三年にグラミン・ウドーグ（グラミン・エンタープライズ）を創設し、地方の織り手が、新しい単一のラインの織物を国際市場に出すのを助けることにした。私たちは、それに「グラミン・チェック」というブランド名を与えた。三年後には姉妹会社グラミン・シャモグリー（グラミン・プロダクツ）を設立し、グラミンチェック衣料の地元での販売に焦点を当てたのだ。

私たちがグラミン・チェックのビジネスを始めたとき、私たちの当初の望みは、手織物産業を助成することと、隣国インドからの織物の輸入を抑えることだった。インドでは、機械で大量の織物を織るのが普通になっている。私たちはその最初の目的には成功した。バングラデシュの手織りの布は、以前よりはるかに大きな市場を持つようになった。しかし、一般にインドの織物のほうが我が国の手織りの商品より安いため、後者はなかなか成功していない。バングラデシュ人の織り手たちは、木綿の糸や染料など原料の大部分をインドから輸入しなければならない。そのため自然に、バングラデシュ人の生産コストは高くなるのだ。

今日、グラミン・チェックの製品の輸出はほとんど休眠状態だが、グラミン・シャモグリーは国内市場で順調だ。若いバングラデシュ人たちは、地元の手織り職人たちの手による、伝統的なパターンで織られた布で作られたシャツやサリー、その他の衣類を着ることに誇りを持っている。私もグラミン・チェックのために、ファッションモデルに変身した。常にその織物のチュニックを着ているので、私に関する記事や参加する会合が新聞で報道されたときには、そのことに気付くだろう。新聞写真ではだいたい、グレーや紺のスーツの海の中で、一人だけカラフルなチェックの衣類をまとっている人物として、私が写っている（グラミン・チェックの衣装がとても着心地がいいことを証明しているのだ！）。これに新たに注目が集まり、地方の手織物産業は順調である。そして、グラミン・チェックの多くの競争相手が現われ、彼らはそれぞれ自身の魅力的なバングラデシュ製のラインをプロデュースし、売り出している。ダッカのグラミン銀行の本部に面する通りには、カラフルなバングラデシュ綿衣料のさまざまな競合ブランド名の看板を掲げた店やブティックが立ち並んでいる。

企業家精神の促進――グラミン・ファンドとグラミン・バイボサ・ビカーシュ

ある意味で、グラミン銀行は企業家精神のための巨大な苗床である。私たちの融資のかなりの部分が、バングラデシュの村落と農地で想像できるかぎりのあらゆる種類の小さなビジネスをサポートしている。マイクロクレジット運動が社会に知らしめた重要なことのひとつは、貧困を軽減するための鍵は「仕事」——大きな企業に雇用されること——を作り出すことに限らないということだ。それよりもむしろ、あらゆる個人、特に女性のための自己雇用に力を入れることが鍵になる。女性たちは地方レベルで商品とサービスを作り出し、それらを売り出すのだ。数百万人ものそのような小規模の企業家が、現在バングラデシュ中で活動し、自身や家族、そして地域全体を貧困から引き上げようとしている。彼らの多くはスタート時点でグラミン銀行に頼っていた。

グラミン・ファンドは、同じ哲学をより高いレベルに引き上げている。ベンチャー・キャピタル・ファンドであるそれは、グラミン・ファミリー内部のビジネスはもちろん、革新的で企業精神に富むアイデアを持った個人や組織のさまざまな種類のビジネスの立ち上げや実験に投資するために存在している。

そのプログラムは一九八〇年代後半に、グラミン銀行の中のイニシアチブとして、SIDE(研究、革新、開発、実験の頭文字を取ったもの)と呼ばれていたものに由来する。数年のうちに、大きく成長したSIDEは別のベンチャー・キャピタル・ファンドとして分離し、バングラデシュの経済開発を促進する新技術をもたらすプロジェクトに特化したファンドとなった。

今日、グラミン・ファンドはベンチャー事業に対する数種類の資金援助を行なっている。その多くが、グラミン・ファミリーに対してである。これらは資金の貸付、つなぎ融資、メザニン融資、有望だが経営不振の会社のマネジメント・バイアウト、成長志向の企業の借入に対する法人保証を含んでいる。しかし、グラミン・ファンドが提供する最も一般的なタイプの融資は、株式買い入れによるものである。通常、グラミン・ファンドは会社の株式の五一パーセントを取得する。これによってグラミン・ファンドは、融資した会社がうまく効率的に経営され、本業のビジネスのコンセプトと事業計画から逸れないように支配することができる。

グラミン・ファンドから融資を受けた会社の中に、グラミン・ニットウェアがある。輸出のためにニット地と衣類を生産する会社だ。また、グラミン・ビテックは元々、若い物理学の教授が始めた会社である。バックアップ電力設備や電圧保護装置を作り、そして今ではエレベーターを含む多くの種類の技術製品を市場に出している。グラム・バングラ・オートバンは、ダッカをはじめバングラデシュ中の通りを走るタクシーによく使われている、非常に効率のよい四サイクルエンジンの三輪自動車を製造している。

バングラデシュで企業家精神を奨励するのを助ける別の会社が、グラミン・バイボサ・ビカーシュ（GBB、グラミン・ビジネス・プロモーション）だ。その役割は、典型的な少額のグラミン銀行のローンを受ける会社よりももっと大きな企業のために借り入れ保証をすることである。通常のグラミン銀行のローンは一〇〇ドルから三〇〇ドルといった額だが、ここでのローンは一万ドル以上に相当するほど高くなるかもしれない。グラミン銀行では多額のローンを求める借り手は、GBBを紹介される。いったんGBBがその申し込みを承認すれば、グラミンの支店長は喜んでローンを広げようと思うだろう（そうでないかぎりは支店長はきっとそのような大きなリスクを抱えることができないはずだ。債務不履行が起きれば、支店の債権ポートフォリオ全体を危険にさらすことになるからだ）。

したがってGBBは、小規模な企業家のための借入保証を提供するアメリカの中小企業庁とほぼ同じような役割を持っている。またGBBでは、特に畜産や酪農を近代化するための指導を必要とする地方在住の企業家に対して、ある種の技術指導やトレーニングの支援を行なっている。

これらのグラミンの組織は、人々が貧困から抜け出るために必要な、ビジネス基盤の一部を提供するように設計されている。こういった実験からソーシャル・ビジネスの概念は成長していった。つまり最も困窮している人々に直接的な利益をもたらしながら経済成長を促す何百もの会社を育てるアイデア、それこそが、ソーシャル・ビジネスなのである。

田舎の暮らしを改善する――グラミン漁業とグラミン畜産

グラミン銀行が関わるようになったマイクロクレジット以外のベンチャーの最初のひとつが、バングラデシュの北部と西部で行なわれた養魚場の管理であった。これらの養魚場には、不思議な歴史があった。約一〇〇〇年以上前にパル王朝時代の国王によって掘られた一〇〇〇にものぼる池は、現在では政府が所有しているが、一九七七年にイギリスの支援機関が資金を提供する開発計画が適用されるまで、利用されないまま残されていた。

そのコンセプトは悪くなかった。魚はバングラデシュ人の文化においてはポピュラーな食べ物であるし、よく管理された地方の養魚場はバングラデシュの村人のための素晴らしいタンパク質供給源になる。しかし、汚職が絡んだため経済的には結果が出なかった。地元の政治家に協力する職員が池の管理を怠りつつ、利益のほとんどを吸い上げていたようなのだ。つまりは私利のために池の開発を利用していたことになる。大きい投資であったにもかかわらず、池の多くは沈泥に覆われたままで、生産は実現しなかった。そしてそれを嫌ったイギリスの投資家たちは、支援を打ち切ると言ってきた。

資金提供の打ち切りを避けるために、一九八六年に政府漁業省の長官がグラミン銀行に助けを求めてきた。私たちは養魚場の管理をした経験などなかったのだが、長官は池を私たちに引き渡すと申し出てきたのだ。最初、私たちはためらっていたにもかかわらず、彼は、その申し出を受け入れるよう私たちを説得した。彼は私たちに、地域の共同体のために池を経済資産に変える方法を見つけてほしいと望んでいたのだ。

養魚場の問題を解決するには時間がかかった。一九八七年に起きた大水害のために仕事が妨げられたし、現地には私たちが池を管理しようとすることに抵抗する人々もいた。私たちの事務所の中には、極左の政治団体を名乗る者たちの焼き討ちに遭ったところもあった。

しかしながら徐々に、私たちは現地の人々と折り合いがつくようになった。今日までに、魚を育て、池を管理するために働く三〇〇〇人以上の貧しい人々をグループとして組織化している。これらのメンバーは総収益の分配を受け、その多くが世帯所得をかなり増やした。手長エビも養殖に加えられ、ジョイサゴルの養魚場では植物の苗床にも事業を拡大した。さまざまな種類の苗木を育て、周辺の地域の森林再生の努力を行なっているのだ。今では、私たちはジャムナ川流域のボローピッツ地区で新たな養殖池を開発して漁業プログラムを拡大しつつある。これらの新しい池によって、約一〇〇〇人の貧しい女性を支援することになると期待されている。

五年前には畜産プログラムが加わった。酪農業者となった貧しい女性たちにトレーニングを施し、ワクチン接種や獣医の指導その他の支援活動を提供し、その他の人々にも既存の酪農業の運営方法を改善してさらに拡大するための支援を行なっている。彼らはグラミン・ダノンのヨーグルト工場にミルクを供給するようになっている。今日、両方のプログラムはグラミン・モーショー・オー・パシュ－サムパッド（漁業と畜産）財団と呼ばれるＮＰＯによって管理されている。

漁業と酪農プログラムでの経験は、ソーシャル・ビジネスの概念を非常に直接的な方法で形作るのに役立った。市場で売られる役に立つ商品を生産する企業を、地方の利益のために地方の人々が経営できることを証明しているのだ。

若い人々の心にチャンスを開くこと——グラミン・シッカ

教育の支援は、いつもグラミンの社会哲学の一部だった。それは最も基本的なことから始まった。実際のところグラミンの借り手の女性たちのほとんどは読み書きができないのである。読み書きの能力を欠くことは、貧しい人々が無力なままであり続け、自らを救うことをできなくしている多くの障壁の一つにすぎないが、私たちグラミン銀行では、とても簡単なことからでも始められることをしようと決めたのだった。まずは、私たちの借り手全員が、自分の名前を書けるようにすることだ。

　この目標は、聞くほど簡単なものではない。読み書きの方法を知らずに人生を過ごしてきた大人たちは、その事実に打ち勝つことから遠のこうとするのである。彼らは自分が努力しなくてはいけないことや助けを受けるのが恥ずかしく、屈辱的でさえあると感じるのだ。融資を希望する人たちがこのハードルを乗り超えるのを助けるためには、グラミンの職員たちの気転や共感、同情が必要になる。彼らはしばしば一人のクライアントのために我慢強く何時間も費やさなければならない。ペンを持つ基本を彼女にゆっくりと教え、彼女の個性を象徴するその不思議なマークを書かせていくのだ。

　しかし、この根気強い過程こそが、借り手にとっては非常に貴重なものであることがわかった。ときには、それが完全な読み書き能力への旅の第一歩になることもある。読み書きによって、彼女がそれまで持ち合わせていなかったはるかに豊かな方法で、世界と対話できるようになるのだ。また、それは借り手と、先生であるグラミンの職員との間に貴重な親密さも生み出す。そうなれば、もしグラミンのメンバーに経済的、社会的問題、そして家族の問題が起きたときには、気軽に職員に頼れるようになるのである。

　大事なことは、名前を書けるようになることは――彼女はそれまで正式な自分の名前すら知らなかったかもしれない――新たな力を与えられた借り手に大きな自尊心を生むことにもなるということだ。彼女は乗り越えることなどできないと一度は考えたハードルを、乗り越えることができた。世界の中での彼女の存在と影響力は、明らかに何倍にもなるのだ。彼女が一枚の紙に、ある形の線を走り書きし、誰かがそれを見て「ハミダ、お元気？」と言えば、彼女は人生にスリルを得られる。「あの人たち、私のサインで私だってことがわかるんだ！」彼女はその驚きを忘れることができない。彼女の前に新たな世界が開けたとき、自立に向かってのほかの飛躍もできるのだ。

グラミン・シッカ（グラミン・エデュケーション）は、独立した企業で、この初期の努力のために生まれた。これは借り手の子どもたちのための簡単な教育的なサービスから始まった。これは個々の支店やセンターのマネジャーたちによって、草の根レベルで始められたものだ。彼らは毎週のミーティングに到着すると、借り手の多くが小さな子どもの手を引いていることに気付いたのだ。すぐさま、誰かが提案した。「母親たちと同じように、子どもたちも週に一度、センターハウスに誘いましょう。そこで子どもたちが普通の学校に通う前の準備になることを何かしらできます。アルファベットや数の数え方、歌も教えましょう」彼らは、村に住む一人の女性を招いて、こういった簡単なレッスンで子どもたちの支援に当たってもらった。このアイデアは一つのセンターから別のセンターに広まり、やがてすぐにグラミンのシステムの一部となった。

この簡単なステップが子どもたちの心理に与える影響を見るのは素晴らしいことだった。このプレスクールに参加することで、子どもたちは気楽に、困惑することなく学校へ進む自信と勇気を持てるようになったのだ。初めて学校の授業を受ける日のことを気に揉んでいた多くのグラミンの子どもたちが、最後には「ああ、私はこの文字を何て読むのか知ってるし、その歌だって歌えるわ！　ほかの子たちよりもよく知ってる！　学校に行きたくてたまらない！」と言うのだ。

今日もグラミン・シッカでは、二〇〇三年の創設当時の考え方に焦点を合わせている。それは、スカラシップ・マネジメント・プログラムと呼ばれ、バングラデシュの貧しい家の多くの幼い子どもたちが学校に通うことができないという経済的な壁を乗り越えることを支援している。

貧困の影響というものは非常に油断のならないものである。バングラデシュの公立学校は田舎であっても利用でき、授業料は請求されない。教科書も無料だ。しかしこれは貧しさが教育の壁にならないことを意味するわけではない。紙、ペン、鉛筆、ほかの消耗品にもお金がかかる。学生服もそうだ。さらに重要なことは、一日数時間子どもを学校へ送り出すことは、収入を得られる可能性という隠れたコストが発生する。小さな子どもであっても、地域の川や井戸から水を汲んだり、農場の周辺で荷物を運んだりするなど、さまざまな方法で家族のために金を得る手助けができる。たった数セントの金を稼ぐことが家族の収入に大きな違いを生むような状況では、両親は子どもに継続的な教育を受けさせることについて慎重にならざるをえない。

グラミン・シッカのスカラシップ・マネジメント・プログラムは、よくできたリボルビング・ファンドでこの問題と闘っている。その仕組みはこうだ。プログラムをサポートしたいと思う人が出資する。その最小額は五万タカ、七五〇ドル相当だ。その金は定期預金に投資され、そこで保証された六パーセントの年利が、子どもが学校に通っている間に生活を維持するための奨学金として子どものものになる。これによって、家族にとっては子どもに経済的な価値が生まれ、子どもを仕事に引き戻す誘惑が抑えられる。一〇〇〇ドルの寄付からは、一年間で六〇ドルの奨学金が生じる。それは、小学校に子どもを閉じ込めておいても大丈夫なくらいの金額だ。中等学校の子どもには二〇〇〇ドル、カレッジの子どもには三〇〇〇ドルが必要になる。出資者からの指示によって、同じ学生が卒業まで奨学金を受け取り続けるかもしれないし、そのときには新入生が再びそのサイクルを始めるために選ばれるかもしれない。

出資者は、どのような受取人を対象にするか、指定できることになっている。たとえば、男子なのか、女子なのか。孤児か、最も貧しい家庭の子どもか、あるいは特定の地区や村の子どもか。また、特定の人の名を冠した奨学金を設けることさえできる。たとえば、出資者は、親しい友人や親類にちなんだ名前を付けることができる。出資者は自分が支援している子どもたちが一年でどのように成長したかのレポートを受け取る。また、終了したいと思えば、その奨学金を終わりにして、預金を引き出してもいいし、またはその奨学金が毎年続くようにする選択もできる。

二〇〇七年の中頃までに、スカラシップ・マネジメント・プログラムは一三〇のスポンサーからの支援を受けて、一二〇〇人の学生を援助してきた。グラミン・シッカは二〇一二年までに、一年あたり一万人の奨学生への融資を目標に、一〇〇〇万ドルの預金を求めて、そのプログラムを拡大しようと一生懸命に活動している。今までのところ、グラミン・シッカは一二〇万ドルの資金を集め、目標まで九〇〇万ドル弱が残されている。

あらゆる村を世界とつなぐグラミン・テレコムとグラミン・フォン

周知の通り、情報技術（ＩＴ）の新しい形は急速に世界を変えている。距離をなくし、瞬時にコミュニケーションできる国境なき世界を創り出しているのだ。時が経つにしたがい新しいＩＴのコストはますます低くなり、貧しい人々が仕事に就く機会は広がっている。もしバングラデシュの人里離れた村が電子的に世界の市場と結びつけられれば、貧しい人々の新たなビジネス・チャンスは非常に大きなものになるだろう。

一九九六年に、私たちは新しいＩＴをバングラデシュの貧しい人々にもたらすことになる第一歩を踏み出した。海外の三つの会社――ノルウェーのテレノール、日本の丸紅、そしてニューヨークに本拠を置くゴノフォン開発会社――の協力で、バングラデシュ全土に電話サービスを広げるために携帯電話会社を創設したのだ。私たちはこの新しい企業をグラミン・フォンと名付けた。設立時点で、グラミン・フォンの三五パーセントは、このために設立した非営利企業、バングラデシュのグラミン・テレコムによって所有されていた。今日、グラミン・フォンの所有権は二つの会社に属している。テレノールが六二パーセント、グラミン・テレコムが三八パーセントだ。

一九九六年当時、グラミン・フォンはバングラデシュに携帯電話サービスを提供するために政府によって認可された四つの会社のうちの一つだった。初めは、専門家も潜在的な市場について疑わしいと考えていた。テレノールなどは実際に、バングラデシュの携帯電話市場の大きさを見積もるために、イギリスに本部があるビジネスコンサルタントを雇ったほどだ。ベンチマークになったのは、カラーテレビの販売の歴史的な成長率だった。その数値から、コンサルタントは、二〇〇五年までにバングラデシュでは二五万台の携帯電話が使われるだろうと予測した。

技術トレンドの専門家ではない私でさえ、その数がはるかに少なく見積もったものであることはわかっていた。まさにバングラデシュに住んでいる私は、必死になっている人たちが、いかにお互い同士や、外の世界にアクセスを持とうとしているかを知っていた。当時、我が国の電話の普及率は世界で最も低く、一億二〇〇〇万人の人口に対して電話回線はたった四〇万回線だけ。バングラデシュの八万もの村の大部分に電話線が引かれていないため、携帯電話の技術は、この国に電子コミュニケーションの時代をもたらす使命を与えられたようなものだった。私はコンサルタントの予測を無視して、大規模な需要に準備しておくようにテレノールに伝えた（二〇〇五年のバングラデシュの携帯電話の数は八〇〇万台と判明し、コンサルタントの予測の三二倍だった）。二〇〇七年の半ばまでに、グラミン・フォンの加入者は一六〇〇万人以上になり、バングラデシュで最も大きい納税企業となった。

私が見たなかで最も重要なことは、携帯電話がグラミンの借り手とバングラデシュの貧しい人々に力を与える途方もなくすごいツールになったということだ。マイクロクレジットと新しいＩＴとの相乗作用を期待し、私たちは携帯電話を買いたがっている貧しい女性に対してグラミン銀行からローンを提供するプログラムを、グラミン・テレコムをとおして設けている。これがバングラデシュの新たな成長産業であった。外の世界につながる村の唯一のライフラインを代表する「テレフォン・レディー」の普及だ。シンプルな携帯電話を用意して、テレフォン・レディーは、友人や親族、仕事関係者と連絡を取る必要がある村人なら誰にでも数分間の電話サービスを販売することができるのだ。

先に述べたように、二〇〇五年以来、テレフォン・レディーのビジネスは急激に衰退している。私たちは、携帯電話を通してインターネットのサービスを提供するなどの代替ビジネスを確立しようとしている。テレフォン・レディーのために現われた新たなビジネスは、グラミン・フォンの加入者からプリペイドの電話料金を徴収する仕事である。そしてこのサービスで代理店手数料を稼ぐのである。

世界の先進国のほとんどの人々は、長いこと、電話サービスを当然のことと思っている。だから、彼らが典型的なバングラデシュの村民たちへの携帯電話サービスの革命の影響を正当に評価するのは難しいかもしれない。

僻地の村で農業をしていると想像してほしい。携帯電話が到来する前には、あなたには、ダッカなどの大都市の市場で、作物がどのような価格で取引されているか知る方法はなかった。新しい灌漑ポンプなどの道具や設備の業者と、その価格を比較したり、納品日を交渉するために話す方法もまったくなかった。唯一できる選択は、最も近い市場まで、たとえ何マイル離れたところにあっても歩いて行くか、乗り物で行くこと。そして、提示された価格がいくらであっても、無条件に受け入れることだった。

今日では、携帯電話を使える農民は、二、三本の電話をかけるだけで店を比較し、市場価格の変動をチェックすることができ、地方の商人や仲買人に、より公正な取引を求めることができるポジションに身を置いているのだ。情報はパワーであり、携帯電話の革命は、最終的にそのパワーのうちの少しの部分を農村の貧しい人々に授けることになった。

もともと、私の意志は会社の株の大部分を貧しい人々に与えて、グラミン・フォンをソーシャル・ビジネスに変換することだった。グラミン・テレコムは、貧しい人々の分け前を管理するために創設されたものだ。しかし、今、私はハードルに直面している。テレノールが株を売却するのを拒否しているのだ。私たちがノーベル平和賞受賞の祭典を満喫していたときでさえ、ノルウェーのマスコミは、グラミン・フォンを作ったときの覚書について、テレノールとグラミン・テレコムとの間で衝突が起きていることを盛んに報道していた。その覚書でも株主同士の契約書でも、会社が誕生した六年後には、テレノールは、グラミン・テレコムが筆頭株主になるように株式を売却し、その株式保有率を三五パーセント以下に引き下げることを公約していた。現在、テレノールはそれが法的に強制できないといって、サインした協定に従うことを拒否している。グラミン・テレコムの立場は、テレノールがその協定に従うべきだというものである。

ノルウェーの人々と報道がグラミンの立場に圧倒的に同情していることがわかって、私はとても嬉しかった。対立を解決するための交渉は今も続いている。そう遠くない未来に、グラミン・フォンをソーシャル・ビジネスにするという私たちの夢が実現することを願っている。

バングラデシュの田舎の再生可能なエネルギー——グラミン・シャクティ

現代の情報技術へアクセスすることが、経済のエンパワメントにとって欠くことができないというなら、エネルギーへのアクセスも同じである。特に電気エネルギーである。しかし、それはバングラデシュ人の大部分が持っていないものである。バングラデシュの人口の七〇パーセントに電気が届いておらず、電気が通じているところであっても、それはまったく頼りないものである。現代技術の利益をすべての人々にもたらすための、効果的な行動を希求している地域があるのである。

私たちは長い間、利用しやすいエネルギーをバングラデシュの人たちに届ける方法を模索してきた。国内の僻村のすべてに送電線網を広げるのは、とてつもない大仕事だし、大変な資金がいるだろう。おまけに、そのような解決策は特に環境に優しいとはいえない。化石燃料の供給が徐々に減りつつあり、二酸化炭素の放出によって引き起こされた気候変動が拡大する脅威になりつつあるこの世界で、もっと悪い問題を生じさせることなく、バングラデシュの人々の経済的な必要性に役立つエネルギー源を見つけたかった。風力発電やその他の技術を実験した後で、私たちは、うまくいく選択肢として太陽エネルギーを選んだ。

一九九六年に設立されたグラミン・シャクティ（グラミン・エナジー）は、この技術をバングラデシュの人々にもたらすために活動している。今や市場ベースでは世界の太陽電池技術の最大手供給者のひとつであり、グラミン・シャクティは一〇万台のソーラー・パネルシステムを全国あらゆる場所の家に設置し、さらに、毎月三五〇〇台を増やし続けている。二〇一二年までに一〇〇万台のソーラー住宅システムを設置しようという野望を抱いている。

グラミン・シャクティのソーラー住宅システムは、貧しいか豊かであるかにかかわらず、すべての村人が利用できる。割賦払い制度が人気で、二、三年かけて毎月の手軽な分割払いで支払うことができるのだ。シャクティの職員が毎月訪れ、分割払い金を集め、さらにソーラー・ユニットの整備もしていく。システムのサイズは家の所有者の資産によって異なる。小さな屋上パネルとコンバータからなるシンプルな五〇ワットのユニットは、通常、四つの白熱灯を四時間灯すのに必要なエネルギーを発生させることができる。ちょうど、子どもたちが宿題をしたり、親たちがラジオやテレビを通して世界のニュースに追い付いたりすることが許されるくらいのエネルギーだ。田舎の賢い人々の中には、ひとつのソーラー・ユニットを買って、家から近所の人たちの家や店まで電線でつなげ、発生するエネルギーを共有しようとする人もいるだろう。この方法で、ユニットの所有者にはささやかな収入が発生し、いくつかの家族が電気の恩恵を受けることができるのである。

グラミン・シャクティは、ビジネスと就業機会を創設することで、貧しい人々に手を差し伸べようとしている。太陽電池で動く、課金方式のコミュニティ・テレビの売店と、携帯電話ユニットは、収益を上げるための事業として生まれた。女性の技術者たちが、国内に二〇か所あるグラミン技術センターを通して、どのようにソーラー・エネルギー設備を整備、調整すればいいのか、田舎の女性たちに教えている。彼女たちグラミン・シャクティ公認技術者は、グラミン・シャクティの保守期限が切れた後に、保守サービスを提供するために顧客と契約を結ぶ。彼らは同時にグラミン・シャクティ技術センターに雇われ、ソーラー・アクセサリー製品の生産部門で働いている。

グラミン・シャクティは、太陽エネルギーの分野だけで活動しているわけではない。他に、バイオガス技術がある。家畜の糞や、その他のよくある廃棄物のようないたるところにある資源を利用した、新たなエネルギーの形である。グラミン・シャクティは、簡単なバイオガス工場を使って、そういった廃棄物を調理用の燃料となるメタンガスに変換する計画を進めている（そこでは特殊な設備で電気に変えることさえできる）。二〇〇七年半ばまでに、これらの一二〇〇以上の工場がすでに設置され、さらに毎月一五〇カ所が新たに操業を始めようとしている。

グラミン・シャクティの最も新しいプログラムは、シャクティで訓練を受けた地方の若者たちによって改良された効率のよい調理用レンジを販売することである。

貧しい人々へのヘルスケア――グラミン・カルヤンとグラミン・ヘルスケア・サービス

グラミン・カルヤン（グラミン福祉）の任務は、グラミン銀行のメンバーや他の村人たちに、良質で手頃な医療サービスを提供することである。経験上、バングラデシュの貧しい人々が直面しているただ一つの最も大きな問題は、そして、彼らが努力しているにもかかわらず貧しいままにされていることがよくあるのは、医療サービスの法外な値段のせいなのである。特に、突然、重病にかかったときにはそうだ。グラミン・カルヤンはこの問題を解決するための試みなのである。

バングラデシュの国営の医療制度に比べれば、私たちが行なっていることのほうがはるかに効果的であるに違いない。理論的には、政府が行なう医療サービスは普遍的なものであるはずだが、現実はまったく異なっている。政府は医療部門に巨額の資金を費やしてはいるが、そのサービスは人々、特に貧しい人々にほとんど行き届いていない。多くの村人は、教育をまったく、あるいはほとんど受けていない祈禱治療師を頼りにし、彼らが薬屋の店先で売っている、治療の目的にはふさわしくなく、時には有害かもしれないような独自の処方薬に頼っているのである。

実際には、金持ちだけが医療サービスを受ける手段を持っている。彼らは高い金を支払って、私設の診療所や病院から医療を買うのだ。多くのアメリカ人が頼っているような種類の任意の健康保険は、バングラデシュには存在していない。政府機関と民間企業のほとんどは、ごく一般的な医療費をカバーすることができる一時金を労働者たちに提供するだろう。民間の医療サービスは非常に高価だが、人気があって成長している。中流や上流階級の人々の多くは、医療サービスを受けるためにインドやタイ、シンガポールまで行っている（国内で治る見込みがなければ、中流の下の階級の人々でさえも海外へ行っている。重病の治療法を求めてコルカタやチェンナイ、ムンバイへ行くための金を支払うために、所有している物すべてを売り払う人がいることも知られている）。実際、インドに行くバングラデシュ人旅行者のうちのかなりの割合が、病人とその家族なのだ。だから一九九六年に私たちがグラミン・カルヤンを創設したときには、苦しい闘いになるに違いないとわかっていた。

それ以来、私たちの歩みはゆっくりとしたものではあるが、着実なものになっている。グラミン・カルヤンでは現在、三三の診療所を、それぞれその地方のグラミン銀行の支店に所属させて運営している。診療所のカバー範囲に住むグラミン銀行のメンバーの家族は、一家族あたり一年に約二ドル相当の支払いで医療サービスを受ける権利を与えられている。メンバーでない家族は一年に約二・五ドルの費用でサービスを受けられ、また、物乞いの人々は完全に無料で医療サービスを受けられる。合計でおよそ五〇万人が保険プログラムでカバーされている。そして、現在では毎年二五万以上の患者の診療が行なわれている。そのほかに一五〇万人の女性が、グラミン・カルヤンに雇われている女性の健康アシスタントから在宅医療サービスを受けている。

診療所が提供しているそのサービスは、基本的なものではあるが、かなり信頼できる。各診療所には、スタッフとして医師と救急医療チームがおり、アシスタントたちもよくある質問に答えたり、単純な検査を行なったり、地域の医療教育プログラムを行なったりできる。診療所には、基本的な検査を行なうことができる研究所があり、専門の医師がより深刻な問題に当たるためにスケジュールを組んで訪問している。たとえば、白内障の専門家が、視力回復のための外科手術を行なうために定期的に診療所を訪問している。生命に関わる場合や、珍しい病気、あるいは医学的に複雑な問題がある場合には、最も近い国営の病院を紹介することになっている。

グラミン・カルヤンのサービスを維持し、拡大するうえでの最大の課題は、十分な人数の医師を引き付け、雇うことである。グラミン・カルヤンはバングラデシュの相場よりは良い給料を医師に提示してはいるのだが、それでも、彼らを雇い続けることは難しい。給料より重大な問題は、農村での生活で孤立しがちなことである。多くの若い医学部の卒業生が、バングラデシュの田舎よりも大都市に住んで働きたいと思っている。というのも、田舎は生活のスピードが遅く、経済的、社会的、文化的な機会が乏しいからだ。グラミン・カルヤンに魅力を感じる医師は理想主義的でエネルギーに満ちた人が、いずれ政府の仕事に就きたいと考えている若い医師たちであることが多い。

いずれ、グラミン・カルヤンが必要な医師を配置するためには、自身で医学校を開かなければならなくなるだろうが、それは可能なことだ。差し当たって私たちは、グラミン銀行がノーベル賞の賞金として得たお金の一部を使った、医大生のためのノーベル奨学金を計画している。この教育支援のお返しとして、ノーベル奨学生には数年間、グラミン・カルヤンのために働くことをお願いするつもりである。

医療サービス分野での私の主な関心の一つは、妊婦ケアである。近年大いに改良されたものの、バングラデシュの母親、そして、乳幼児の死亡率は依然として高いままだ。赤ちゃんの九六パーセントは家で、出産前のケアをほとんどあるいはまったく受けることがなかった母親の下に生まれる。医師のところに行く手段がないことも問題の一部だが、文化的な要素もその要因のひとつとなっている。私たちの社会は保守的で、妊娠についてオープンに話すことがない。ときに誰も知らないうちに、ある女性が、まるで天から降ってきたように赤ちゃんを産むことさえあるのだ！（バングラデシュの女性が着ている、ゆったりとした、重ね着の服でなければ、そんなことはほとんど不可能なはずだ）

その上、身についた保守主義のせいで、多くの女性が、男性の医師に個人的な問題について話すのを頑なに拒否する。実際、そんなことをするくらいなら死んだほうがましだとはっきり言う人もいる。そんな理由もあって、多くの女性が妊娠しているというのに医療を求めようとしない。多くの女性医師を診療所に配置することができれば、その問題の助けになるだろう。しかし残念ながら、女性の医師は男性よりさらに募集しにくい。バングラデシュでは女性の医学部卒業生は男性より少ない。そして、多くの女性が文化的偏見のために親戚が近くにいる都市を離れて仕事をしようとしない。彼らにとっては、遠く離れた村での生活は、家族からの分離を意味するのだ。

産科医に代わり、村の多くで非認可の助産婦が出産の介助を行なっている。彼女たちは訓練をまったく受けたことがないか、少し受けた程度の田舎の女性なのだが、たくさんの出産の介助をしてきたため、そのほかの村の人たちからも博識であると思われている。政府は何らかの正式なトレーニングをそういった助産婦たちに提供してきたが、彼女らの能力水準はまだ低すぎる。結果、一般的に妊婦のケアはまだ不十分である。合併症の発見が遅れることも多く、その結果が不必要な死につながる。

この問題を軽減するための努力として、グラミン・カルヤンのスタッフは専門化された「出産キオスク」を診療所に併設するというアイデアを思いついた。これらのキオスクでは妊娠中と出産後の検査や検診を行なうことができ、女性の分娩をケアすることができる。これらのキオスクの中には、診療所本体と同じ専門家を配置して、すでに設置されているものもある。私たちが望むのは、キオスクの存在によって、出産には医療が不可欠であることが認知されるようになることだ。同時に、女性が安心できるような場所を作り、控え目な女性たちに提供したいと思う。

グラミン・カルヤンの診療所での医療サービスが非常に安い費用でなされることを考えれば、その経営は純粋に慈善事業として行なわれているのだろうと思うかもしれない。しかしそうではない。私たちの目標は、グラミン・カルヤンを完全に自立させ、最終的には自身の資金だけで事業を拡大できるようにすることである。診療所の収入にはかなり差があると考えられるにもかかわらず、プログラム全体は財務的にはかなり強力なものだ。グラミン・カルヤンは現在、コストのおよそ九〇パーセントを回収している。そして、私たちは二、三年のうちにはそれが一〇〇パーセントに届くであろうと信じている。

グラミンファミリーの企業リストに最も新しく加えられた二つが、グラミン・ヘルスケア・トラストと、グラミン・ヘルスケア・サービス会社である。グラミン・ヘルスケア・トラスト（GHT）は、非営利企業だ。基金を募り、それを主としてソーシャル・ビジネスに投資している。グラミン・ヘルスケア・サービス会社（GHS）は、ソーシャル・ビジネスとして創設された。その最初のプログラムの一つが、一年あたり一万件の白内障手術ができる眼科病院を設立することである。貧しい人たちはもちろん、貧しくない患者も利用できる。最初の眼科病院は現在工事中であり、二〇〇七年中にオープンの予定だ。医師と補助スタッフは、インドのマドライにあるアラバインド眼科病院でトレーニングを受けている。そこは、「ドクターV」として知られる故ゴビンダッパ・ベンカタスワミー博士が設立した、世界的に有名な眼科病院である。

グラミン・グリーン子ども眼科病院と名付けられたこの最初の眼科病院は、GHTが完全に所有している。ソーシャル・ビジネスの企業として、GHTは投資を病院から取り戻すが、配当は一切受けない。

将来、さらに多くの眼科病院が、白内障手術のためにバングラデシュの田舎の別の場所に建設され、バングラデシュで何十万人もの人々を苦しめている健康の問題を軽減することだろう。すでに三つの病院について投資家が決まっている。

これらの病院のビジネスプランは、慎重に練られた。医療費の設定は「ロビンフッド」の原則で行なわれることだろう。一般の患者は相場の料金を支払うだろうが、貧しい人々はほんのわずかの料金だけでいい。もし私たちの計算が正しければ——そして、もし一流の眼科治療を行なうことができて、それに見合う患者の支払いを得ることができれば——病院は自活して、サービスの提供を無期限に広げるようにできるはずだ。

私は、グラミン・ヘルスケア・サービス会社の可能性に相当にわくわくしている。ソーシャル・ビジネスにおける実験の結果を見たいと切に願っている。世界中でより良く、より手頃な医療サービスが非常に必要とされているだけに、これは見届けるべき重要なプログラムなのだ。バングラデシュはもちろん、アジア、アフリカ、ラテンアメリカ地域にある発展途上国において、貧しい人たちへの医療ケアは喉から手が出るほど欲しいものだ。しかし、合衆国を含む先進国の中にも、ほぼ等しく重大な医療問題がある。

たとえば、現在、合衆国では健康保険に入っていない四七〇〇万の人々がいるが、彼らはうまく設計された革新的なソーシャル・ビジネスが活躍する肥沃な市場であるかもしれない。ソーシャル・ビジネスだけが、合衆国における医療サービスの長年の問題を解決する可能性があると主張する人さえいるかもしれない。ソーシャル・ビジネスは、市場競争によって生まれる個人や会社へのインセンティブを保つ一方で、企業の利益追求がもたらす膨大な経済的消耗を排除する唯一の組織体制であるからだ。ウォール街の圧力から解放されたソーシャル・ビジネスは、貧しい人々に健康保険を提供するときにも、利幅を上げるために病気や年配の人々から手を引いたり、高価な医療の適用を拒否したりしようとは思わないだろう。代わりにその使命は、単純に費用をカバーできる程度の収入を生み出している間に、以前は届かなかった顧客に焦点を合わせることになっていることだろう。

ソーシャル・ビジネス——新たな経済フロンティア

これはすべてのグラミン関連会社の完全なリストではない。大きく、まだ成長を続けている会社のリストからいくつかを取り上げたにすぎない。すでに社会的目標の達成に著しく成功している会社もある。まだ目的を果たすことに向かって動いている会社もあるし、財務上うまくいくことが判明した状態の会社もある。また、まだ財務的自立への経路を探し求めている会社もある。非常にアクティブに、急速に活動を広げている会社もある。中には(グラミン情報ハイウェイ株式会社やグラミン・スター・エデュケーションなど、休眠中の会社もある。その意味で、グラミン・ファミリーは他の多くの企業ネットワークと似ている。どんな一流企業でさえ、あらゆるベンチャーが等しくうまくいっているというわけではないのだ。

しかしながら、私たちが始めたあらゆる会社は、ある意味では成功している。それぞれがソーシャル・ビジネスの概念を形成するのを助ける学習体験を提供したからだ。私たちがつまずくのは、市場を読みまちがえたか、会社を立ち上げるための仕組みを構築することに失敗したためなのである。私たちが成功したときには、私たちが市場の本当の需要を満たしたビジネス・デザインを作成したからなのだ。これらは未来のソーシャル・ビジネスのデザインを形作るうえで検討を重ねるべきことなのである。

私がグラミン・ファミリーについて特別だと考えていることは、そこに生命を吹き込む改革と実験の精神である。私たちは絶えず、世界のため、特に貧しい人々に役立つビジネスの新しいアイデアを探している。そして、それ以前に誰も試したことがないことであっても、試すのを恐れない（グラミン銀行そのものが、たぶんこの精神の最も良い例である）。もし私たちの初期のビジネスプランが成功すれば、それは素晴らしいことだ。成功しなければ変更を加え、再試行する。私たちには、最後にはうまくいく公式を見つけることができるだろうという信念がある。

グラミン企業は最初の、世界のソーシャル・ビジネスが発展していくスケッチであり、それをモデルとして世界中のさまざまな社会的要求に役立つ企業が何千もできればいいと思う。

ソーシャル・ビジネスは、資本主義システムの失われた断片《ミッシング・ピース》である。ソーシャル・ビジネスのシステムを導入していくことにより、現在主流となっているビジネスの考え方の外に残された非常に大きな世界的問題に取り組む力が資本主義に備わり、そのシステムを救うかもしれない。したがって、ソーシャル・ビジネスのためにアイデアを生むことは、現代のビジネス思想家にとって、最も緊急で重要な挑戦だ。いったんアイデアがよく回るようになれば、その中の最もよいものが人類の向上に向けての具体的な活動に変わっていくのは、時間の問題にすぎないのだ。

5　貧困との闘い――バングラデシュ、そしてさらに遠くへ

三〇年前、私は小さな村の小さな問題への取り組みを始めた。金貸しの問題の深刻さにはショックを受けたが、簡単に解決できたことには興奮していた。私の解決策はうまくいった。それが私を貧しい人々のために銀行のドアを開ける試みへと導いたのだ。しかしそれがうまくいかなかったため、私は別の種類の銀行を考えついたのである。それは何百万人もの女性を助けた。しかし、それはマイクロクレジットという信用貸付を通じてのことだ。貧しい人々への支援が必要な分野は他にもたくさんある。私は貧しい人々を助けるための新たな組織と戦略とを組み立てた――情報技術、教育、健康、農業、畜産、織物、再生可能エネルギー、マーケティング、その他の活動において。私は単に投資家たちを、投資に収益を期待することから切り離すことによって、ビジネスの概念をどう組み立て直すことができるのだろうかと考えていた。これがソーシャル・ビジネスの概念がどのように生まれたか、ということである。

私は、ソーシャル・ビジネスには新しいレベルで、貧困を根絶する闘いに決着をつける可能性があると信じている。ソーシャル・ビジネスは民間セクター、公共セクター、慈善家、国際支援機関、NGO、宗教団体、あるいはその他の誰にとっても非常に強力な形式になるに違いない。貧困との闘いに勝つため、デジタル・ディバイドに打ち勝つため、気候変動の危機を解決するために、ソーシャル・ビジネスのアイデアはいかに有効なのだろうか？　こういった問いは、ソーシャル・ビジネスのアイデアを検討するうえでは重要になる。

建国以来、バングラデシュは世界の最貧国の一つとして知られている。一九七〇年代のはじめ、リチャード・ニクソン大統領の下で国家安全保障会議の代表だったヘンリー・アルフレッド・キッシンジャーは、「救いようがない」としてバングラデシュを見捨てた。それ以降、数十年にわたり、私たちの歴史は世界で最も厳しい生活条件――極度の人口過密、年に一度の洪水、森林伐採、浸食、土地の減少――と闘い続けている。サイクロン、竜巻、高潮を含む予測できない自然災難によって、生活条件が悪化することもよくある。

今日、これに新たな悩みが追加されている。地球温暖化の影響とされる海面上昇による、低地の広範囲の洪水の危険だ。世界中の非常に多くの人々が、バングラデシュのことを災害の国だと考えるのも無理はない（たまにでも考えるとすればだが）。

バングラデシュのどこが問題なのだろうか？　完全に破壊されるところからあと一歩のところで残され、前の大災害以来人々が少しずつ蓄えてきたどんな私財も、新たな災害が起こるたびに壊滅させられるよう呪われた国だというのだろうか？

　私たちはそんな困難について、運命や自然、そして神を非難できるとは思わない。バングラデシュの本当の問題は天災ではないのだ。問題は広範囲に及ぶ貧困であり、人間が作り出した現象なのである。低気圧、洪水、高潮は、他の国々でも起きていることだ。たいていの国では、バングラデシュほどの規模の人々の苦難を引き起こすことはない。そういった国々は、人々が防護システムや堅固な堤防を構築できるほど豊かだからだ（カナダやイギリス、フランスの河川では、バングラデシュとよく似た高潮があるが、浚渫機や土手の工事によって、生活への影響や脅威を最小のものにしている）。そのうえ、貧困と人口過密のために、バングラデシュの数えきれないほどの貧しい人々が、国内でますます危険な地域での暮らしを強いられている。彼らは自分たちのために最小限の安全対策を組織する能力さえ欠いているというのに、だ。

　貧困は、人々に困難と不幸の中で生きることを強いるだけではない。生命の危険に人々をさらしかねないのだ。貧困は運命をコントロールしようとするあらゆるものを人々から奪うため、人権の究極の否定になる。言論や信教の自由がどこかの国で侵害されたときに、世界的な反対運動が組織されることはよくある。しかし、貧困が世界の半分の人口の人権を侵害しても、私たちの大部分は、その考えを頭から振り払って人生を続けていくのだ。

　同じ理由から、貧困はおそらく世界の平和に対する重大の脅威であろう。暴力と戦争を推し進めるものとしてよく挙げられるあらゆるテロ、宗教原理主義、民族対立、政治競争、そしてどんな軍事力よりも、貧困は危険なものである。貧困は希望を失わせ、人々を捨て身の行動に駆り立てるのだ。実際、持たざるものには暴力を控える十分な理由がない。彼らの状態をより良くする小さなチャンスに乗じて行動することが、何もせずにただ運命とあきらめて受け入れることよりもずっとましに思えるからそうするのだ。また、貧困は住民同士の衝突を引き起こしながら、経済的難民も生む。貧困は不足する資源——水、耕地、エネルギー供給、よく売れる生産物など——をめぐっての人間同士、一族同士、民族同士の苦い対立も引き起こす。互いに取引を行ない、その活力を経済成長に捧げて繁栄している国同士が戦争をすることはめったにない。国民が貧困のために野蛮になっている国では、戦争に訴えるのが簡単だと思えるのだ。

二〇〇六年のノーベル委員会がグラミン銀行を、ノーベル経済学賞ではなくノーベル平和賞に選んだのが適切だった理由はここにある。人々を貧困から引き上げることで、マイクロクレジットは平和のための長期的な力となる。そして、バングラデシュはマイクロクレジットに何ができるのかについての生々しい例なのである。

今日、バングラデシュは生きた実験室である——革新的な、社会とビジネスの考え方によって次第に形を変えている世界の最貧国の一つなのである。過去二〇年の間に、バングラデシュの貧しい人々の状態は着実に向上している。それは統計でも明らかだ（ここから続く数字は、世界銀行とアジア開発銀行によって行なわれた統計調査から引いたものである）。

・貧困率（世界銀行などの国際支援機関によって測定されたもの）は、一九七三〜七四年の七四パーセントから、一九九一〜九二年には五七パーセント、二〇〇〇年には四九パーセント、二〇〇五年には四〇パーセントにまで減少した。この数字はまだ高すぎるものではあるが、一年あたりおよそ一パーセントの割合で続落しており、一パーセントごとに何十万人ものバングラデシュ人の生活が極めて改善されていることを示している。国は順調に、二〇一五年までに貧困を半分に減らすというミレニアム開発目標を達成するだろう。

・特筆すべきは、バングラデシュの急速な経済成長はほとんど所得格差を伴っていないことだ。格差を示すジニ係数（格差がまったくない場合は〇、最大の場合を一で示す。数値が〇に近ければ近いほど、格差が少ないことになる）は一九九五年に〇・三〇だったのが二〇〇五年には〇・三一へと変化したにすぎない。また、二〇〇〇年以来、人口の一〇パーセントにあたる最下層の人々の一人あたりの収入が、最上層一〇パーセントの人々と同じ年率（二・八パーセント）で伸びていることも注目に値する。

・貧困の急な減少は経済成長、雇用形態、および経済構造の変化にも反映されている。バングラデシュの経済成長——インド、パキスタンに次いで南アジアで三位にあたる七一〇億ドルの成長——は二〇〇〇年には平均で五・五パーセント、二〇〇六年には六・七パーセントを達成していた。一九八〇年代には四パーセントだったこととは対照的だ。一方で国民一人あたりの成長率は一九八〇年代には一パーセントだったのが、今では三・五パーセントまで増加している。零細農業への依存は徐々に断たれている。二〇〇五年には農村地域での主な収入源としては、農業労働以外の仕事が農業労働を上回った。そして、今では完全に、サービス業が国のＧＤＰの五〇パーセントを占めている。

・人口増化率は、地球上で最も人口密度が高い国の一つであるバングラデシュの大きな問題なのだが、急速に落ちてきている。一九七〇年代には三パーセントだったものが、二〇〇〇年には一・五パーセントになった。これはインドの一・四パーセントに近づき、パキスタンの二・五パーセントよりははるかに低いものだ。この急落は、より多くの家族が、子どもたちを守り、きちんとした教育の機会を提供するための財産を持っていることを意味している。また、それは出産と子育ての果てしないサイクルから何百万人もの女性を解放したことをも意味している。女性たちが生産的な仕事に就くことで、家族の生活水準を改善する機会が与えられたのだ。

・人口増化率の下落が進んだのは主に医療の改善が進んだことに拠るところが大きい（より多くの子どもが生き残れるようになったことで、両親は家族計画に強い自信を持てるようになるのだ。二人の子どもを育てあげたいときに、五人や六人の子どもを産む必要があると思わなくなるのである）。一九九〇年代の間に、妊娠期間に医療を受けるバングラデシュの母親の割合は倍増した。その影響もあり、バングラデシュの乳児死亡率は、一九九〇年から二〇〇六年までの間に半分以下（子ども一〇〇〇人あたり一〇〇人から四一人へ）まで低下した。バングラデシュの五歳未満の子ども一〇〇〇人あたりの死亡率はインドの八七人、パキスタンの九八人に対し、五二人にとどまっている。二〇〇五年には、最下層二〇パーセントの世帯の中で予防接種を受けている一歳児の割合は、インドの二一パーセント、パキスタンの二三パーセントに対し、バングラデシュでは五〇パーセントに達している。バングラデシュでは八一パーセントの子どもにはしかの予防注射を打っているが、インドでは五八パーセントである。そして、子どもの栄養不良は深刻な問題として残ってはいるものの、成長を阻害されている子どもの割合は一九八五年から八六年には七〇パーセントだったものが、二〇〇四年には四三パーセントにまで低下している。

・出生時の平均寿命は、一九九〇年代前半を通じて五六歳近辺でほとんど動きがなかったが、上昇を始めている。二〇〇六年までには、平均寿命は六五・四歳になった。そして、女性の平均寿命が男性よりも低いという異例の状況は、最終的に逆になり、現在では、女性が六五・九歳、男性が六四・七歳になった。

・子どもの教育を受ける機会も向上した。最終学年の五年生まで学校に通えた子どもの割合は、一九九〇年の四九パーセントから、二〇〇四年には七四パーセントまで上昇した。国民の識字率は、一九八一年には二六パーセントだったのが、一九九〇年には三四パーセント、二〇〇二年には四一パーセントまで上昇した。一九九〇年代には中等学校に通う子どもの数が三倍になったことが見届けられた。今では、男子よりも多くの女子が中等学校に通っている。南アジアにおいて特異な例なのはもちろん、一九九〇年代初頭には、中等学校には女子の三倍の男子がいた事実を考えると、これは目覚ましい実績である。

・住居と基本的な衛生面、そして電気通信サービスはすべて、近年かなり改善された。二〇〇〇年には一八パーセントの家族がわら葺き屋根の家に住んでいた。二〇〇五年までに、その割合は七パーセントにまで下がった。衛生キャンペーンによって、安全なトイレは二〇〇〇年の五四パーセントから二〇〇五年の七一パーセントまで増加した。携帯電話革命によって、電話を利用できる人口の割合は二〇〇〇年には一・八パーセントだったものが、現在では一四・二パーセントにまで押し上げられた。

・天災のショックに耐える能力はかなり向上した。一九九八年の大規模な洪水の後、一人あたりのGDPは急激に落ちたが、二〇〇四年に起きた同じ規模の洪水が成長に対して与えた影響力は取るに足らないものであった。この回復力は、より多様化した経済と、全国いたるところにある早期警戒システムとサイクロンの避難所などの改善された緊急時対応能力のおかげである。

・二〇〇四年のインドの一人あたりGDPはバングラデシュよりも六八パーセントも高く、スリランカのそれは二〇〇パーセントも高いにもかかわらず一九八〇年から二〇〇四年までの間に、人間開発指数（開発途上国の主要な生活水準の指標として広く使われている計測法）は、インドの三九パーセント増、スリランカの一六パーセント増に対して、バングラデシュでは四五パーセントも増加している。

これらの数値が示すように、バングラデシュの貧困問題は、改善されつつはあるものの、解決からはほど遠い。依然としてバングラデシュは世界の最貧国の一つであり、何千万人もの人々が、生存できる最低限をやっと超える程度の水準で暮らしている。しかし、社会的、経済的な動向は正しい方向に進みつつある。

多くのバングラデシュ人が、初めて、未来に希望を感じている。現在、私たちはいくつかの重要な目標の追求に乗り出す準備ができている。一人あたりの年間所得が一〇〇〇ドルを上回ること、GDP成長率が（現在でもたっぷり六・七パーセントあるが）八パーセントを超えること、そして、貧困レベルにある人を二五パーセント未満にまで減らすこと、その三つの目標だ。正しい手順を踏むことができれば、これらの目標のすべてに、一〇年以内に届くであろうと私は信じている。

バングラデシュが直面している挑戦とチャンスは、世界の開発途上国の多くに共通するいくつかの重要な課題を含んでいる。

・成長の機会を探るときに、その国が地域や世界の中で果たせる潜在的な役割を分析しながら、開発についての戦略的に考える必要性。
・貧しい国についての伝承、固定観念、仮説や、それに基づく隣国との関係を克服する必要性。
・開発に対して、人々が抱える問題だけではなく、国や国民の潜在的な力をも見極める、新鮮で積極的なアプローチを見つける必要性。
・ソーシャル・ビジネスが、通常、政府が解決すべきとされる社会的、経済的な問題に対して、どのように役立つことができるかについて考える必要性。

これらのアイデアはバングラデシュでも、そして世界中の他の多くの貧しい国々でも、貧困の影響を軽減する希望を提供するものである。

うまくいく貧困対策

あまりに長い間、先進国の人々はグローバルな貧困に対してあきらめの態度を取っている。問題はとてもとても大きく、複雑であり、多くの人が肩をすくめるほどに手に負えなく思える。しかし真実は、貧困について、そしてその治療法について、新しい考えを楽しもうとすれば、私たちにできる多くのことがあるということである。

伝統的に、貧しい人々は社会的な負債と見られてきた。この仮定を記憶にとどめて、政策や組織は成長してきた。その結果、貧しい人々が彼ら自身の利益や、社会全体の恩恵のために生産的貢献をする能力はほとんど認識されていない。私たちがいったんこの能力を認めれば、貧しい人々の創造的な才能を支えて、利用するプログラムを作ることができる。

ソーシャル・ビジネスは、そんな努力において重要な役割を果たすだろう。しかし、同時に、政府とNGOによって後援された貧困撲滅プログラムが継続される場所もあるだろう。コミュニティや国が自立できるよう開発されるためには、しばしば時間がかかるものである。この移行の時期には、貧しい人々を助けるために外部資源を届けるプログラムは不可欠なものとなる。飢餓や、住居の欠如や、病気や、天災の影響など早急な取り組みが待たれているときには特にそうだ。

しかし、すべての貧困撲滅プログラムが平等なわけではない。見て経験して誰もが知っているとおり、あるものは非常に効果的だが、単にエネルギーとお金を浪費するだけのものもある。貧困問題を効果的に軽減するプログラムの特徴とは何なのだろうか？

まず、貧困撲滅プログラムを効果あるものにするには、明確で実際的な貧困の定義から始まらなければならない。そのプログラムで援助する貧しい人々を認識するために、貧しくない人々を除外して、貧しい人々が必要とする資源がそこに流れていかないように明確な決定基準で、定義しなければならないのだ。

あらゆる国と地域には、それぞれの貧困の定義があることだろう。バングラデシュの貧しい人々は、合衆国の貧しい人々とは、非常に異なった生活を送っている（たとえば、アメリカの貧しい人々のほとんどが、テレビを所有しているが、バングラデシュの貧しい人々には、電気さえ届いていないのだ）。世界開発を学ぶ学生の中には、ひとつの地域の貧困と、別の場所の貧困との定義の矛盾について不満を言う人もいる。しかし私は、これが国家間の経済水準、文化的習慣、生活水準の多様化の自然な結果だと考えている。国際比較をしようとする学者にとって、一貫性の面では不便であるかもしれないが、最も重要なことは、現地の支援スタッフにとって実用的な定義を思いつくことだ。

グラミン銀行では、私たちは、マイクロクレジットをとおして人々が貧困から抜け出す手助けをすることにおいて、成功度を測定できるよう、独自の貧困の定義を開発しなければならなかった。私たちは現金収入――たとえば、一日に一ドルとか、二ドルといった額――に基づくベンチマークを使用することもできた。この額はどちらも、国際的な開発支援組織における貧困マーカーとして一般的に使われているものである。

しかし、私たちは、日々の意思決定には、このシステムが実用的でないと感じた。代わりに、私たちはある特定の生活水準について説明する一〇の指標のシステムを開発した。ある家族が一〇個すべてのハードルをクリアするのに成功すれば、私たちグラミン銀行では、彼らが貧困から逃れることができたと考える。一〇の指標というのは、以下の通りである。

1　銀行のメンバーとその家族が、トタン葺きの家か、少なくとも二万五〇〇〇タカ（およそ三七〇ドル相当）の価値がある家に住んでいること。家族たちが、床ではなく、簡易ベッドか寝台に寝ていること。

2　メンバーとその家族は掘り抜き井戸、沸騰させた水、あるいはミョウバンや浄化タブレット、ピッチャーのフィルターを使って浄化した、砒素を含まない水を飲んでいること。

3　身体的、精神的に適格な六歳以上の、メンバーのすべての子どもたちが、小学校に通っているか、卒業していること。

4　メンバーの最小の毎週のローン分割返済額が二〇〇タカ（およそ三ドル）であること。

5 すべての家族が、衛生的で清潔なトイレを使用すること。
6 すべての家族が、冬服、毛布、および蚊帳地を含む、生活上の必要性にふさわしい衣服を持っていること。
7 家族には、もし困ったときに頼るための菜園か、果樹など、収入の追加源があること。
8 メンバーが貯金口座に五〇〇〇タカ（およそ七五ドル）の預金残高を維持していること。
9 メンバーに、年間を通じて一日三度の十分な食事を家族に食べさせる能力があること。
10 すべてのメンバーの家族が、自分たちの健康について意識しており、病気の場合には適切な治療のために即時に行動を起こすことができ、医療費を支払うことができること。

私たちの一〇の指標はまさに、「もはや貧しい状態ではない」個人と家族を定義するように設計されているが、この指標を裏返すことで今、貧困状態にある人を定義するのにも使うことができる。適切な変更を加えれば、この指標と同じシステムが、他の発展途上国でもうまくいくかもしれない。他の国では、現地の状況に合う、個別の定義づけが必要だろう。重要なポイントは、貧困撲滅プログラムが対象とする層と、達するべき一つ以上の目的を明確にするためには、貧困を明快に定義しなければならないということだ。

また、必要性に優先順位を付けることも重要である。貧しくない人々が貧困撲滅プログラムから除かれるべきであるだけではなく、最も貧しい人、非常に貧しい人は、それほど貧しくない人よりも優先度を高くすべきなのだ。多くの援助計画が陥りやすいのが、意図と違う人々に対して資金を誤って向けてしまうことだ。さらに言うと、最も効果的な貧困撲滅プログラムとは、社会に奉仕したり、価値のある社会サービスを提供したり、景気を刺激したりする一般的なプロジェクトではなく、貧しい人々の必要性に合わせた特注のプログラムなのである。インフラを整備することや、ヘルスケアの提供、あるいは職業訓練を提供するプログラムも、確かに素晴らしいものであるかもしれない。しかし、経験からわかるのは、貧しい人々を確実に狙わなければ、結局貧しくない人々が恩恵の大部分を受けるということである。貧しい人々は相変わらずひどい状態のまま置き去りにされるか、あるいはもっとひどい状態にされるのだ。また、経験からさらにこんなこともわかる。ターゲットとする受益者の中に、女性が含まれていることが重要であるということだ。さもなければ、よく練られたプログラムでさえ、完全に達成されないままで残されることだろう。

多くの場合、これは、既存のプログラムを適合させようとするより、むしろ貧しい人々を援助する新しいプログラムを作成しなければならないことを意味する。現行の仕組みや組織、方針が貧しい人人のニーズに敏感に対応しきれていないときには、それらをもっと効率的にしようという望みを持って、それらをへたにいじくりまわしても空しいだけのことが多い。一般的に、新しいプログラムをゼロから築き上げ、最初から始めるほうがいいのだ。

しかし結局、プログラムのスポンサーが意欲的に関わり続けることは不可欠である。独立独歩での運営など、一晩では達成されないものだ。特に、何十年、あるいは何世代にわたって、多くの人々が貧困にあえいでいるときにはそうだ。うまく設計されたプログラムさえ、スポンサーがもう努力するのをあきらめようかという気になるような、困難な期間に遭遇するだろう。もし満足いく結果に手が届きそうなら、決断、柔軟性、知性を携えて、こういった厳しい時期に打ち勝たねばならない。

多くの貧困撲滅の努力は、ＮＧＯ、政府の交付金、あるいは国際支援機関を通じて、先進国の善意の人々によって資金を供給されている。こういった資金の多くが無駄な方法で投資されているのを見るのは悲しいことだ。多くの場合、貧しい人々を援助すべき資金が、結局は訓練のための会社、物資の供給業者、コンサルタント、アドバイザーといった先進国の企業や組織のためのビジネスを作るために使われている。また、腐敗した地方自治体やエリートグループの手に渡ることもある。

こういったことが起こると、貧困問題に関心を寄せ、困っている人々を助けたいと切に願っている人々は苦々しい思いをし、皮肉に感じてしまう。結局、かつて理想主義的だった人々は、貧しい人々の苦況にも冷酷になり、援助を閉ざしてしまう。それは不必要な悲劇だ。

先進国で貧しい人々に手を差し伸べようと願っている人々は、発展途上国の最下層から半分の人々、特にその中の女性たちとの連帯感を築き上げることを、政治的に約束すべきである。また、援助国の納税者は、貧しい人々が自身の生産的能力を伸ばすことで貧困を軽減するような方向で、自分たちの税金を使ってほしいということを、支援当局や代議士に対して明確にするべきなのだ。私が先ほど概説したような評価基準を主張することが、始まりにはふさわしいに違いない。

真っ先にクレジットを

私たちはどんな貧困撲滅プログラムにもふさわしい、重要な評価基準のいくつかを列挙したが、はたしてどこから始めるべきなのだろうか？　教育が一番になるのだろうか？　インフラストラクチャーだろうか？　ヘルスケアは？　情報やコミュニケーションのための技術は？　衛生は？　住宅は？　必要なものはほぼ無限にあり、どれを最優先するかは決めがたい。

これらのすべてが重要なのだ。もし可能なら、最も良いのはそれらを全部、同時に始めることだろう。しかし、グラミン銀行では、まずクレジットに焦点を当てた。貧しい人々が貧困から脱出するのを助けるためのまさに第一歩として、文字通り、現金を貧しい人々に与えたのだ。ほとんどの貧困撲滅プログラムはほかのことから始めるので、これは型破りの戦略だった。

私は、すべての人間には生まれつきの、しかし、一般に認識されていない「技能」を持ち合わせていると堅く信じている。それは生存のための技能である。貧しい人々が「生きている」というまさしくその事実は、彼らにはこの技能があるという明白な証拠なのである。彼らには、私たちに生きる方法を教えてもらう必要などない——彼らはすでにそれを知っているからだ！　そこで、彼らに新しい技能を教えて時間を浪費するよりも、彼らがすでに持ち合わせている技能をできるかぎり発揮するのを助けることに、私は焦点を合わせたのだ。貧しい人々にクレジットの道を与えれば、彼らはすでに持っている技能をすぐに実践に移すことができる。布を織ったり、米を脱穀したり、牛を育てたり、リキシャのペダルを踏んだり、といったことだ。こうした努力によって得た現金は道具となり、自身の他の才能を解き放つ鍵となる。

これは、貧しい人々が自らの技能を常に知っているということを言っているのではない。私たちが最初にクレジットを提供しようと村の貧しい女性のところへ行ったとき、彼女たちはどんなお金も手にすることを恐れて、どのように使えばいいのか、その方法がわからないと言っていた。女性たちは十分な技能を備えていたが、長年にわたり抑圧的な社会の態度にさらされて、多くの恐怖や不安を抱えていたために、自分たちに技能があるということにすら気付いていなかったのだ。大いに励まし、それ以前にうまくいっている例をいくつか掲げることで、私たちは徐々に彼女たちの上に何層にも重なっていた恐怖を剥き取ることができたのである。まもなく女性たちは、お金を稼ぐためにお金を使うという技能が自分たちにあることがわかってきた。

政府の意思決定者、国際的コンサルタント、そして多くのＮＧＯは、大抵、正反対の想定からスタートしている。つまり、彼らには技能がないから貧しいという想定だ。この仮定に基づいて、彼らは精巧な訓練プログラムを中心に組み込んだ貧困撲滅のための努力を始める。これは論理的で、想定に基づいているかのように見える。また、同時に貧困撲滅の専門家たちの関心を永続させる。これは大きな予算によって多くの雇用を生み出すと同時に、具体的な結果を出すためのあらゆる責任から人々を解放してしまう。結局、彼らはいつも訓練を受けた何千人もの人々のことを――それらの人々がうまく貧困から逃れることができたのかどうかなど気にもかけず――強調しかねない。そして、彼らの数に基づいて「成功した」と主張するのである。

公正を期すために言えば、ほとんどの貧困撲滅の専門家は善意の人だ。彼らは欠陥のある想定にしたがってトレーニングを選ぶのだ。しかし、貧しい人々に囲まれて十分な時間を過ごせば、人々の貧困は、彼らが労働から得た純粋な成果を保持しておくことができないという事実から起こることを発見するだろう。そして、この理由は明らかである。彼らが資本を支配していないからだ。貧しい人々は資本を支配する他の誰かの利益のために働いている。それは私が仕事を始めたジョブラ村で貧しい人々から搾取していた金貸しなのかもしれない。あるいは、奴隷制度に近い状態にある仕事のために貧しい人々を募集する地主や工場主、エージェントかもしれない。彼らに共通なのは、自分の利益のために貧しい人々の生産的労働を盗む才能だ。

なぜこういうことになるのだろうか？　それは、貧しい人々はどんな資産をも相続することができず、従来のシステムでは誰も資本や融資を彼らに提供しないからだ。世界は、貧しい人々は融資に値しないと信じさせられている。私はこの仮定を変えることが、貧困問題を解決するために必要な第一歩であると確信するようになった。

では、職業訓練はどうだろう？　それ自体に悪いことは何もない。彼らの経済的困難を克服するのを助けるうえで、それは非常に重要である場合もある。しかし、訓練を受けられるのは限られた人々だけだ。多くの貧しい人々のニーズに応えるための最も良い戦略は、彼らに新しい技能を紹介する前に、彼らが生まれながら持っている能力を開花させることである。貧しい人々にクレジットを与え、彼らが労働から得た実りを享受させることで――それは彼らの人生において初めての出来事になることもよくあるのだろうが――彼らはトレーニングの必要性を感じ始め、トレーニングできるところを探し求め、そのためにお金を支払っても構わない（もっとも、それは必要な量だけだが）と思いさえする状況が生まれるのだ。トレーニングが本当に重要で、有効である場合とはこういう状況なのだ。

チャリティーが常に正解とはかぎらない

チャリティーの重要性については否定することができない。災害時や、あまりにもひどい状況で自助努力さえできないような人たちにとっては適切なものとなるだろう。しかし、時に私たちは、チャリティーを過信する傾向がある。

一般に、私は寄贈や施し物には反対だ。人々からイニシアチブと責任とを取り去るからである。もし人々が、そういったものを「ただで」受け取ることができることを知れば、彼らはエネルギーや技術を、何かを達成するのに使うより、むしろ「ただの」ものを追いかけるのに費やしがちである。施し物によって、自助努力や自信より、むしろ依存を奨励する形になってしまうのだ。

災害時でさえ、グラミン銀行は、借り手が寄付に依存するよりむしろ彼ら自身の災害基金を作ることを奨励している。一九九八年の洪水のとき、グラミン銀行の借り手に対してただで小麦を配っていたときにも、私たちは彼らに、災害基金のために毎週ごとにわずかでもいいから貯蓄するよう同意を求めた。正常な状態に戻り、彼らが金を稼ぎ始めれば、その基金は最終的には、彼らがもらい受けた小麦と同じくらいの額にまでなるだろう。この新しい貯蓄は、次の災害を切り抜けるための地域の資金となる。

施し物は同時に、不正を促進する。援助資金が貧しい人々を助けるために寄贈されるとき、無料の品々やサービスを広げるのを担当している職員は、自分たちや好きな友人をそのプログラムの一番の受益者にしてしまいがちなのだ。

最後には、チャリティーは一方的な力関係を作り出す。チャリティーの恩恵を受けるのは、それにふさわしい資格の人というよりは、もらえる贈り物を探している人なのである。その結果、彼らには発言権がなく、責任や透明性も失われる。そういったすべての一方通行な関係は不平等であり、貧しい人々を開発や操作によって傷つけるだけである。

貧しい人々が彼ら自身のコミュニティを創り、拡大し、改良する能力を強化するために、私は地方自治の民主的な制度の創設を強く主張したい。地方自治体が管轄しているエリアが狭ければ狭いほど、貧しい人々の声が聞かれる機会は多い。貧しい人々には、生活に影響を与える意思決定に参加する機会がなければならない。どんなに善意であったとしても、干渉政治が行き着く先は行き止まりだ。貧しい人々に彼ら自身の運命を制御する能力があれば、彼らはもっと多くのことを、より早く達成することができるのだ。

バングラデシュと先進国

もし世界の状況が好ましいものであるなら、バングラデシュは、経済的に成長し続けることができる。それには三つのものが必要だ。海外からの多額の直接投資、国内製品が米国市場に無関税で届けられること、そして海外の仕事への継続的なアクセスである。

海外直接投資（ＦＤＩ）は、バングラデシュが高度成長を達成するのを助け、強い経済を築き上げることができる。多額のＦＤＩを引き付けた国が急速な発展を遂げているのを見るとおりだ。たとえば、ＦＤＩはベトナムのＧＤＰに一四パーセント貢献していると見積もられている。一年あたりおよそ一〇億ドルを国家予算に提供し、八〇万もの仕事を直接発生させ、間接的に他の二〇〇万人を助けているのだ。これはベトナムが過去五年間で一八〇億ドルの新たなＦＤＩを取り付けたからだ。二〇〇六年の一年間だけで一〇〇億ドルである。一方でバングラデシュには二倍の人口がありながら、二〇〇五年にわずか七億ドルを取り付けただけだ。バングラデシュでもＦＤＩを通じてベトナムが受けたのと同様の利益を得られないわけがない。

もちろん、すべてのＦＤＩが必ず有益であるというわけではない。一つの重要な分野としては、世界規模の製品を製造する部分に投資家を引き付けることに違いない。特別な生産地区を作り、インフラストラクチャーを提供し、透明性の高い監督体制を敷くことは、これらの種類の投資を誘致するのに不可欠である。

今後のバングラデシュの成長を支えるために欠かせない二番目の重要な要素は、米国市場に自由にアクセスすることだろう。バングラデシュは、アメリカに対する輸出品のほとんどに対して高い関税障壁を設けられている、アジアの不幸な半ダースの発展途上国の中の一つだ。バングラデシュは実際、あらゆるアメリカの貿易相手国の中で、平均で四番目に高い関税率に甘んじている。二〇〇六年の対アメリカ輸出三三億ドルにおいて、バングラデシュは払い込み金額で五億ドルを支払っている。これはイギリスが五四〇億ドルの輸出に対して支払っているのと同額だ。

バングラデシュからの衣類の輸出は二〇〇六年には九〇億ドルに達した――それはわが国の輸出総額の八〇パーセントにあたる。現在の成長率からすると、バングラデシュはまもなく、巨大な衣類輸出国であるインドに追いつくだろう。アメリカ市場に無関税でアクセスできることには、純粋に経済的なもの以上の効果がある。私はマイクロクレジットがここ二〇年の間、バングラデシュにおいてどのように女性に力を与えることに貢献しているかを説明してきた。この社会変動における二番目に大きな要因は、わが国の衣料産業の成長にある。

今日、二〇〇万人のバングラデシュ人の女性が衣類の縫製工場で働いている。これは工場で働く女性に関する宗教的な微妙さが、ある程度克服されたことの静かなる証左だ。多くの貧しい少女が、働き、金を稼ぎ、人並みの生活をしようと貯蓄することを選んでいる。そうしなければ、彼女たちは幼くして結婚したり、もっと悪い場合には国際的な人身売買のような虐待の犠牲者になるかもしれないからだ。こうした働く母親たちの子どもは、幼くして結婚させられる女の子たちよりもはるかに良いしつけを受け、はるかに希望に満ちた未来を享受するだろう。

そのうえ、この新しい働く女性の世代は、私たちの伝統的文化をきっと変えるであろう、リベラルで、現代的な態度を受け継いでいる。貧困と無力さはテロリズムの温床となる。こういった女性の家族は、もうこれ以上そのようなことに関わることはないだろう。

もし、バングラデシュにアメリカ市場への無関税のアクセスが許されれば、五年以内にバングラデシュの対アメリカ輸出量は倍増し、賃金は上昇し、バングラデシュ人の経済成長率も上昇するだろうと私は信じている。そしてアメリカからバングラデシュへの綿花やその他の商品の輸出もともに増えるだろう。バングラデシュの衣料産業は、企業に長いこと見捨てられていたアメリカのローエンド市場に焦点を合わせられるので、その結果、苦境に陥ることになるアメリカのアパレル会社はほとんどない。誰もが勝利するのだ。

二〇〇〇年のミレニアム開発目標には、世界市場への無関税のアクセスを、発展途上国の中でも遅れた国々に与えるという約束が含まれていた。この約束が守られれば、バングラデシュにとっては非常に大きな助けになることだろう。

最後に、バングラデシュには国際労働市場への継続的なアクセスも必要である。

世界を旅すると、私はバングラデシュからやってきた多くの若者たちに出会う。ニューヨークのような大都市だけではなく、スペインの村やイタリアの島や、アルゼンチン、チリ、コロンビアの町でもだ。彼らの大部分は、現地語を習得し、現地で友人を作るなどして順調にやっている。しかし、彼らがどのようにそこにたどり着いたのかを尋ねると、彼らは決まって忍耐と我慢、危険な冒険の話を私にしてくれる。よくあるのは、多くの国を旅し、さまざまな仕事に関わってきたという話だ。またその話にはいじめのエピソードも含まれている。労働力エージェントにだまされたり、空港の職員による不当な扱い、役人からの嫌がらせ、強要、無視などを受けているのだ。

しかし、これらの若者たちは、バングラデシュの経済に大きな貢献をしている。二〇〇六年に、バングラデシュは海外に住む市民からの送金で六〇億ドルを受け取っている。それは国の外貨交換の総額の三分の一にあたる。インドは二一七億ドル、中国は二一三億ドルだ。インドの人口はバングラデシュの七倍以上、中国の人口は九倍以上だということを考えれば、これは驚くべき数字である。

そのうえ、送金は直接、貧困削減に使われる。世界銀行の「世界経済展望レポート」では、送金の流入のおかげでバングラデシュでは貧困を六パーセント削減するのに役立ったと言っている。これは低所得の人々が、いかに自分の人生を変えられるか、どれほど国家の経済的、社会的な目標に対して直接的に働きかけることができるかを示す魅惑的な例である。

バングラデシュは、若い移民をサポートし、彼らが思い切って未知の分野に入っていくリスクを減少させるべくもっと多くのことをすべきである。私たちは、彼らが移民当局に対処するときに感じるストレス、屈辱、心配を減少させるために、政府機関の習慣を改革する必要がある。

世界の人口統計的、経済的な現実から考えて、バングラデシュやその周辺の国からのますます多くの労働者が、他の国で必要とされることは容易に予測できる（中国でさえも）。飛行機の座席の需要は大いに広がるだろう。地方からより多くの労働者を容易に輸送できるようにするために、また、国内や国際的な出張が増えていることから、バングラデシュに国際的なハブ空港を造るのを考えてもいい時期になっている。

地方の平和と繁栄に向けて

開発途上地域の多くの国と同じく、バングラデシュの未来は、その地域全体の平和と繁栄に密接に関わっている。たとえそれぞれの政治的な過去がどのようなものであったとしても、南アジアの国々――アフガニスタン、バングラデシュ、ブータン、インド、モルジブ、ネパール、パキスタン、スリランカの各国――が強く団結した場合にだけ、急速な経済的、社会的な変化を達成できる。南アジアが、ヨーロッパ連合の国々が享受した経済的奇跡と同じ種類のものを達成できないわけはなく、そうすれば数多くの人々の生活にさらに大きな上向きの影響をもたらすことができる。

まさにこの理由から、南アジア地域協力連合(SAARC)が一九八五年に結成された。しかし、この二二年間、SAARCの精神は、一度も花開く機会を得たことがない。定期的に行なわれるSAARC首脳会議は、私たちの民族の間に信用と協力とを築く方法を求める真の冒険の一部としてというより、政治的に他国より一枚上手に出る方策のためのフォーラムとなった。

その結果、南アジアは世界一まとまりのない領域である。地域内貿易は東アジアではGDPの二〇パーセント以上に達しているのに対し、南アジアではGDPの二パーセント未満にとどまっている。インドとパキスタンの間で一年間に行なわれた貿易は、現在一〇億ドルと見積もられているので、本来なら九〇億ドルほどあってもいいのかもしれない。その地域で国境を越えて行なわれる貿易コストは、必要以上にはるかに高い。インドとバングラデシュを結ぶ道は非常に混雑する。インド側で待っている行列はしばしばトラック一〇〇〇台を超えている。そして、二一時間ほどかかるはずの旅行に、九九時間以上走ることもある。このように統制が取れていないために、南アジアは世界の貧困の中枢であり、世界の貧しい人々のおよそ四〇パーセントが住んでいるのだ。

南アジアのいくつかの遅れた地域は、山に囲まれたり、あるいは孤立したりといった悪条件に苦しめられている経済境界である。インド北東部、パキスタン北西部、バングラデシュ北部、そしてネパールやアフガニスタンの一部がこれにあたる。特に輸送と貿易の円滑化においては、地域の協力がこれらの場所を変えるかもしれない。ネパールとインドとの貿易がいったん盛んになれば、北バングラデシュは活気に満ちたダイナミックな場所になることができるのだ。

ＳＡＡＲＣ各国は、その領域での貿易統合の潜在的価値を認識している。というのも、彼らは南アジア自由貿易圏（ＳＡＦＴＡ）を創設するために、二〇〇四年一月に同意して協定を交わしたからだ。この協定で具体化されたプランを実行すれば、二〇一五年までには、八つの南アジア諸国すべての中で、関税も他の税金もなく、ほとんどすべての製品を取引することができるようになる。

取り組むべき問題はあるものの、ＳＡＦＴＡはあらゆる点で良い協定である。製品や農産物と同様、サービスの貿易もＳＡＦＴＡでカバーされるべきである。貿易自由化の結果である、関税と付加価値税の潜在的減収によって、特に小さなＳＡＡＲＣの国には何らかの問題が生じるかもしれない。さらにＳＡＦＴＡ規定の施行においては、小さな国の利益と効率の悪い製造業者がＳＡＦＴＡでない競争相手を締め出さないことを保証するために、監視される必要があるだろう。たとえば、競争国（中国、韓国、マレーシア、タイ）からのより質の高い製品が、インドやパキスタンの製品と競争できないとしたら、単にインドやパキスタンの製品が関税なしであるからということにすぎない。だがその結果、不利益を被るのは消費者だ。

もちろん、最初から問題はあるだろう。自由貿易協定に参加する国々は移行に関する問題を通り抜けなくてはならない。それにもかかわらず、SAFTAは南アジアにとっては正しい方向へ向かう大きなステップである。これによって民間セクターを動かすことで、あまりに長い間にわたって私たちの領域を分割している相互不信の層をはぎとることができる。領域内での貿易が広がれば、インドとパキスタンなど、長年この地域でいがみ合う国同士の武力衝突の危険を抑えることになるだろう。

政府、市民社会、そして実業界は、南アジアの国同士のより密接な結びつきを促すためにさまざまなことができる。たとえば、私は、SAARC各国のあらゆる大学が、少なくとも一つの奨学金を、他の南アジアの国からの留学生に提供するよう提案した。また、教員のための同様の交換プログラムも作られるべきである。各国政府の元首によって行なわれる通常のSAARC会議のほかに、財界の指導者、ジャーナリスト、作家、NGOのリーダー、学生らによる地方会議も同時に開かれるべきであり、文化的祭典や教育的なプログラムも行なわれるべきだと、多くの人々が促している。SAARCは政府だけではなく、人々のものであるべきであり、それが南アジアの民族を結びつけるのである。

また、SAARC各国の中の旅行制限は徐々に解除されるべきだ。現在は、ネパールだけが目先が利いて、すべてのSAARC同胞に自動的にビザを発行している。これは他のSAARC諸国からのネパールへの旅行者を急増させた。他の国も、この先例に倣うべきである。

私は、いつもSAARC各国は地域内の重要な市民に対してSAARCパスポートを発行するべきだと懇願している。毎年、地域内で政治、社会、文化、あるいは経済の分野で貢献した人々のリストを発表するといい。彼らには、正規の旅券に加えてSAARCパスポートかSAARCの身分証明書を与えるのだ。まずは、SAARC八カ国全体から、たとえば、五〇〇〇人の著名な市民を選出することから始めよう。この人々はアイデアを広め、親善を深めながら、領域内をビザなしで旅行できる。南アジア各国内の自由旅行が例外ではなく当たり前のことになるまで、その数を毎年増やしていくのだ。

私は、SAARCパスポートを管理するのは技術的な悪夢であるという意見も何度か聞いたが、私にはその理由がわからない。現代の情報技術では、SAARCのパスポート所有者のために中央にデータベースを持つことなどたやすいことだ。パスポート所有者のためにあらゆる生体認証情報を加えることだってできる。私には、この新たな構想が、相互不信の氷を解かすのに大きく貢献することについて、疑う余地がまったくない。

その他の、見たところ手に負えない社会問題については、ソーシャル・ビジネスが、地域経済的、社会的、政治的な環境を変えるうえで極めて重要な役割を果たす。この新たな構想は、地域内のビジネスマン、ビジネスウーマンによって立ち上げられたSAARCソーシャル・ビジネス・ファンドから始めることができる。それは少なくともそれぞれの国の一つのソーシャル・ビジネス――貧困、貧しい人々に対するヘルスケア、女性や子どもの人身売買、水の浄化、母体保護、その他の重要な問題に関するビジネス――に資金を提供することから始まるだろう。まずは各国で少額の小さなプログラムから着手し、共有する問題を解決するために私たちが互いに手を握り合うことができるという自信と信頼を築き上げる。そのような基金の良いところは、一国の企業が資金と技術の優位をいかして利益を上げようとしているとは誰にも思われないことだ。本質的にソーシャル・ビジネスは、利益を生み出す事業ではないからだ。

これらSAARCのソーシャル・ビジネスは、複数の国を流れる川に橋を架けたり、二つの国を結ぶ道路を造ったりという、インフラストラクチャーの建設に関するものであるかもしれない。このインフラストラクチャーは国境の両側の貧しい人々によって所有されるといいし、地域内のソーシャル・ビジネスの投資家も所有できる。それらは地域経済を刺激し、貿易を促進し、コミュニケーションを円滑にすることで貧しい人々の生活を改善する実用的なツールであると同時に、友情のシンボルとなるだろう。

SAARCとSAFTAが長期にわたって成功するかどうかは、特にインド（この地域で最も大きくて最も強力な国）の態度と動きにかかっているだろう。インドは他のSAARC諸国のほぼすべてに隣接している。隣国が互いに政治上の問題を抱えているのは、珍しいことではない。しかし、SAARCには、地域全体に深刻な影響を与える二国間の問題がある。インドとパキスタンの対立である。カシミールはインドとパキスタン、および南アジアで最大の問題のまま残されている。カシミール地方をめぐる主張が折り合わず、インドとパキスタンは三度の全面戦争を行なった。この根深い紛争のために両国は、地域の平和に深刻な脅威を引き起こす核兵器を含む最新兵器を備えた巨大な軍隊を作り上げた。

カシミール問題は解決できるのだろうか？　もちろん、解決できる。あらゆる人間の闘いは、人間の精神から起こるものだから、解決することができる。その精神こそ、私たちが焦点を合わせるべき本当の戦場なのである。南アジアのすべての国が真の政治的、経済的な統合を目指して邁進する用意ができるとき、カシミール問題への正しい解決策は、はるかに簡単に見つかるだろう。

バングラデシュと巨大な隣国

バングラデシュは幸運な国だ。両側にインドと中国という二つの急速に成長している巨大な隣国があり、この魅力的な地勢を利用することで、容易にダイナミックな経済を作ることができるからだ。ＧＤＰ成長率は中国は一一パーセントを超えたが、インドもすでに八パーセントを達成している。そして、両国とも貧困水準を二五パーセント未満まで減少させている。両国は政治的にも、経済的にも、全世界が注目する強国になっている。

巨大な隣人がビジネス界全体を戸口まで連れてくるので、バングラデシュは単にそこにあるだけで利益を得ることができるはずだ。成長している隣人は、技術、経験、技能、交流の便利な源となる。バングラデシュは、次にはあらゆる種類のアウトソーシングのために、両国にとって魅力的な現場になるかもしれない。インド、あるいは中国にあふれるビジネスのほんの少量でさえわが国にもたらされれば、経済は速く動き出すだろう。

バングラデシュ人の中には、自由貿易のために国境を開いたら、私たちの小さな国は、巨大なインドの隣人たちに圧倒されるのではないかと心配する人もいる。自由貿易地区で先手を打たれ、私たちの市場はインドの商品であふれるだろう、と彼らは言う。そして、バングラデシュの幼い産業の可能性をつぶすのではないか、とも。

しかし、インドの商品は、政府の収入（国境要員や税関検査官への賄賂を除く）にならない非公式のチャンネルを通じて、バングラデシュ市場にすでにあふれている。バングラデシュ銀行の数字によれば、公式にわかっているインドからの輸入額は二〇〇五〜六年に、アメリカからのそれを一八億ドルも上回っており、その見積りでは非公式の貿易は最大で五〇パーセントを超えているかもしれないという。自由貿易協定は商品のこの見えない流れを合法化し、その過程で政府は収入を得ることになるだろう。もしビジネスと共同体によって妥当な調整条項が作られ、強国による弱小国の搾取を防ぐためにセーフガードが適所に置かれるのであれば、小さな国々も、大きい国と同じように自由貿易からたくさんの利益を得ることができる。二国間の自由貿易協定はすでにＳＡＡＲＣの国々で実効を上げている。たとえばインドとスリランカだ。もし、人口二〇〇〇万人以下の小国スリランカがインドとの自由貿易で利益を上げているというのであれば、バングラデシュでダメなわけがない。

バングラデシュにはインドと素晴らしい関係を持つべき多くの理由があるが、両国の間の緊張は不必要に高いまま残されている。バングラデシュは独立戦争における軍事的な援助についてインドに感謝しているのだが、バングラデシュ人は、インドに対して怖いという感情を抱き続けている。きっとこれは理解しやすいだろう。というのも、インドは、バングラデシュより七倍大きく、バングラデシュをほぼ完全に囲み、世界で三番目に大きな軍隊を持ち、イスラム教ではなくヒンズー教に支配されている（インドのイスラム教徒の人口は、実際にはバングラデシュのそれよりも多いのだが）。バングラデシュの政治家の中には、バングラデシュで何かうまくいかないことがあれば何でもインドを責め、インドの脅威からバングラデシュを「保護する」と約束することで、バングラデシュ人の不安感を利用する人もいる。

一方、インドは、インド国内で仕事を探す貧しいバングラデシュ人の不法移住を非難している（この点で、インドとバングラデシュには、合衆国とメキシコと同じような関係がある。合衆国とメキシコでも、ビジネスチャンスを求める貧しい人々の越境が国際緊張を引き起こしている）。また、インドは、バングラデシュが東インドからの武装ゲリラのリーダーをかくまって、支援していると非難している。バングラデシュ人の指導者は否定し続けているが、そんなことがなくなるようには思えない。

なんとなく信用できない雰囲気では、人々の恐怖をかき立てるのは簡単なことだ。この場合は、巨大な隣人の優位に対する恐怖である。しかし一般には、今日の世界においては、ある国が他国を武力で支配することはなくても、経済力で支配することはあるかもしれない。バングラデシュが貧しい国のままで残されていれば、インドだけではなく、あらゆる国がバングラデシュを支配するだろう。できるだけ早く経済のはしごを登るのは、どんな形の外国の優位に対しても最も良い防衛となるのだ。

バングラデシュの戦略的な立地

バングラデシュの戦略的な立地は、我が国の未来を形作ることにおいて鍵となるかもしれない。南アジア地域の交差点に位置するバングラデシュは、すべての隣国の国際貿易のための収束ポイントになれるかもしれない。山に囲まれているネパール、ブータン、そして事実上同じ状態の東インド、中国西部、そしてミャンマー北部、これらのすべての国に出荷施設を提供することこそ、私たちがしなければならないことなのだ。これらの領域には合わせて三億人以上の人が住み、一人あたりの年収が着実に一〇〇〇ドルを超えるほど、経済は急成長を遂げている。

バングラデシュは、一大開発ベンチャーを準備しなければならない。隣人と同様に成長を続けるバングラデシュ経済のために、国際的な港湾施設を造り、これらの国々を港湾施設につなげるためにスーパーハイウェイのネットワークをつくるのだ。この深海メガポートは、ミャンマー国境近くの、チッタゴンから一五〇キロ南にあるコックス・バザールの近くに建設するといい。このメガポートは、この地域全体に役立ち、一層の繁栄を何百万人もの人々にもたらすだろう。

現在の状況下では、他の国のものと比べ、バングラデシュの製品は相当不利な立場にある。バングラデシュで製造される製品を輸出するのには、シンガポールからの輸出の何倍も長い時間がかかる。そして、バングラデシュの輸出業者にとっての平均費用は、インドネシアのほぼ二倍だ。コックス・

バザールのメガポートは、現在、世界貿易に使われる巨大な新しい船や、数年のうちに建造されるであろうより喫水の深い新型船にも対応して、これらの問題を解決しなくてはならない。港には最新の貨物運搬技術を備え、近代的なコンテナを運ぶ乗り物の絶え間ない流れをサポートするスーパーハイウェイのネットワークにより、隣接している地域や国とつながるのだ。

シンガポールは、その立地のために戦略上重要な港として世界一繁栄している国の一つになった。コックス・バザールがバングラデシュの今後の発展において、同様の役割を果たすことができない理由はまったくない（ミャンマーはアキャブにすでに港を建設しているが、それがバングラデシュのメガポートの必要性を減少させることはない。実際、アキャブはコックス・バザールへの供給港として機能することで利益を得ることになるだろう。ちょうど香港のメガポートが、広東の近くにあるより小さな施設によって支えられているのと同じように）。

メガポートはソーシャル・ビジネスになりうる

インフラ・プロジェクトが貧しい人々のためになることを保証する重要な方法として、インフラストラクチャーの実際の所有権を彼らに与えることがある。コックス・バザールのメガポートについて、このアイデアを適用することができる。

それがどのように働くのか見てみよう。ソーシャル・ビジネスの投資家たちは、投資した資金の全部あるいは一部がポートの利益から回収されたときに、その会社を貧しい人々が所有するトラストに売るという明確な条件を理解したうえで、建設資金を提供するために集まって組織化する。自分たちの投資した額より多くのお金を受け取ることはない。トラストからのポート代金の支払いは保留されていて、操業から出る利益によって支払われる。トラストは、ポートを管理するためにプロのポート管理会社を雇うだろう。

もう一つのシナリオはこうだ。援助国、あるいは援助国の共同体は、メガポートを建設するために投資ファンドを提供し、これまでの手続きと似たような（しかし重要な違いのある）手続きに従う。これまでの手続きというのはバングラデシュに対する日本のＯＤＡの方法だ。日本の支援機関は、チッタゴン空港を建設するためにローンを提供した。その資金は、日本の設備を購入し、主に日本人のエンジニアと工事会社を雇うために使われた。つまり、その資金の大部分を日本経済に還流させるのである。しばらくして、これまでどおりの成文化されていない手続きによって、日本は静かにそのローンを中止し、交付金扱いに変える。その結果、バングラデシュは近代的な空港をただで手に入れられる。この場合、空港の所有権はバングラデシュの政府に残されるだろう。

ここからがメガポートをめぐるソーシャル・ビジネスを創り出すために私が提案する新たなシナリオだ。出資国との協定に基づき、バングラデシュ政府は、非営利のメガポート・トラストと、トラストによって所有される営利のメガポート会社を設立する。メガポートの所有権はバングラデシュ政府から、このトラストに引き渡される。トラストの取締役会は主として貧しい人々の生活の質を改善するために献身した著名な人々で構成される。他にもバングラデシュ政府、コックス・バザール市、およびメガポートの恩恵をこうむる貧しい人々からの代表が連なる。

メガポート会社の「影の株式」は、トラストによって貧しい人々に売り出される。影の株式の五〇パーセントは、地元の貧しい人々のために確保されるだろう。売られる影の株式の少なくとも五〇パーセントは、貧しい女性のものになるはずだ。影の株式はメガポート会社の法的な所有権を株主に与えるものではないが、取締役会で決定されたとおりに配当金を受ける資格が与えられる。影の株式は外部に譲渡することはできず、株主はトラストに対してだけ株を売却できる。影の株式はクレジットで売られるため、株主は会社の配当金からその株の代金を支払うことができる。

トラストは、メガポートを管理するためにプロの管理会社を雇ってもいいし、メガポート会社自身に能力があるのならばその仕事をさせてもいい。

他のいかなるインフラストラクチャーについても、この同じシナリオを繰り返すことができる。所有権についてはさまざまな形があるかもしれない。所有権の構成がどのようなものであったとしても、私はそのようなインフラストラクチャーが次の二つの方法のどちらかでソーシャル・ビジネスに属するのを見たいと思っている。①損失もなければ、配当もない会社か、②株式の大部分が、所有するトラストを介して貧しい人々（半分が女性）に保有されている会社である。

メガポートはメガサイズのソーシャル・ビジネスになるが、それはかなり手強い経済的挑戦になる。インフラストラクチャーの所有と運営のソーシャル・ビジネスを設計し経営する経験を積むために、橋、道路、トンネルなど小さなインフラストラクチャーに関するプロジェクトから、私たちは始めたいと思っている。橋の通行料金の徴収権が、競売にかけられているようなバングラデシュの現行制度では、これはほんの小さなステップである。いまでは、落札者でなく、貧しい人々に利益をもたらすトラストにそれを与えることができるのだ。そういった仕組みに自信が持てるようになれば、どんどん大きなプロジェクトをソーシャル・ビジネスに変えていくことができるようになるだろう。

もちろん、バングラデシュが南アジアの交差点になろうとするつもりであれば、インフラストラクチャーは、そこにあるべき一つの要素にすぎない。取り組むべき問題は他にもある。そのリストの筆頭は、良い統治を確立し、政府のすべての階層において不正と汚職を抜本的に減らすことだ。他の改善を必要とする領域としては、安定していて容易に利用することができる電力、最先端の情報・通信技術の供給が挙げられる。これらの挑戦のうちのいくつかには、メガポート・プロジェクトで提案したのと同じ精神で取り組むといい。つまり、国家の経済と、特に貧しい人々のために長期的に利益をもたらすことに焦点を当てた、ソーシャル・ビジネスを創設する機会を模索するのだ。

私は、予見できる未来として、二〇三〇年までにバングラデシュは貧困から完全に逃れることができると確信している。私たちがこの目標を達成すれば——もちろん私はそうなるだろうと信じているのだが——それは世界的に重要な大躍進となることだろう。つい最近まで「救いようのない国」と言われていたバングラデシュが貧困から抜け出すことができるなら、世界各国が同じようにできないわけがないのだ。

6　神は細部に宿る

さて、ソーシャル・ビジネスのアイデアがどのように実現への大きな一歩、特にここでは非常に国際的な一歩を踏み出すかを見てみよう。

本書の初めに、私は大企業のトップと私がおしゃれなパリのレストランで昼食をとって、一緒に働くことに同意したということをお話しした。私たちは十分すぎるほど興奮していた。フランク・リブーはその日、重大な決断をした。彼はダノンのために少しの利益も生み出さない事業に参加したがっていた。そしてその過程において、私たちは、バングラデシュの貧しい家族の栄養失調の子どもたちに健康をもたらすことへの小さな、しかし重要なステップを踏み出そうとしていた。

私が初めてダノン・グループの代表であるフランク・リブーに出会った二〇〇五年一〇月のパリでの昼食会の後、数週間のうちに、グラミン・ダノンのパートナーシップの概念はすでに具体的な形を取り始めていた。それは、エマニュエル・ファベルと彼のダノン・チームによるバングラデシュ訪問から始まった。

ダノンではアジア太平洋地域担当の副社長であるエマニュエルは、グラミン・ダノン・プロジェクトの熱心なリーダーだった。彼は二〇〇五年の一一月にはバングラデシュの首都であるダッカを、上海とジャカルタの彼のオフィスにいる専門家と、パリの本社にいるその他の人々を含む大きなチームを率いて訪れた。

エマニュエルは、私たちのコンセプトを成功に導くうえで主役にうってつけだった。一九八七年以来、彼はグラミン銀行の話を追い続けていたことを私に話した。当時、彼と友人たちは、フランスの大学を卒業後すぐに、チリのサンティアゴに向かった。彼らが参加したプロジェクトはコンチゴの創設だった。コンチゴは、バングラデシュ訪問に感化されたグラミン・スタイルのクレジット事業で、いまではチリの主要なマイクロクレジット組織のひとつとなっている。

エマニュエル自身は、インドのデリーの北にあるマジニュ・カ・ティラという町で貧しい人々のためのボランティア活動をしていたことがあった。そこで彼は「非常に貧しい人々が非常に実用的なアプローチで厳しい生活水準に対処する」のを目撃したという。私が何年も前に学んだのと同じだ。貧しい人々は、貧困の学校という世界一過酷な学校で磨かれた生き残る能力を持っていた。そんな経験があったので、エマニュエルはグラミン・ダノンがうまくいくように全力を傾けた。そして、その使命において、彼はフランク・リブーとダノン・グループの取締役会の大きな支援を受けていた。

私たちの側からは、プロジェクトを導くために、経験豊富なグラミンのマネジャーであるイマームス・サルタンを指定した。彼は消費材メーカーを発展させるために働いた経験はなかったが、バングラデシュの貧しい人々のことはよく知っていた。彼は飲み込みが早くて、貧しい人々のために、そして貧しい人々とともに働く事業を設計する際に、何がうまくいき、何がうまくいかないかを嗅ぎ分ける本能を持っているように思えた。私は、サルタンを信頼しており、ダノンとの関係を確立しプロジェクトを監督するうえで、彼に頼ることができるのを知っていた。彼は、すでに別のソーシャル・ビジネス――先に紹介した一連の眼科病院――の実行を監督するための責任者でもあった。

最初の企画ミーティング

エマニュエル・ファベルのビジネス上の最初の仕事は、私がバングラデシュにグラミン・ダノンを創設するべきであるとフランク・リブーに言ったときに、私の頭の中にあった特定の用語を理解することだった――つまり、「ソーシャル・ビジネス」である。エマニュエルと彼のチームは、すべての詳細を知るために二日間私と同行したがった。しかし、私たちの議論は、すぐに二方向の会話に変わった。私は「ソーシャル・ビジネス」が意味することについては非常に明確な考えがあったのだが、グラミン・ダノンをフランクに提案したときには、私は具体的なデザインはまったく考えていなかった。幅広いアイデアを特定のプランに変えることが、まさに合弁事業なのだろう。

私の大ざっぱなアイデアは、バングラデシュの子どもの栄養を改良するために、ある種の食物を生産するダノンとの合弁事業というものだった。私が考えていたのは、卒乳後の赤ん坊が適切な栄養を得るための「離乳食」だった。そのコンセプトは、私がバングラデシュの村の赤ん坊に起こったことを見てきて、長い間、私の心の中にあったものだった。母乳が終われば、彼らはすぐに米を与えてしまうが、それでは赤ん坊がその時期に必要とする栄養は得られないのだ。数年前まで、グラミン銀行では、輸入されたベビーフードと競争できる、地元産の離乳食を開発する実験的な計画を引き受けていた。私たちは、それをセレビットと命名し、輸入製品よりもかなり安い価格で試しに売り出した。しかし、私たちは、それを実現するのにふさわしいパートナーを欠いていたため、成功させることができなかった。

私は、その仕事をするにはグラミン・ダノンが理想的な手段であると考えていた。

エマニュエルと彼のチームは、私たちのコンセプトに関わる重要な問いを投げかけた。「あなたはどのような製品を生産したいのか？　あなたはどんな市場の情報を持っているのか？　バングラデシュの栄養不良について、どのような研究が行なわれているのか？　どのようなベビーフードがすでに市販されているか？　それらはどのように値を付けるのか？　誰が競合製品を生産し、市場に出し、一般に販売しているのか？」質問は絶え間なく続いた。

当初、私はダノンチームについて彼らの分析はアカデミック過ぎるのではないか、正確な統計に焦点を合わせすぎているのではないかと考えた。彼らの科学的なアプローチはプレッシャーでさえあった。私たちは「数値で表わすことはできないかもしれないが、バングラデシュにおける栄養の必要性について知るべきことがあるのはわかっている」と思っていた。しかし、何時間も議論を重ねた後、ダノン側が探している情報がなぜそれほど必要なのが明確になった。詳しい情報が届くにつれ、私たちは古い考えを捨て、新しい考えや新しいビジネスプラン、そして真新しい枠組みを開発しようとし始めた。

幸い、エマニュエルには完全にその用意があった。彼は、私たちがすべての答えを出すまで待っていなかった。グラミン側の助けを借りて、彼のチームはすぐダッカ中を走りまわった。食料品店やショッピングセンター、スーパーマーケット、および地方の通りのバザールを訪ねてまわったのだ。彼らは、店主と客にインタビューして、あらゆる種類の食料製品（クッキーやクラッカーなどのビスケット類、乳飲料、ヨーグルト、キャンディなど）をサンプルとして購入し、ブランド名、価格、パッケージ形式、および他の多くの情報を詳細に収集した。彼らは栄養研究施設の科学者、バングラデシュ健康省の高官、国連機関の専門家にも会った。彼らは大きな乳製品工場やビスケット工場、小さなヨーグルトやビスケットの工場を訪問した。さらに、ボトルウォーターやその他の飲料を生産する工場も訪れた。

ダノンが私たちの新しいソーシャル・ビジネスのために研究と開発に捧げたその時間とエネルギーとリソースには目をみはるものがあった。彼らは、ビジネス界の専門家が貧しい人々が直面している社会問題の解決に傾注するとき、どのようなことができるかを示してくれたのである。

子どもたちに栄養価の高いヨーグルトを

グラミン・ダノンがベビーフード・ビジネスとしてスタートしないことは、すぐにはっきりした。バングラデシュでの経験がまったくないダノンにとって、それは今の段階では危険すぎた。赤ちゃんは病気に弱いため、ベビーフードには非常に厳しい衛生規格が求められる。私たちは、今後の製品のためにこのことを心に留めておこうと決意した。

ただ私たちは、小さい子どもに製品を届けることが重要だということでは意見が一致していた。そして、さらに議論すればするほど、ヨーグルトが初期の製品として最も良い選択であると感じるようになった。それにはいくつかの理由がある。乳製品として、ヨーグルトは健康に良い多くの栄養素を含んでいる。また、ヨーグルトの中の生きている細菌は腸の健康を促進し、開発途上地域では致命的な災難となる下痢を減少させるのを助ける。サプリメントとして微量な栄養素をヨーグルトに添加することもできる。そしてもちろん、ダノンは世界第一位のヨーグルトメーカーである。

また、ヨーグルトはバングラデシュの子どもや親に人気の食べ物でもある。クリーミーでわずかに甘く、世界中の子どもが好きな食べもの。そして、ヨーグルトを食べて楽しむという地域の伝統もある。「ミシュティ・ドイ」（甘いヨーグルト）という名で、軽食やデザートとして人気があり、国中いたるところの地方の店や道端の売店で、素焼きの鉢に入れられて販売されている。しかし、ミシュティ・ドイは通常、およそ二〇タカ（約三〇セント）で売られていて、貧しい人々には手が届かない。もし、バングラデシュの子どもたちに必要な栄養価を高めたダノン・ヨーグルトを生産できれば——

そして、貧しい人々にも手が届くような安い価格でそれを販売することができれば——私たちにも勝ち目はあるに違いない。

そして決定が下された。グラミン・ダノンは栄養強化ヨーグルト製品を売り出すのだ。いずれ、他の製品を加えることもできるだろう。しかし、当分の間、私たちはヨーグルトに賭けることになった。

さて、私たちには、探るべき新しい課題がでてきた。ヨーグルト工場をどこに造ればいいのだろうか？　それはどれくらいの規模なのだろうか？　どうすれば適切なミルクの供給源を確保できるだろうか？　どのような販売経路を使えばいいのだろうか？　適正価格はどれくらいだろうか？

初期の話し合いの中で、私は、工場を技術的にも経済的にも可能なかぎり小さくしたいと発言した。エマニュエルはこの考えを好んだ。彼はそれを「近接ビジネスモデル」と呼んだ。食糧生産、小売、消費をそれぞれできるだけお互いの近くに置くというモデルだ。彼はそれで製品のコストも削減できると考えた。完全に地方で生産することで、ダノンが世界の大部分で採用しているような流通のコールド・チェーン（低温配送体系）を省くことができるからだ。毎日ヨーグルト製品を製造四八時間以内に近所で販売することができるので長距離輸送、冷蔵倉庫と冷蔵トラック、他の高価な流通システムは必要ではなくなったのである。

ガイ・ゲーブルはダノンのアジア太平洋地域の産業ディレクターで、食糧生産と流通を安全に行なう方法の専門家なのだが、エマニュエルと私が話している間、彼は一心に耳を傾けていた。ガイは一八年間ダノンのために働いていた中国、ブラジル、インドネシアなど多くの国で施設を設計してきた。

数週間後、ガイはこの最初のミーティングを思い返して、そのとき議論の方向に驚いたと私に言った。彼は小さい工場の考えが好きではなかったのだ。しかし、私たちが、いずれ十分な議論をするためにこの話題に戻らなくてはいけないのがわかっていたので、彼はそのときは沈黙していたのだ。

次に、私たちはソーシャル・ビジネスの概念の実践方法について議論した。管理構造やビジネスモデルはどのようなものなのだろうか？　運営にはどういった人々が必要なのだろうか？

私は、ソーシャル・ビジネスの管理構造やその求人方針は、他のビジネスに似ていると説明した。

「利益の最大化が目的の会社を経営するのと、まったく同じです。あなたは、その仕事に最も適当な人を得て、相場の給料を支払いたいと思うでしょう。ビジネスの目的に照らして、どんな人が最も適切なのかを考えるでしょう。そしてあなたは考えます。彼はあなたの目的を理解しているか、彼はその目的に心血を注ぐだろうか、と。これらの評価基準に合う人を見つければ、それはその仕事にふさわしい人を見つけたということです」

グラミン・ダノンの場合、目的は栄養強化ヨーグルトを栄養失調の子どもたちに届けることだ。ヨーグルトを薬として考える以前に、まずは食べるのを楽しんでもらい、もっと食べたいと思ってもらうために、製品は子どもにとっておいしく、魅力的なものにしなければならない。価格は貧しい両親でも買うことができるくらい、十分に安くしなければならない。そして販売方法についても、主にヨーグルトを最も必要とする貧しい田舎の家族に販売するようにしなければならない。

同時に、私たちは製品のいくらかが比較的裕福な、都市に暮らす家族の手に渡るかもしれないことに気付いていた。ダノン・ブランドはそれだけで価値があり、それに高いお金を支払っても構わないと思っている裕福な一家にとっては、私たちのヨーグルトは魅力的に違いない。そういう状況なので、製品の流通業者はそれを高値で都市の店に販売したがるだろう。また貧しい人々の中にさえ、それを買って、都市の消費者に転売する者がいるかもしれない。

もちろん、裕福な家族にグラミン・ダノン・ヨーグルトを販売するのは、私たちのソーシャル・ビジネスの目的ではない。しかし、もしヨーグルトの供給が不十分であれば、その目的は崩壊してしまう。解決策はこうだ。生産量を増やして、誰にでもヨーグルトを販売すればいいのだ。より裕福な消費者には、より高く値を付けたヨーグルトを売り出すことについても話し合った。そこから得た利益は、貧しい人々のためのビジネスを拡大するのに使える。

私たちの予備段階での調査が——街を走りまわり、地方の市場からかごいっぱいの魅惑的な食べ物のサンプルを集めたのだ——すべて終わった後、そして、集中的な討論を終えて、私たちは、互いをより理解しあい、新しい会社とその目的についてのさらに明確なビジョンを持つようになった。活動計画が準備され、承認された。ダノン・チームが私たちと行なった議論を元にしてビジネスプランの草稿を準備することが決められ、別のダノン・チームが将来バングラデシュを訪れたときに集めるべき情報についても盛り込まれた。また、私たちが二〇〇六年三月までにサインする合弁事業の合意文書の文言も完成させておくべきだということも同意された。フランク・リブーは公的イベントにおいて文書にサインするため、ダッカに来ることを切望していた。

ダノンとのこうした早めの徹底的なミーティングによって、多くの重要な決定がなされた。私はこの小さなプロジェクトに対する彼らの関心のレベルには非常に感動していた。彼らは、財務的に見ればそう重要ではないこのプロジェクトに最大の注目を集めるために、ダッカの会社のほとんどすべての有力者を招いた。エマニュエル・ファベルが後に私に説明したところによると、ダノンが興奮し、奮い立ったのは、同社が金を出していたからではなく、哲学的で感情的な貢献をしているからだったという。

私はそれまで巨大な多国籍企業の経営者から、そのような発言を聞いたことは一度もなかった。彼の言葉を真剣に受け止めるべきか、あるいはある種の宣伝文句と見なすべきか、迷ったほどだ。私は、ビジネス界がどのように動くのかについて実に多くを学んだことを悟った。

答えを求めて

最初のミーティングの後、ダノンの社員のグループがさらに多く訪れた。彼らは、すべての必要事項を積み上げたうえで、バングラデシュ人の役人、監視当局、デザイナー、建築家、契約業者、消費者に接触していた。彼らがバングラデシュで試そうとしていた製法にしたがってスペインとインドネシアで生産されたヨーグルトのサンプルを使って世論調査と味のテストを行なった。グラミンのスタッフメンバー、その家族、そしてグラミンの借り手たち——特に子どもたち——が、次々にカップに入ったヨーグルトを食べるように頼まれた。そして、味、口あたり、甘さ、色、風味、その他の品質について、彼らの好みを書類に書き込んだ。

インド出身で、インドネシアにおけるダノンのマーケティング担当重役のアシュビン・スブラマニヤムは、バングラデシュが南アジアの他の領域とどのように同じで、どのように違うのかを調査するために何度もやってきた。彼と彼のチームは、バングラデシュで消費者の好みや行動に関して、多くのことを学んだ。たとえば、田舎の家族の食事には多様性がないこと。あるいは、塩辛いもの、スパイシーなもの、そして特に甘いものが好きなバングラデシュ人の嗜好。また、飲料水の安全性に対して広い範囲の国民が抱いている不安。最も重要なのは、最も貧しいバングラデシュ人に対するスナック菓子の価格は一〇タカ（約一五セント）かそれ以下に抑えなくてはならないということがわかったことだ。

ダノン・チームは、バングラデシュの村人たちに食習慣に関して尋ねるために、国中に散らばった。好きな食物はどのようなものか、どのような成分が好きか、嫌いか、一日に何度食事をするか、そしてどこで、いつ食事をしているか、といった調査だ。

彼らはバングラデシュの子どもたちに足りない栄養に関しても知りたがっていた。グラミン・ダノン製品が補うことになる成分は何か。子どもたちは学校で何を食べているか。子どもの昼食に関するプログラムは学校にあるのか。もしあるとすれば、そのメニューに私たちのヨーグルトを加えることができるのか。

ダノンの専門家は、グラミン・ダノンが競合するであろう業態について調査した。地元の食品会社、飲料会社は、どのように運営されているのか。利用可能な加工やパッケージ、流通のシステムはあるか。すでに国内で行なわれているマーケティング、広告、プロモーション、販売ツールの種類について。バングラデシュ人消費者の態度、関心、ニーズ、好みについて。彼らは特に私たちがターゲットと考えている層——一日におよそ二ドルかそれ以下で生計を立てている家庭という収入カテゴリに含まれる地方の村人とその子どもたちだ——の消費パターンにも関心を抱いた。

完全な市場調査が命じられた。調査チームはアシュビンの監督下で組織され、国際的なコンサルティング会社も製品サンプルを使った調査を引き受けた。

また、栄養価を高めたヨーグルトづくりの詳細をつめるのと同時に、ダノンチームは興味深い他の二つの領域も追いかけていた。それはベビーフードと水だった。パリからやってきた水の専門家は、低所得のグループのためのボトルウォーターを作り出す可能性を探るようになった。ほかにベビーフードの専門家も訪れた。アンドレ・キャリエは、幼い子どものための食物を専門とする、フランスに拠点を置くダノン関連会社「ブレディーナ」のディレクターだ。私たちは、アンドレが地元の栄養学者のチームに会う手はずを調えた。そのチームは、下痢の治療のために経口補水塩を開発し、何百万人もの子どもの生命を救って世界的に有名になったバングラデシュ国際下痢性疾患研究センター（ICDDRB）の所長、デイヴィッド・A・サック博士が率いるものだ。

国内ですでに行なわれた研究では、バングラデシュの人々には救済が必要な重大な栄養不足があったことが記録されている。何百万人ものバングラデシュ人の子どもが、鉄、ビタミンA、カルシウム、ヨウ素、その他の重要な栄養物の深刻な不足と同時に、カロリー不足にも苦しんでいる。その結果、バングラデシュの田舎では生後五九カ月までの赤ちゃんの四〇パーセント以上が成長を阻害されている。

子どものための栄養強化ヨーグルトを生産するという決定は、二〇〇六年二月に私たちの栄養専門家によって有効であると認められた。その月の会議では、サック博士と彼の医師のチームの報告があった。それによれば、グラミン・ダノンがバングラデシュで子どもの栄養状態を改善するのを助ける最も良い方法は、栄養素がしっかり含まれた健康食品を、多くの母親が子どもに与える米の粥の代替品として供給することだという。

また、子どもたちに「自分で食べる」こと（親に時間を決められて食事を与えられるのではなく）を促すような商品は、健康的な食習慣を形成するうえで特に有益だという報告もあった。小さく扱いやすいパッケージの中に入った、甘いクリーム状のヨーグルトは、これらのすべてに応えるものなのである。

新しいベンチャーの実現

ダノンとグラミンチームのメンバーとの早い段階での話し合いの多くが、ビジネスモデルと、その管理構造に関する広範囲な問いに焦点を合わせたものであった。世界初の、意識的に設計された多国籍ソーシャル・ビジネスとして、そのデザインは正しいものであってほしいと思ったし、ソーシャル

・ビジネスの最初の実験として、十分に考えて計画され、遂行されてほしいと思っていた。行き止まりに突き当たったとしても私たちのパートナーシップが生き残ることができるよう、インセンティブや報酬、リスクの適切な組み合わせを編み出し、使える財源と利益プランを作り、グラミンとダノンの共通の利益についても正確に分析された。最初のソーシャル・ビジネスが経済的な持続性と人間への利益の両方について成功すれば、私たちの後に続く他の人を刺激するだろう。しかし、失敗すれば、それはソーシャル・ビジネスの理念への打撃となる。

ソーシャル・ビジネスは、少なくとも、どのようなPMBとも同じくらいうまく運営されなければならない。実際にあなたがもしソーシャル・ビジネスの企業を始めることを考えているなら、競合するPMBよりもずっとうまく経営するように願いたい。特に新しいモデルを試す実験の日々においては、あらゆるソーシャル・ビジネスは、それを行なう正しい方法の例とならなければならない。後に追随する人たちへの道しるべとなる、持続可能なビジネスを創り出さなければならないのだ。

約五〇年前に、「神は細部に宿る」と、ドイツ系アメリカ人の建築家、ラドウィグ・ミース・ファン・デル・ローエは言った。その言葉について考えると、どんな複雑な組織に関しても、そしてソーシャル・ビジネスの企業でも、建築物がそうであるように、まさに「神は細部に宿る」のである。一階部分の詳細を万全にしたとき、大きな絵が明らかになってくるものなのだ。

二〇〇六年二月までには、グラミン銀行とダノン・グループはプロジェクトの構造と目的に関して折り合いを付けることができた。これは私たちの二つの組織の間の了解覚書（ＭＯＵ）の基礎となり、そこには私たちが、「ソーシャル・ビジネス企業、グラミン・ダノン・フーズ」と呼ばれる会社を形成するために、五〇パーセントずつ出資する合弁会社を作ることに同意したことが明文化された。始動資金の半分はダノン・グループが、もう半分はグラミン企業体が提供することになる（ダノンはこの他に、すでに計画、研究、開発努力のために多額の投資を行なっている。なにせ彼らはバングラデシュの子どものニーズを分析するために、世界的専門家を何人も連れてきて、栄養価の高い食物の生産とマーケティングを行なったのだ）。

私たちはそのような方法でまったく損失を被ることなく、わずかな売上を発生させる程度にビジネスを経営していくだろう。この売上から、二つの企業が出した初期投資をできるだけ早く返済しなくてはならない。その後、合弁事業は彼らの投資元本の一パーセントの年配当を投資家に支払うことになる。

なぜ配当があるのか。説明したように、私はソーシャル・ビジネスを損失もないが配当もない企業であると定義している。ダノンは当初その提案にまったく快く応じていたのだが、土壇場で、私たちは、公に同社の所有権を認識させる方法として、象徴的に一パーセントの配当を与え、ダノンが決算表の中で適切な数字を見せられるように、MOUに加えたのだ（現在、後知恵とさらなる考えの結果、私は配当についての条項を取り払い、会社から配当をなくすことを支持している。ダノンが同意するなら、私はそれを実現して、思い描いたとおりのソーシャル・ビジネスの定義に合わせるつもりだ——つまり、損失もないが配当もないビジネスである）。

生産と分配における新しい考え方

最初のグラミン・ダノンの製品として栄養強化ヨーグルトに焦点を合わせるという決定は、次の論理的な質問につながってきた。私たちはどこで、どのようにヨーグルトを製造するのか、ということだ。

ダノンの普通の手順では、ほとんどの多国籍の食品会社のように、広大な地域に供給できる大きい工場を建設するだろう。たとえば、ダノンはインドネシアでは二億人以上の市場へ供給するために一つの工場を経営している。しかしながらバングラデシュでは、私たちは、技術的に可能なかぎり小さな工場を、製品が供給される村人に囲まれた農村地域に建設するよう促し続けていた。

「覚えておいてほしいのは、これはソーシャル・ビジネスであるべきだということです」と私は言った。「私たちの目標は財務的な効率だけではなく、社会的便益の最大化でもあるのです。グラミン・ダノンはおいしくて、栄養価の高い食物を作るでしょう。しかしまた、他の方法でも地域のコミュニティにとって役立つべきです。ヨーグルトを作るのに使うミルクは、地元の供給業者から買うべきです。田舎のバングラデシュの多くの村人が、乳牛を飼っているんです。実は彼らの多くがグラミン銀行からの小口融資で最初の牛を買っています。そういった人々は私たちの顧客であると同時に、私たちの供給者であるべきです。もし、工場が小さくて、すぐ近くに住んでいる人々に販売される食物を生産できれば、彼らはその工場を自分たちの工場だと考えると思いますよ」

エマニュエル・ファベルは私の考えが気に入っていた。そして、私たちは一つのミニ工場から始めることに同意した。それがうまくいけば、私たちはできるかぎり早くそれを拡げるのだ。とうとう、最大で五〇たらずの小さい工場が全国いたるところにできた。

最初の工場の場所については、私たちはバングラデシュ政府の零細・家内産業公社（ＢＳＣＩＣ）が開発した工業地帯で見つけようと決めた。四つの候補地を調査するために、バングラデシュの大学の人類学の教授率いる五人の大学院生のチームが送り込まれた。彼らは、田舎と都市の両方にある家を訪問し、人々の食習慣、好み、信念に関する情報を収集しながら、経済や人口動態に関する記録を作り、アンケートを管理した。そのインタビューの質問内容は微に入り細を穿っている。

結局、私たちは最初の工場のためにダッカの北西二二〇キロのところにあるボクラの町外れを選んだ。ボグラは、北ベンガル地区の中心近くにあり、きちんと作られ、よく手入れされた道路によって、他の地域につながっている。周辺の地域には多くの人が住んでおり、そのうち三〇〇万人が顧客として見込まれている。また、私たちの工場に利用できる適当な広さと形の土地の区画もあった。以前いた業者によって汚染されていることもない。道路や水の供給、発電機を動かすための天然ガス田もすべて利用可能だった。バングラデシュの田舎への電力供給はまだ不規則なため、私たちの工場には独自の安定した動力源があることが重要だったのだ。また、洪水の被害を受けにくい場所であることも重要だった。

ボグラは、ある理由のために、最終的に素晴らしい唯一の選択になった。偶然なのだが、ボグラはバングラデシュではヨーグルトの生産でよく知られている町なのだ。バングラデシュ人は、ボグラで作られている「ミシュティ・ドイ」をよく知っていて、みんなそれが大好きなので、ここで私たちの新製品を披露するというアイデアは、マーケティング的にも素晴らしい意味を持っていた。

大きい工場ではなく、むしろ多くの小さな工場を建設するというアイデアは、ダノン産業デザイン部には意外に思われた。ガイ・ゲーブルにとっては、バングラデシュで働くのも初めての経験であったが、大きい工場よりむしろ小さい工場を作るように頼まれたのも、初めてのことだった。

ガイは、彼が普段本拠地にしているインドネシアよりも、バングラデシュでより多くの時間を過ごすようになっていた。ある日、彼ははじけるような笑顔で、興奮して私に会いに来た。「教授、非常に素晴らしいニュースを報告したいと思います。私はあなたのお望みどおりの工場を設計しました――とても小さな工場です。でも、それは小さいだけじゃないんです。先端技術をフルに備えた、とても気のきいた、効率的な工場です。実際、それは私がブラジルやインドネシア、中国、インドで設計した巨大な工場よりもずっと進んだものになりました。私は今日、とても幸福です」

彼は私が小さな工場の建設を主張したことには、最初は面食らったと告白した。それによって、ヨーグルトの生産にコストがかかり、効率が悪くなると彼は考えていた。しかし設計図が出来あがっていく過程で、そうではないと納得した。彼は何年も正反対のことを想定していたにもかかわらず、小さい工場も、大きい工場と同じくらい効率的になりえたのだ。

実際はそれ以上に、小さなボグラ工場に求めるものについての私たちの考え方は劇的に変わった。

他の国々では、ダノンのヨーグルトは巨大な量で生産されている。そして、製品の大きな積み荷は、保冷トラックに乗せられて特別な空調が施してある倉庫に運ばれる。そこから、ヨーグルトはさまざまな都市や町のスーパーマーケットや食料品店に届けられるのだ。その過程ではいたるところで、製品を冷たく保って、ヨーグルトの中の生きた乳酸菌が休眠状態のまま保たれるように、冷却装置が使われる（この経路が「コールド・チェーン」システムだ）。こうしてダノン・ヨーグルトに酸化や風味の変化が絶対に起こらないようにしているのだ。

バングラデシュでは、工場から消費者まで、同じ種類の冷却装置を維持するのは不可能だろう。ほとんどのバングラデシュの田舎には、送電設備がない。そして村の市場の多くの店には電力がない。冷蔵庫など、極めて珍しいものなのだ。

この現実が、ヨーグルトの消費者に必ずしも健康上のリスクをもたらすというわけではない。バングラデシュ人はその地方で作られた「ミシュティ・ドイ」をたくさん食べるのだが、それらは素焼きの壺に入れられて戸外に置かれたり、店のカウンターの上に積まれているが、別におかしなことにはならないのだ。しかし、ダノンの経営陣には何らかの柔軟性が、そして私たちの全体のチームには何らかの創造的な考え方が求められた。私たちの流通システムでは、工場から消費者の手に渡るまでのスピードに重点を置かなくてはならなかった。ヨーグルトが朝に製造ラインを出発し、四八時間以内に子どもたちの胃に収まるようにするのだ。私たちのヨーグルトの風味、口あたり、酸味が一貫していることを保証するには、これが唯一の方法に違いない。

私たちは頭の中にこういった普通ではない必要条件を置いて計画を立て始めた。私たちが編み出した流通システムは、グラミン銀行の借り手であり、商品を供給する村に住んでいる「グラミン・レディー」を使うというものだ。この女性たちは、私たちのヨーグルトの販売計画の鍵になるだろう。そして、彼女たちの助けによって、冷蔵庫のあるなしにかかわらず、ヨーグルトの配達と販売の過程を経てもなお、おいしさとヘルシーさを保つことができるだろう。

勝利の方程式を見つけること

ソーシャル・ビジネスには、伝統的なＰＭＢと競争する準備がなくてはならない。顧客には高品質の製品やサービスを提供しなければならないし、その値段に見合う素晴らしい価値を提供しなければならない。そして、他の企業と（それ以上ではないにしても）同じレベルの便利さや使いやすさも提供しなければならない。ソーシャル・ビジネスは、ただ親切な人々が誠意を持って運営するだけでは顧客をつかむことは期待できない。ベストになることによって消費者を引き付け、彼らの忠誠心を保持しなければならないのだ。財務的に成功し、そもそもの目的である社会的便益を提供するにはそれしかないのである。

今日の消費財にとって、マーケティングはビジネスの鍵である。これは特にターゲットの大半が子どもであるときにはまさにそうだ。子どもに与える食べ物を選び、買うのは両親である。しかし、もし子どもがその製品を好まなければ、売るものも売れず、ビジネスは行き詰まるだろう。

そういうわけで、私たちのヨーグルトをバングラデシュの子どもにとって人気のあるものにするためのマーケティング計画を立てなければならなかった。アジアを含む全世界で乳製品のマーケティングを行なっているダノンの豊富な経験は重要な役割を果たす。しかしまた、グラミンが持っているバングラデシュ人の文化についての詳細な知識や、全国各地の村落共同体との経済的、社会的な結びつきも、決定的に重要なものであるはずだ。

食品生産を成功させるには、まず製品の調合からだ。ダノンの栄養士は、私たちのヨーグルトに入るべき栄養物を見積もった。彼らが決めたそのヨーグルトは、平均三・五パーセントの乳脂肪を含む純粋な全乳から作られ、そして、ビタミンA（目にいい）、鉄、カルシウム、亜鉛、タンパク質、およびヨウ素（甲状腺機能を維持するのを助ける）が強化されている。また、子どもにとっては、ヨーグルトの中の生きた乳酸菌も非常に良いものである。それが下痢の発生と重篤化を最小限に止めるのを助けるからだ。こういった仕様なら、私たちのヨーグルトは村の子どもたちの健康を改善するという社会的な目標のために役立つだろう。そして彼らにそれを食べさせる説得材料にもなる。

また、ダノンは、ヨーグルトの味が確実に子どもとその母親に気に入られるようにしなければならなかった。ダノンは、試験的なレシピを開発して、味のテストを始めた。彼らはターゲットとする人人から典型的なメンバーを選び――私たちのヨーグルトの熱心な顧客になってほしいボグラ地区の母親たちと子どもたちだ――人々の反応を抽出するために、二〇〇六年春には彼らの家々に研究のチームを送った。

初期の結果はあまりいいものではなかった。強化された成分の中に顕著に「ダメ」な味があったのだ。そこで、ダノンの風味の専門家は、調合の修正に打ち込んだ。イマームス・サルタンは、椰子の木から毎日作られる糖蜜で製品を甘く味付けしたらどうかと提案した。それはバングラデシュ人のデザートに好まれる風味増進料である。世界の大部分では、ダノンのヨーグルトはグローバルな味覚に合うように、甘さ控えめに調合されている。しかし、バングラデシュ人は有名な甘党で、しかも私たちは非常に甘いヨーグルトを食べるのに慣れている。グラミン・ダノン・チームは、ヘルシーさを保ちながらも村の子どもたちを喜ばせることができる甘さのレベルを探して、いくつかのレシピを試した。

また、私たちは製品のコンセプトとパッケージをテストした。健康によい食べ物を子どもに売り出すことについてのグローバルな経験に基づいて、ダノンは、私たちのヨーグルトを売り出すときにも親しみのある動物を使うと、それが魅力的なシンボルになると示唆した。

ダノンの専門家のアドバイスに基づいて、グラミンは子どもたちの間でさまざまな動物の人気調査を進めた。なんと驚いたことに、猿がトップに立った。しかし、私たちはヨーグルトを「ショクティ・ドイ」と命名することを考え続けていた。これは、「パワーのためのヨーグルト」を意味する。それはいい名前だった。ヨーグルトの栄養強化がもたらす恩恵を表現している。しかし、私たちは猿がパワーの良いシンボルであるとは思わなかった。

次に人気のある動物は、虎とライオンだった。虎は、ロイヤル・ベンガル・タイガーの国といわれるバングラデシュでは、非常に人気がある。ロイヤル・ベンガル・タイガーは、世界で最も美しく、珍しいネコ科の種の一つだが、それはバングラデシュですでにある製品のマークとしてすでに使用されていることから、私たちはライオンを選んだ。

そこで、マーケティング・コンセプトを試すために村に研究者たちを送り込んだとき、ライオンの絵と真新しいグラミン・ダノンのロゴが描かれているサンプルのプラスチックカップを持たせてみた。このイメージは、よく知られたダノンの青い文字がグラミンのシンボルである赤と緑の家の形で囲まれているもので、ダノンのロゴが別のロゴの中に組み入れられたのは、世界で初めてのことだった。

研究者は詳細に製品の中身について説明した。ヨーグルトの甘くクリーミーな味と、それが健康に与える恩恵の両方について言及した。母親も子どももこの概念に引きつけられているようだった。彼らは、購入しやすく、栄養を改善するおいしいヨーグルトの軽食というアイデアを気に入った。この好感触により、私たちは正しい軌道の上を歩んでいることを信じることができた。

正式なスタート

二〇〇六年三月、フランク・リブーは、グラミン・ダノンの合弁事業に正式に着手したという了解覚書（ＭＯＵ）にサインするために、そしてそれを発表するためにダッカを訪れた。

ＭＯＵには、プロジェクトの初期資本（合計七五〇〇万タカ、約一一〇万ドル）をダノンとグラミンの四つの会社で半分ずつ出し合うことが明記された。四つの会社とは、グラミン・バイボサ・ビカーシュ（グラミン・ビジネス・プロモーション）、グラミン・カルヤン（グラミン福祉）、グラミン・シャクティ（グラミン・エナジー）、そしてグラミン・テレコムである。グラミン・テレコムはバングラデシュで最大の携帯電話会社グラミン・フォンの株の大部分を所有している非営利企業である。

ＭＯＵには、ダノンとグラミンが力を合わせたその目的についても、きちんと記されていた。

目的

使命——貧しい人々に日々の栄養をもたらすユニークな近接ビジネスによって、貧困を減少させる。

この合弁事業は、ソーシャル・ビジネスの事業として設計・運営され、利害関係者のコミュニティと利益を分かち合うことを目指す。

具体的な目標

貧しい人々への日々の栄養——バングラデシュの低所得者層の消費者が、栄養状態を改善するために、日常的においしくて栄養価の高い食物や飲み物を入手できるようにする（価格の面でも、物理的な面でも）。

より明確には、バングラデシュの子どもたちがよりよい未来を享受できるように、美味しくて栄養価が高い食料品や飲料品を毎日摂取することで、すこやかに成長するのを助ける。

ユニークな近接ビジネスモデル――地方のコミュニティと結びついた製造と流通のモデルを設計する。

貧困を減少させること――次のことによって、地方の下層クラスの人々の経済状態を改善する。

上流では：地元の供給業者（農家）と契約し、彼らの作業を改善することを助ける。
生産：ローコストで労働集約的な製造モデルを通じて地元住民と連絡する。
下流では：流通モデルの中で職の創造に貢献する。

このMOUによって、間違いなくグラミン・ダノンはソーシャル・ビジネスとなる。金銭的利益より社会的便益を最大にするように設計された会社である。また、それは非常に明確に、私たちが貧しい人々をどのように助けるつもりなのかを規定した。エマニュエルは、私たちの戦略をまとめるのに「ユニークな近接ビジネスモデル」という、彼の言葉を使用した。

このMOUは、私たちの合弁事業の他の特徴同様、型破りなものだ。それは、社会的に切望されること（貧しい人々に栄養を与え、貧困を減少させること）と現実のビジネスの詳細とを、ソーシャル・ビジネスの特別な力をとらえるという方法において結びつけているのだ。そして、MOUではビジネスを拡大し、改良するために利益のほとんどすべてを（株主に報酬を与えるのではなく）再投資するというユニークな取り組みについて詳しく説明されているので、グラミン・ダノンが、ダノンの「企業の社会的責任」のためのプロジェクト——それは利益を最大化する企業の慈善的な見せかけのものである——などではなく、ビジネス界ではきわめて新しい何か、すなわちソーシャル・ビジネスの一例であることも明らかだ。

私たちのＭＯＵのこういった特徴が、将来のソーシャル・ビジネスを設計する人たちにとって有用なガイドになることを願っている。

リブーは、先に進みたくていらいらしていた。調印式の後に、彼はダノンの同僚たちにこう尋ねた。

「最初の工場は、いつオープンされる計画なんだ？」

「一年以内には」と、ガイは答えた。

リブーは首を横に振り、「ダメだ、今年中にやるんだ！」と言った。「一一月には開所式のために、ここに戻ってくるぞ！」

私はリブーの言葉がとても好きだった。それは、私のやり方でもある。いったんビジネスのコンセプトがはっきりわかると、先に進めたくて仕方がない。うまくいけば、急速に拡大することができる。もしうまくいかなければ、新しいよりよいプランで修正し、再展開することができるのだ。

リブーが開所日を設定したので、全員が忙しくなった。六月までに私たちのプランはうまく進んだのだが、まだ一〇〇個もの詳細事項を取り決めなければならなかった。エマニュエルは残りの緊急課題のリストを私に書き送ってきた。

一つは、工場を建てようとしている土地の購入だった。購入はまだ本決まりではなかったのだ。価格の問題が行き詰まって、交渉は遅れていた。有名な多国籍企業が購入に関わることを知った地主が、できるだけ高く売ろうと決め込んでいるのは明らかだった。建設計画はすでに終わっており、後は着工するだけとなっていたので、土地の譲渡証明書さえ得られれば、建設作業は迅速に進むだろう。しかし、このような短期間にビルの建設を始めて終えるには、できるだけ早く土地の正式な所有権を得なくてはならない。

別の課題は私たちの製品を地方に配送するための綿密な計画を立てることだった。フランスの有名なビジネススクール、HECの学生チームの助けで、販売・マーケティングのマネジャーは、地方の消費市場（村々）について、半径二五キロ内のエリアの地図を作る必要があった。ヨーグルト配送のために一〇〇カ所ほどの拠点を選び、ヨーグルトを販売する店を選び、家々へと製品を配達させるつもりの「グラミン・ダノン・レディー」を募集する準備をしなくてはならなかった。できるだけ早く始める必要がある課題でいっぱいだ。

また、私たちは、新しいチャンスを利用するために、すばやく動く必要があった。ジュネーブに本部を置く、「栄養向上のためのグローバル同盟（GAIN）」は、世界中の貧しい人々によりよい食べ物をもたらすために多くのことをしている組織である。二月に、ダノンはGAINのビジネス・サポーターとなり、フランク・リブーは、GAINの役員になった。フランクからバングラデシュのグラミン・ダノンについて学んだＧＡＩＮは、グラミン・ダノンを支援する用意があると表明した。

ＧＡＩＮは多くの領域でその専門的技術を提供するだろう。栄養の効能についての消費者へのメッセージを、より正確に、理解しやすく、魅力的なものにする手助けをしてくれるだろう。「栄養マーケティング」に使うツール（リーフレットやポスターなど）のデザインに助言し、製品を配達するグラミン・レディーたちのトレーニングを支援してくれるだろう。おそらく最も重要なのは、ＧＡＩＮの専門家たちがショクティ・ドイの消費者が享受した健康への効果を測定するために、最高の科学的手順にしたがって詳細な追跡調査を行なうであろうことだ。

これらすべてが、私たちが社会的目標を達成するうえで非常に貴重なものになるだろう。しかし、私たちがＧＡＩＮとともに働く手順を迅速に練り上げなければ、その恩恵にもあずかれない。もしグラミン・ダノンが長いこと地位を確立している企業であったなら、私たちはその仕事を単に担当のスタッフに渡しただけだったかもしれない。しかし、私たちは課題が持ち上がるたびになんとかこなす方法を探り、文字通り日ごとにビジネスを創り出しながら、大忙しで働いていたのだ。

春が夏になり、すべてを完了させるための時間はちょうど六カ月しか残されていなかった。

7　カップ一杯のヨーグルトが世界を救う

二〇〇七年二月上旬のある午後、ダノンのガイ・ゲーブルとグラミンのイマームス・サルタンは、ボグラ地区からやってきた、サリーをまとった六〇人の女性たちに会った。そこは、地元の学校の校庭にあるトタン屋根の小さなクラブハウス、一種の文化センターのようなところだった。壁には、ラビンドラナート・タゴールの肖像が掛けられていた。タゴールは一九一三年にノーベル賞を受賞した詩人で、祖国の文化遺産の誇り高きシンボルである。天井は笹で編んだ伝統的なマットで作られていた。コードの先にぶら下がった二つの裸電球が、光を放っていた。女性たちは、何人かは小さい子どもを膝の上に抱きかかえて、成型プラスチックの椅子を並べて座っていた。ガイとサルタンは、マイクが置かれた無垢材のテーブルの後ろで、彼女たちと向かい合っていた。壁には縦が約一八〇センチある、カラフルな青いシルクスクリーンのポスターが貼られ、筋肉隆々のライオンがにやりと笑っていた。そのライオンは、グラミン・ダノンの合弁事業の最初の製品である「パワーのためのヨーグルト」、ショクティ・ドイのシンボルだ。

このワークショップは、私たちの新しいソーシャル・ビジネスの会社の重要な構成要素だった。そこにいる女性たちはグラミン・レディーで、グラミン・ダノンのために最初の流通ネットワークを形成することになる。彼女たちは友人や隣人への戸別訪問を通じて、あるいは小さい食料品店や雑貨店のカウンタの向こう側から、カップ入りのヨーグルトを販売するだろう。そういった店はバングラデシュ中の何千という村にあり、住人たちに品物を供給している。最も重要なのは、女性たちが製品のターゲットである、まさに典型的なバングラデシュ人の母親だということだった。もし彼女らがショクティ・ドイの栄養価と見込める売上に納得すれば、彼女たちは製品の有能な販売員になるだろう。そして、ビジネスは幸先のよいスタートを切るだろう。

会社の暫定的な社長であるイマームス・サルタンと、ダノン乳業のアジア太平洋地域の産業ディレクターであるガイ・ゲーブルは、一時間かそれ以上の時間をかけて話をした。彼らはショクティ・ドイがバングラデシュの、特に子どもたちすべての常食の一部になるべき理由について詳細に説明したのだ。

「これは非常に健康に良い食物なのです」と、ガイは説明した。「子どもが丈夫になるために必要なタンパク質、鉄、ビタミンA、その他の成分で栄養価を高めています。そしてこれは生きた食べ物なのです。ヨーグルトには、胃の中で悪玉菌と戦う善玉菌が含まれています。その菌が、子どもたちの下痢を予防するのを助けてくれるのです。もし子どもたちが病気になったとしても、重くはならず、早く回復するでしょう」ガイがフランス訛りの英語で要点を押さえ、サルタンがそれをベンガル語に訳していった。女性たちは一心に耳を傾け、多くが前に身を乗り出して、中にはサルタンの話しにうなずいたり、静かに意見を言ったりする人もいた。

また、ショクティ・ドイを販売するグラミン・ダノンの販売員の最初のグループに対しても、ガイはアドバイスを行なった。「この製品がどう作られているかについて、少し知っておく必要があります。ヨーグルトの培養菌を体温とだいたい同じ三八度に温めた牛乳の中に入れて、約八時間そのまま置いておきます。これで牛乳はヨーグルトに変わります。私たちはその過程で酸性レベルをチェックします。そのレベルがちょうどよくなったら、私たちは発酵を止めるために、ちょうど四度になるように急速にヨーグルトを冷やすのです。

これが意味するのは、つまり、あなたが製品の供給を受けた後は、ヨーグルトは冷えたままに保っておく必要があるということです。冷蔵庫を持っていたら、そこに入れてください。なければ他の冷えた場所に格納してください。戸別に販売しに行くときには、支給する保冷用の青いバッグで供給品を運んでください。このようにすれば、ヨーグルトは工場から出荷されるときと同じままの状態でしょう。もし、その温度が上がり、二〇度を超えてそれ以上になってしまうと、菌が再び増殖を始めます。そうなると酸性レベルが上がり、子どもはその味が好きでなくなってしまうでしょう。私たちはそうなってほしくないんです！　わかりますか？」

部屋中の頭がすべてうなずいた。

「味について、ちょっと話させてください」と、ガイは続けた。「私たちは世界中の五〇の国でダノン・ヨーグルトを作っています。そのヨーグルトに砂糖を加えることはほとんどありません。ところがここバングラデシュでは、少量の砂糖を製品に加えています。なぜだと思いますか？　風味テストで、みなさんやお子さんたちがそちらのほうが好きなことがわかったからです。みなさんは甘いヨーグルトに慣れています。そこで私たちは、みなさんの好みに合うようにヨーグルトを作りました。でも、それほど甘くはありません。カップの中にはほんの少しの砂糖しか入れていないんです。地方の市場で売られているミシュティ・ドイよりも少ない量です。これはみなさんのお子さんたちにとってはよいことなんです。ヨーグルトを出しても、どうぞそこにそれ以上砂糖を加えないでください！あまり甘くないものを食べるのを覚えることは、お子さんたちにとってもより健康にいいことなのです。

そして、ヨーグルトを販売するときについて。最初は、販売に行くときにはあまりにたくさんのヨーグルトを運ばないでください。みなさんのケースの中に五〇カップ入ると仮定してください。二〇カップしか売れないということも起こるかもしれません。そのとき他の三〇カップは、次第に温まり、酸性度が上がって良い風味を損なうことになるでしょう。一日か二日経ってからそれらを販売して、お客様がそれを食べれば、こう言うでしょう、〝このヨーグルトはおかしな味がする〟と。そうなると、彼らは二度と買うことがなくなります。

そうではなくて、ただ二〇カップを運んで、二〇カップすべてを売り切ってしまうことです。もしもっと多くの人が買いたがったら、翌日にはもっとたくさんヨーグルトを持ってくるからと彼らに言ってください。お客様に一日や二日、製品が届くのを待ってもらうほうが、悪い製品を販売するよりもましです。お客様が待ってくれれば、みなさんはそのヨーグルトの素晴らしさにもっと感謝するようになるでしょう。でも、腐ったヨーグルトを販売すれば、みなさんはお客様を失い、みなさん自身の仕事さえ失ってしまうんです！」部屋中の女性が、首を縦に振っていた。

最後の励ましのための時間になった。

「覚えておいてください」ガイは言った。「みなさんが一カップのショクティ・ドイを販売するとき、みなさんは多くの良い行ないをしているのだということを。みなさんは自分と家族のためにお金を稼いでいます。みなさんはお子さんたちに栄養を提供しています。みなさんは、牛乳を私たちに販売してくれる農家の人たちのためになる仕事をしています。みなさんは私たちの工場で働く労働者のためになる仕事をしています。そして、みなさんはこのビジネスを発展させるのに役立っています。ここ、ボグラで成功したら、私たちはバングラデシュのほかのどこかに、また別の工場を建設するつもりです。そして、次、また次と続くのです」

そして、イマームス・サルタンが椅子から立ち上がった。彼は眼鏡をかけた内気で温厚な男である。しかし、彼は経験豊富なグラミンの働き手であり、グラミン銀行で働いた経験から、グラミン・レディーが私たちの製品を販売することについて、よく理解していた。

サルタンは数分間、ベンガル語で話した。この新しいソーシャル・ビジネスがもたらす利益についてグラミン・レディーたちのために、生き生きとしたビジョンを掲げてみせた。彼はショクティ・ドイの健康に対する効果についても要約し、その日彼らは先んじてヨーグルトの栄養的効果について説明した医師の言葉を女性たちに思い出させた。彼はグラミン・ダノン合弁企業から収入を得ている地元の供給業者のネットワークについても話した。グラミン・レディーの中にも、牛乳を工場に販売する小さな酪農場を経営している人もいる。それから、ヨーグルト販売ビジネスの可能性についても話をした。手数料は一カップあたり一・五タカ。これにより、家族の所得を毎月いくらか、あるいは数百タカ単位で増やすことも可能だろう、という。

グラミン・レディーたちは非常に関心を持ったようだった。

「質問がある人は?」大勢の手が挙がった。ひとりずつ、部屋の中の女性たちは、疑念や疑問を解決するために立ち上がった。ガイとサルタンはそれらにひとつずつ答えていった。

小さな議論として、ヨーグルトを食べるためのスプーンはどうするのかという問題が吹き出した。村の女性の中には、特に家から離れたところで食事するときには、使えるスプーンがないことについて心配していた人もいた。顧客はヨーグルトを手ですくって食べなければならないのだろうか? サルタンは、ヨーグルトは飲むことができるほど柔らかく、カップから直接口にすることができると指摘した。さらなる議論の後、グラミン・ダノンが一本〇・五タカで、小さなプラスチックのスプーンを工場で作ることが承認された。グラミン・レディーが一回りするときにスプーンも一緒に持ち運べば、ヨーグルトをすぐに食べたい人は、スプーンを購入することができる。

最後に、一人の女性が立ち上がって賛意を述べた。

「私たちにはみな、このヨーグルトを味わうチャンスがありました」と、彼女は言った。「私たちはこれが好きです。少し甘いけれど、甘すぎることはありません。良い味です。先週、私はサンプルをいくつかいただき村に持って帰りました。お友だちにそれをあげたんです。すると、全員が美味しいと言ったんですが、一人だけ甘さが足りないと言ったお子さんがいました。でも、次の日には、その子が、もっともらえないの？　と言ってきましたよ」部屋中が笑いではち切れんばかりだった。「これは人気商品になりますよ」と、彼女は結論づけ、座った。

スーパーヒーローによる、ビジネスのキックオフ

そのグラミン・レディーたちとの二〇〇七年二月のワークショップまでには、新しいグラミン・ダノンの合弁事業は、ほとんどフル操業の準備が出来ていた。六カ月前には、重要な細かい問題が山積していたのを思えば、これはまさに驚くべきことである。振り返ってみても、私たちがそんな短期間にとても多くのことを達成したとはにわかに信じがたかった。

二〇〇六年六月の上旬には、私たちは工場の土地を買う交渉で、泥沼にはまっていた。多国籍企業に土地を売って巨額の利益を得ることを夢にみて、一人の地主が法外な金額を要求し続けていたのだ。私たちは、ボグラの外れに代替地を見つけることで、最終的にその行き詰まりを打破した。そこは約一万八〇〇〇平方メートルあり、私たちが工場に必要としていたものよりかなり広かったが、その土

地全体を、一五〇〇万タカ（二〇万ドルあまり）で購入することを決めた。

実際には、そのうちの二〇〇〇平方メートル分だけグラミン・ダノンの合弁事業が代価を支払った。残りはグラミン・グループが購入した。私たちのソーシャル・ビジネスの一つを行なう場所として、その余分な土地を利用することを計画している。それは、富裕な人々には市場価格で、貧しい人々には格安で白内障手術を行なう病院だ。

代替地を見つけてからは、すばやく動くことができた。実際、起工式を七月一四日に行ない、一一月までには工場の敷地での主要な工事を終えたほどだった。

また、私たちにはGAINとともに働くための計画を立てる必要もあった。GAINはスイスに本拠地を置く栄養推進組織で、私たちがプログラムを開発し、テストし、その正当性を立証するのを手助けしようとしていた。これもうまくいった。六月と七月に、ベランジェール・マガリノスさんという、GAINの投資・パートナーシッププログラムのマネジャーの女性が、専門家チームを率いてバングラデシュを訪れ、栄養プログラムについて私たちと一緒に働いた。特に、彼女らは何がショクティ・ドイを買いたくさせるのか、あるいは何が購買意欲を妨げるのかを理解するために、より多くの消費者調査に取り組んだ。また、私たちがヨーグルトの健康効果をグラミン・レディーに教えるために作った訓練教材や、幼い子どもたちがその効果を最大限に受けるようにする最も良い方法を検討し、改善のアドバイスをしてくれた。

私たちはそのとき、ボグラの周辺の子どもたちにヨーグルトを食べさせる効果的な方法を開発したと確信していた。そのうえ、私たちの製品が市場に出てから一年間は、ＧＡＩＮが栄養の効果についての調査を行なってくれることになった。

これは重要なことだ。私たちには、グラミン・ダノンの介入の結果、地元の子どもたちが享受した健康効果について、科学的な用語を使って具体的に記録する必要があった。ソーシャル・ビジネスは、創り出した社会的便益を正確に測定し、報告することに勤勉でなければならない。これは、会社とそのパートナーが使った時間、お金、その他のリソース、そしてすべてのきつい仕事と投資がうまくいったかどうかについて、会社に伝えることになる。その結果次第で、マネジャーは、将来、さらに良い結果を求めて努力を拡大するか、あるいはビジネスを再設計するかを決めることになるのだ。

フランク・リブーはダノンの最高経営責任者として、私たちの作る新しいグラミン・ダノンのヨーグルト製造工場の開所式のために、一一月に二度目となるバングラデシュ訪問をした。春、夏の間の猛烈な計画、直感的な対応、そしてハードワークで、ガイ・ゲーブルが言うところの「気がきいた」、しかし効率のいい工場のビジョンを現実のものにした。

ちょうど七〇〇平方メートルを占有するボグラ工場は、きらめく最先端の設備を特徴としている。ステンレス製の牛乳取入口のパイプ。ヨーグルトを温め、冷蔵するための傷ひとつないタンク。小さいカップの列が形成され、ヨーグルトで満たされて、ラベルを貼られるコンベアライン。そして、準備ができた製品を格納するための冷蔵室。また、多くの特徴が工場を本当に環境に優しいものにしていた。上下水道の水処理設備があり、使う水と同様に環境に戻す水もまた確実に清潔で安全なものにされた。再生可能エネルギーを発生させるための太陽パネルもあった。

ガイ・ゲーブルは、ボグラ工場を設計し、建設したことが、ダノンでの彼の数十年にわたるキャリアの中で最も豊かな学習体験の一つであると言う。実際、彼はバングラデシュの他の地域ではボグラでかかった費用よりも二〇～三〇パーセントは抑え目の費用で、もっと生産能力が高い二番目、三番目のヨーグルト工場を建設できるだろうと予測している。

前回三月にやってきたとき、リブーは私に尋ねた。「バングラデシュで誰もが知っているフランスの有名人はいますか？　誰か、私たちの新しいベンチャーを宣伝する助けになるような人がいいんだが……」

バングラデシュの村人たちは、フランスについてあまり知らない。私は、映画スターやファッションモデル、政治的指導者について考えてみたが、いい人が思い浮かばなかった。私が迷っているのを見て、リブーは、「スポーツ選手ならどうだろう？」と尋ねた。「バングラデシュ人はサッカーが好きですか？」

「もちろん！」私は即答した。「みんな夢中です。ワールドカップ大会が行なわれているときにダッカに来てみてください。バングラデシュではみんなそれぞれにひいきのチームがあるんです。ダッカの空を見れば、屋根の上の何千もの国旗が目に入りますよ。ブラジル、アルゼンチン、ドイツ、フランス、イタリア、スペイン。農村地域では、あらゆる村が、それぞれ独自のひいきのチームを持っています。その国がいったいどこにあるのかは知らなくても、彼らはすべての選手の名前を知っています」

「もしかして、ジネディーヌ・ジダンは、バングラデシュで人気がある選手ですか?」リブーは尋ねた。

「何ですって? ジネディーヌ・ジダン!?」と、私は叫んだ。「彼はすべてのバングラデシュ人の、そして最も辺鄙な村に住んでいる人々にとってもスーパーヒーローです。もし彼がバングラデシュに来ることになれば、国中の警察官が、ファンから彼を守るために配備されなければならなくなるでしょう」

リブーは満面の笑みをたたえていた。「ジダンは友だちなんですよ。彼に頼んでみましょう。彼はきっと来ると思いますよ!」彼の声には自信があふれていた。

私はまったく自分の耳を疑った。グラミン・ダノンの立ち上げのために、ジダンがバングラデシュに来る? 国中が大変なことになる!

グラミン・ダノンチームはニュースで衝撃を与えた。新聞は大胆な見出しの記事を掲載した。「ジダンがバングラデシュにやってくる!」

(二〇〇六年七月のワールドカップ決勝戦で、彼の世代の最も偉大なサッカー選手であると考えられていたジダンはさらに有名になった。相手チーム選手からの侮辱に対して頭突きで応え、退場になったのだ。でもバングラデシュのサッカーファンの間では、ジダンの人気がかすむことはなかった)

ジダンは一一月にやってきた。リブーや彼の仕事上の同僚たちとともに、そして好奇心の強いフランス人ジャーナリストたちを引き連れて。彼らの訪問は一大センセーションを巻き起こした。

ジダンはグラミン銀行の支店の借り手たちに会うために、ガジプールのバション村を訪れた。彼にマイクロクレジットについて知ってもらうためだった。ダッカからバションまでの道路には、多くの人々が立ち並んだ。ジダンに同伴する車のキャラバンが道路にやってくると、数千人が声を揃えて歌う、雷のような音しか聞こえなくなった。「ジダン！　ジダン！　ジダン！」

彼は地元の学童のグループとサッカーをして、村人たちを興奮させた。ゲームを見た子どもたちと村人たちには、決して忘れられない経験になったと確信している。その後、ジダンはダッカの満員のスタジアムで、一六歳以下の少年たちによる二つのチームに加わって、彼の特徴ある動きを披露した。群衆は興奮し、歓声を上げ、彼の名前を呼んだ。

ジダンは大理石の板に彼のサインを書いて訪問を終えた。これはボグラのグラミン・ダノン工場の礎石になる。それは世界で最も大きな会社の一つででもなければできないであろう、ブランドの素晴らしい立ち上げとなった。

ジダンは最後にバングラデシュの大統領に会って、彼の心に強い印象を与えたバングラデシュの子どもたちに会うために再び戻ってくることを約束したのだった。

会社にとっての「勝利」と貧しい人々にとっての「勝利」

ジダン訪問のすぐ後に、私たちは、栄養強化ヨーグルトの最初のテストバッチを味わった。それはとても美味しく、バングラデシュの田舎ではポピュラーなナツメヤシの木のジュースから作る糖蜜でユニークな甘味が付けられていた。二〇〇七年一月に、ショクティ・ドイの最初の製品が製造ラインを転がった。ライオンが筋肉を見せびらかす（ヨーグルトが栄養価を高めることを示している）イラストで飾られた魅力的なプラスチック製のカップに入れられてパッケージされた。八〇グラムのカップは、五タカ。ちょうど現在の為替レートなら七セント相当だ。自分でカップを工場に持って来れば、同じ五タカの価格で九〇グラム買うことができる。

子どもたちにより良い栄養を与えることは、グラミン・ダノンの企業精神の主要な社会的使命である。そしてGAINの調査を通して、私たちの使命の成功の度合も監視されている。だが栄養だけが私たちが希求している社会的便益ではない。私たちのビジネスプランではコミュニティに対するその他のいくつかの便益も念頭に置かれている。

地域に根ざした販売や販売ネットワークといったビジネスの下流でもそれらの便益を見ることができる。ダノンの乳製品工場といえば、きらめくトラックが国中の貯蔵場所やスーパーマーケットに大きな荷物を運ぶのを想像するかもしれない。ボグラのシステムはそんなふうには作動していない。配達するのは田舎の村の人々、グラミン銀行の借り手であり、個人事業を始めるためにすでにマイクロローンを利用している女性たちだ。今では彼女たちはグラミン・ダノンヨーグルトの販売代理業を自分たちの毎日の仕事に加えている。

二〇〇六年春、この取り決めについて電子メールで最初にダノンに提案したとき、私はこんなふうに書いた。

グラミン・レディーを雇うことで、たくさんのビジネスが起こされ、社会的便益が享受されることでしょう。すでに存在していて、より多くのチャンスを待っている、この企業家たちのよく統制されたコミュニティを利用できるのです。

グラミンの借り手の家族の読み書きのできる子どもたちも、この新しいビジネスに関わることができます。

グラミンはこの目的のためにグラミンの借り手の家族に対して融資を行なうことができます。これによってある程度、プロジェクトの支出は減り、リスクも小さくなるでしょう。

もし卸売業者と小売業者という二段階の配送の必要があれば、グラミンの借り手はどちらの段階にも関わることができます。

エマニュエルと他のダノンチームは、私の予想に同意した。そして、現在、私たちはまさに私が提案したそのプランにしたがっている。これは私がこの章の初めに記した、グラミン・レディーのためのワークショップにつながった。

サプライ・チェーンの上流側でも、同様のアプローチが取られている。そこでは私たちは供給者として現地の人を使っている。牛乳は一頭、あるいは二、三頭の牛を飼っている村の農家から私たちの工場に届けられる。その他の成分――主に砂糖や糖密――も、やはりバングラデシュの田舎からのものだ。工場の従業員のうち二〇人ほどは地元の人だ（建設段階ではダノンのアドバイザーがいたが、工場が操業を始めてからは純粋にバングラデシュ人が運営している）。このように、私たちのビジネスは直接、その地方の、そして国民の経済を支えることになる。

グラミン・ダノン工場への牛乳供給を体系化することは、それ自体、挑戦であった。バングラデシュの牛乳市場の九〇パーセントは非公式な基盤で動いているからだ。他の牛乳の購入者と競争になることを避けるために、グラミン・ダノンは、一連の小規模農場（マイクロファーム）を開発することを選択した。これらの一部はグラミン銀行のマイクロクレジットで融資されている。

これらのマイクロファームを所有している村人たちは、さらに多くの牛を買うために借りたお金を使うだろう。彼らは生産した牛乳をグラミン・ダノンに売る。その見返りとして、会社は年間を通じて彼らに一定の価格を保証する。他のグラミン会社も関わる。グラミン農業財団はボグラ地区で、ダノンの専門家と共同で牛乳の生産を組織化し、改善している。私たちは牛の品種改良、乳質の向上、有機肥料とバイオガスの生産を含む農場改良に関する包括的なデザインを用いている。また、グラミンの再生可能なエネルギー会社（グラミン・シャクティ）も、やはり関わることになるだろう。彼らは、有機肥料や料理や明かりのためのバイオガスを作るバイオ消化槽の設置を進めている。そうすれば、グラミン・ダノンの主要な供給業者である小さな酪農業者たちが、さらに自己持続型になるのを支援できる。

地方のコミュニティ——特にグラミン銀行の借り手たちからなる、すでに存在しているコミュニティ——に対するそういった働きかけは、グラミン・ダノンをソーシャル・ビジネスたらしめる重要な要素である。ヨーグルト工場の存在は、直接的、間接的に地域経済を潤し、多くの家族にとって何重ものポジティブな効果をもたらしている。私たちがグラミン・ダノンの使命について「毎日必要な栄養を貧しい人々にもたらすユニークな近接ビジネスモデルによって、貧困を減少させる」と記すのは、こういうわけなのである。

グラミン・ダノンの工場はどこか遠方の巨大企業ではない。それは、コミュニティの友人であり、社会的生態系に不可欠な、そしてごく自然な一部分なのである。

また、私たちのコミュニティの供給プログラムとコミュニティの配送プログラムは、財務的な観点から見てもビジネスに思える。たとえば、新製品を売り込み、宣伝することにおいて、グラミン・レディーたちよりも有能なマーケターや営業マンの集団は想像しにくい。グラミン・レディーたちは彼女たち自身が、ターゲットとなる顧客（村に住む家族、特に小さい子どものいる親）の基盤の一部だからだ。彼女たちはコミュニティではよく知られたメンバーでもある。彼女たちは潜在的顧客と彼らが気に入りそうなものを知っている。そのうえ、彼女たちはすでに、家畜や乳牛の飼育、工芸品の生産、サービス、食物販売といった別のビジネスを通じて顧客たちと日々身近に接しているのだ。

牛乳を供給する地元の酪農業者に関しては、これもやはり社会改善の一端であると同時に、優れたビジネス戦略である。グラミン・ダノンの原価構造において、牛乳の価格は大きな部分を占める。私たちが二〇〇六年秋にカップ一杯のヨーグルトの価格を初めて試験的に決めたときには、バングラデシュの牛乳の卸売市場価格は一リットルあたり一四～一六タカ（二〇～二五セント相当）であった。グラミン・ダノンが営業を開始して需要を押し上げたときには、その価格は二〇～二二タカ（三〇～三五セント）まで値上がりした。これは私たちのわずかな利幅においては非常に大きな違いである。

グラミン・ダノンの将来の経営者たちがそういった価格の変動に常に対処し続けなければならないことが明らかになった。これは、地元の酪農生産が恩恵を受けている証拠だ。生産物を私たちに販売する契約を結んだ地元の農業者たちの専用組合を持っておけば、私たちは短期的な価格の変動から、ある程度保護されるだろう。それはまたもちろん、農家を助けることにもなる。地方や国で価格が下落したときでさえ、グラミン・ダノンは経済的打撃から彼らを守りつつ、彼らが目下の必要を満たすうえであてにできる相手であり続けるだろう。

私たちの現在のプランは、ボグラ工場が初年度に、毎日三トンのヨーグルトを生産することだ。それは三年目までに一〇トンまで増えるだろう。

慎重に計画されているかぎり、ソーシャル・ビジネスは非常に堅実なビジネスとなりうる。ちょうどビジネスがコミュニティを助けるように、コミュニティもビジネスを助けてくれる。家族や個人をより上のレベルの経済にまで押し上げながら、ビジネスもコミュニティも一緒に成長し、繁栄することができるのだ。

食べられるカップ？

グラミン・ダノンは立ち止まることなどないだろう。私たちは、製品を改良し、バングラデシュの人々への利益のためにさらなる道を探っている。

小さいが、おもしろい例を紹介しよう。まさに初めの段階から、私たちはヨーグルトを販売するための生物分解性物質でできたカップを探していた。通常、それはプラスチック製のカップに入って販売されているのだが、それは生物分解性物質ではない。そしてゴミ処理の問題はさらに大きくなっている。そこでプロジェクトの初期段階に、グラミン・ダノンはヨーグルト用に最初の「環境に優しい」容器を開発しようと動き始めた。

二〇〇六年の半ばまでには、ガイ・ゲーブルと彼の技術チームは、中国で供給業者候補を探し当てていた。コーンスターチから生物分解性物質カップを作るという会社である。ダノンの代表が中国の工場を訪問し、報告を持ち帰った。それによれば、「キログラムあたりの材料費はプラスチックより高いが、一カップあたりの重さはプラスチックよりもかなり軽い。つまり、全体の倹約で考えるか、私たちの今の計画で考えるか、ということになるだろう」（より軽いパッケージのほうが、必要な材料が少なくてすむことから製造上も、また輸送の際にも資金を節約することができる）。

私たちは二〇〇七年三月にショクティ・ドイ用の新しいコーンスターチ容器を導入した。ボグラ工場には、使い終わった容器を再利用するための特別な場所が確保された。それは小さな穴で、その中にコーンスターチカップを入れると、そこで自然に圧力と熱が蓄積され、ナチュラルで栄養分豊富な肥料向きの物質に変えられるのだ。多くの庭師や農業者たちが自分の土地に持っている堆肥の山のようなものだ。

コーンスターチカップはショクティ・ドイを環境に優しいパッケージに変えた大きなステップであった。しかし、私はまだ満足していない！　食べられるカップを見つけたいと思っているのだ。子どもたちがそこからヨーグルトをすくった後、完全に食べてしまえるものがいい（アイスクリームをどのように食べるか考えてみてほしい。アイスクリームの次にはコーンそのものも食べられるではないか）。

そのカップは、さらなる栄養分を提供する。そして、ゴミ処理の問題は完全に解決され、リサイクルも不要だ。誰もが利益を得るのだ。

もちろん、食用のカップにはあらゆる食品容器に備わっているすべての特性がなければならない。積み重ねることが可能で、強く、軽量で、魅力的なものでなければだめだ。それは出荷や、温度変化にも耐えなければならない。ラベルや成分表その他の情報を印刷することができなければならない。これは不可能に聞こえるだろうか？　この瞬間には、そうかもしれない。しかし、ダノンの研究者たちは、この問題に取り組んでいる。私は彼らが解決策を提案すると信じている。願わくば近いうちに、バングラデシュは食べられる食品容器のパイオニアになってほしい。これが食品包装のトレンドと標準にならないともかぎらないではないか。

経済活動に意味をもたらすこと

二〇〇六年一〇月に、ノルウェーのノーベル平和賞委員会は、グラミン銀行と私がその年のノーベル平和賞をともに受賞することを発表した。ご想像のとおり、私のところにはお祝いの電話や電子メール、また、州の代表、政府の代表、学術団体、マイクロクレジット団体、そして多くの支援者の方々からの公式な祝辞が、洪水のように届いた。また、私は世界中の友人や同僚から、手書きの手紙も受け取った。

これらのメッセージの中に、ダノン・グループの取締役会からの正式な声明があった。グラミンと私たちの仕事に関するお世辞含みのコメントの中で、取締役会は、私がノーベル賞の賞金の半分をソーシャル・ビジネスに投資すると発表したことに注目していた。取締役会は、私がどのようなソーシャル・ビジネスに投資することにしようと、ダノンはそれに同額の投資をさせてもらうつもりだと述べていた。

また、私は上海のエマニュエル・ファベルのオフィスからも、より個人的なメッセージを受け取った。

ユヌス様

いま、あなたの人生において最も長い一日が終わろうとしているに違いありません……そして、あなたにはとても多くのメールが届いているでしょうから、このメールを見つけることができないかもしれませんね！

私は、あなたがまさに一年前の昨日、リブーに会ったことにふと気がつきました。この一年間で、あなたは私たちの会社人生を変えました。そして、あなたのビジョンと熱意のおかげで、私たちは多国籍企業によるビジネスの方法をわずかでも変えることができるかもしれません（月曜日に役員会議があるので、そこで私たちはソーシャル・ビジネスへの新しいアプローチについて議論するつもりです）。

私たちのビジネスライフに意味をもたらしてくれたことに、感謝の気持ちは尽きません。

エマニュエル

この手紙は、私にとっては特別な意義があった。ソーシャル・ビジネスから人々が得られるとてつもなく大きな満足について私が言い続けてきたことは、すべて、今では実を結びつつある。まさに言わんとしていることが『フォーチュン』誌のシェリ・プラッソ記者による記事の見出しの中にあった。「カップ一杯のヨーグルトが世界を救う」と。また、このアイデアは多くのダノンの職員のものになった。彼らは、ダノン・グループの従業員たちはグラミン・ダノンの合弁事業が彼らのビジネスにおいて特に重要な部分であることがわかったと私に言ってきた。彼らは関心を持ってその経過を見守り、いつも仲間うちでそれについて意見を交わし、公の場で自社について語るときには、プライドを持って頻繁にそれに言及するのである。

小さな一〇〇万ドル規模のビジネスが、一六〇億ドル企業の中でそのような役割を果たすというのは、まさに驚くべきことである。人間の根深い特性の一つは、他の人々のために良い行ないをしたいという願望だ。それは既存のビジネスでは完全に無視される人間性の一つである。ソーシャル・ビジネスはこの人間の渇望を満たす。だから人々は惹きつけられるのだ。

ソーシャル・ビジネスが現実の世界で重要な足掛かりを築くことはない、と主張する人に私は同意できない。人々にソーシャル・ビジネスの考えを向けたときに見られる反応を見れば、私はソーシャル・ビジネスがすぐに根づき、ビジネスの世界で花開くと確信している。人々は人生の意味を求めているのだ。それは私たちの世界をよりよい場所にするために、あなたが本分を尽くしているということを知ることからのみ得られる意味なのである。

ソーシャル・ビジネスはこの「意味」を提供する。だから人々は応じるのだ。

第三部　貧困のない世界

8　広がりゆく市場

一九八〇年代後半以来、私は「社会的な意識で動く企業」について、書いたり話したりしてきた。そして、常に非常に明確な社会的目的を持った、営利企業と非営利企業を創設してきた。計画には、私個人の利益への願望などこれっぽっちも含まれていない。私だけが一人で所有する、利益のための企業は作っていない。社会的目的こそが、私を動かし、企業を設立させるのである。

世界中を旅して人々と話すことで、私だけがこのように感じる唯一の人間ではないことを知るようになった。私は、そういう事業体が経済システムによって認識されたなら、多くの人々が社会的な目的を持つ会社を創設したがることを確信している。このような人間の基本的な衝動に対応することができないのが、今の経済システムの最も大きな失敗なのである。

この数年間をかけて、私は自らのソーシャル・ビジネスについての考えをより明確に形にできたので、話せる場所ならどこででもそれについて話すようになった。ラジオやテレビ、新聞のインタビュー、世界経済フォーラムでのセッション、建設的な投資の方法を探している純資産をたくさん持った人々の私的な集会、スコール財団がオックスフォード大学のサイード・ビジネススクールで行なった社会企業家のためのカンファレンスのような集会でも、私はソーシャル・ビジネスについて論じた。

同時に私は、具体的なやり方で私の考えを示すために、現実のソーシャル・ビジネスを創設することが重要だとわかった。そこからソーシャル・ビジネスとして一連の眼科病院を設立するという私たちの決定は導かれたのだ。二〇〇五年、四つのグラミン会社——グラミン・バイボサ・ビカーシュ、グラミン・カルヤン、グラミン・シャクティ、そしてグラミン・テレコム——は、ソーシャル・ビジネスの投資家への第一歩を踏み出した。

この新しいビジネスを管理するために、私たちは二つの組織を創設した。グラミン・ヘルスケア・トラスト（ＧＨＴ）は非営利企業で、グラミン・ヘルスケア・サービス（ＧＨＳ）は営利目的の会社である。ＧＨＴには寄付者と投資家の資金が集められる一方、ＧＨＳにはグラミン企業が直接投資している。ＧＨＴは、追加の病院のプロジェクトを始めるときに順番にＧＨＳに資金を供給している。

毎月、世界からの何十人もの若者たちが私たちのもとを訪れる。このベンチャーの計画が具体化しつつあったとき、トム・ベバンとミラ・サンドがやってきた。彼らは、イギリスのリバプール・パフォーミング・アーツ（ＬＩＰＡ）の作詞作曲のクラスで出会い、音楽グループ、グリーン・チルドレンを設立していた。それは彼らの胸躍るポップミュージックのキャリアの基になった。リードシンガーのミラはノルウェー出身、トムは彼女の作詞作曲とピアニストのパートナーで、イギリス出身だ。

トムとミラは二〇〇六年にグラミン銀行を訪問したとき、バングラデシュの田園と人々に心を奪われた。そこからインスピレーションを得て、トムは「Hear Me Now（さあ、私の声を聞いて）」という曲を書いた。それは、バングラデシュ人の村で一緒に過ごしたグラミン銀行の借り手たちの物語を歌ったものである。彼らは、その年の暮れに、その歌のミュージックビデオを作るため、二度目の訪問をした。そのビデオはＹｏｕＴｕｂｅなどで視聴することができる。

トムとミラはソーシャル・ビジネスの考えにも、好奇心をそそられるようになった。ミラは彼女自身で持っているグリーン・チルドレン財団の基金から、最初の眼科病院建設にかかる費用の全額を、ＧＨＴに寄付することを決めた。またミラとトムは、ミュージックビデオの売上全額をより多くの眼科病院を建設するために寄付する予定である。病院建設は一軒につき約一〇〇万ドルの費用がかかる。

眼科病院は、ソーシャル・ビジネスのための最もシンプルで最もポピュラーな形になりうるビジネスプランに基づくものとなる。また、貧しい人々に対してアイケアサービスを行なうという社会的目標を追求しつつも自己持続可能であるために、病院は多重価格方式をとるのだ。それは、治療費（たとえば白内障手術のための）を支払うことがまったく苦にならない患者に対しては通常の相場の料金を請求し、一方で、貧しい人々に対しては引換券、もしくは非常に割り引いた料金でサービスを提供するものである。通常の相場料金からの利益で、貧しい人々に提供するサービスの分を補うのだ。この種の多重価格方式は多くのソーシャル・ビジネスに採用することができる。

ソーシャル・ビジネスを創設する別の機会は、二〇〇五年一〇月、ダノン・グループ会長のフランク・リブーとの会食のときにやってきた。先に述べたように、グラミン・ダノンは二〇〇七年初めに操業を始め、私たちにとって最初の現実のソーシャル・ビジネスとなっている。最初の眼科病院は二〇〇七年の終わりにオープンすることになった。バングラデシュの国内外で、これからもこれらのソーシャル・ビジネスを拡大し続けたいと私は願っている。

また、グラミン財団も、二〇〇七年のうちにさらに二つのソーシャル・ビジネスを開始した。一つめはグラミン・キャピタル・インドという金融会社で、シティバンク・インドとＩＣＩＣＩ銀行とのパートナーシップによって作られた。目的はインドのマイクロファイナンス組織（ＭＦＩ）が現地資本市場にアクセスするのを容易にすることである。両パートナーは、このビジネスから配当は一切受け取らないことに同意している。

二つ目はグラミン‐ジャミール・パン・アラブ・マイクロファイナンスで、サウジアラビアのアブダル・ラティフ・ジャミール・グループとのパートナーシップによって作られた金融会社である。同社の目的はマイクロファイナンスを通して、アラブ世界での貧困緩和を実現することだ。この会社はひとそろいのカスタマイズされた製品とサービスをＭＦＩに供給する（融資もこの中に含まれる）。利益は株主に分配されるのではなく、資本の増強に回される。つまり、事業の拡張とより多くのクライアント組織へのサービスの提供に、再投資されるのである。

私たちが前進するにつれて、グラミン企業のリストにもっとソーシャル・ビジネスが増え続けることを、私は望んでいる。さらに重要なこととして、私は、他の団体にも、自身のソーシャル・ビジネスを始めてほしい。特に、本書が出版され、世界中のより多くの人々の意識にアイデアが届けられて、そうなることを期待している。

誰がソーシャル・ビジネスに投資するのか？

ソーシャル・ビジネスの概念について説明しているとき、私がいつも受ける質問のひとつは、「ソーシャル・ビジネスのためのお金はどこから来るのでしょうか？」というものだ。

おそらく、その質問は基本的な疑問として起こるものなのだろう。つまり、「なぜどんな金銭的なリターンももたらさないものに対して、苦労して稼いだお金を投資しなくてはならないのだろうか？」と。

それは理にかなった質問であるように思える。だが、人々は苦労して稼いだお金を、基金を作ったりチャリティーに差し出したりしているではないか！　数百万の人々が、合計何十億ドルにもなる貢献をしている。この大盤振舞いと比べればソーシャル・ビジネスに投資することははるかにまともに見えてくる。結局、ソーシャル・ビジネスに投資すれば出資金は返ってくるし、自ら金を稼いで自立する企業の所有権を保有することになる。だから、特に世界をもっと良くする手助けをしたいと願っている裕福な人々からの個人拠出は、ソーシャル・ビジネスの主要な資金源になるはずだ。

ほかにも準備ができている資金源がある。最近、「私たちはおよそ一〇億ドルの寄付を蓄えています。その額は毎年、増え続けるでしょう」と、よく知られた財団の著名な代表者に言われた。「しかし、私たちにはそのお金を寄贈したいような魅力的なプロジェクトがありません。何か私たちが支援できるようなプロジェクトを提案していただけないでしょうか？」私はこの数年間、他の多くの財団の職員から同じような質問を受けている。

私はすぐにこう答えるのだ。「あなたのお金をソーシャル・ビジネスに投資することを考えてくれませんか？　あなたには将来お金を再利用したいと思えばできる柔軟性が残されます。あるいはソーシャル・ビジネスに特化して携わっている非営利団体にお金を寄付することもできます。グリーン・チルドレンがグラミン・ヘルスケア・トラストをとおしてそうしたようにです。彼らの提案を聞いてみてください。そして、どれほど魅惑的で革新的なものを得られるのか、しっかり見てください。あなたはその一〇億ドルをとても有効に使うことができますよ」

一度、財団がソーシャル・ビジネスを支援する価値のある目標としてとらえるようになれば、可能性は無限大に思え始める。マイクロクレジットも非常に魅力的なソーシャル・ビジネスであるかもしれない。ヘルスケア、ＩＴ、再生可能エネルギー、環境再生、貧しい人々のための栄養その他の多くの種類の事業が、ソーシャル・ビジネスのためのおもしろい舞台となるかもしれない。

そのときには、財団はソーシャル・ビジネスのための素晴らしい資金源になりうる。そして国際援助機関も、被援助国においてソーシャル・ビジネスに資本、ベンチャー・キャピタル、そしてローンを提供するソーシャル・ビジネスファンドを作ることができる。世界銀行と地方開発銀行（アジア開発銀行、アフリカ開発銀行、米州開発銀行）は、ソーシャル・ビジネスに貸し付けるための新しい貸付窓口を作ることができる。彼らは政府が引きうけるのと同じタイプのプロジェクト——インフラ整備、再生可能エネルギー、健康、教育、マイクロクレジットなど——がソーシャル・ビジネスとして運営されるとき、政府に対して行なうときと同じ条件で資金を提供してもいい。

さらに、営利の貸出機関もソーシャル・ビジネスのための資金源になるだろう。ソーシャル・ビジネスは、まさに利益を最大化する企業のような自己持続型の会社であることから、営利の貸し手が彼らに資金を供給することに何の困難もないだろうし、またソーシャル・ビジネスがもたらす良い評判の恩恵に与ることになるだろう。

最後に、ソーシャル・ビジネスの資金ニーズに応じる必要性から、新しい種類の金融機関を創設してもいいと思う。ソーシャル・ベンチャー・キャピタル基金、ソーシャル・ミューチュアルファンド、そして本格的なソーシャル・ストック市場である。これらはそれぞれ、個人および法人の資産を動員するメカニズムとなり、ソーシャル・ビジネスをサポートするだろう。金融市場には、商業ローンや私募、債権の販売、新規株式公開など、事業計画に融資する気のきいた方法を開発することにおいて、成功の長い歴史がある。これらの既存の枠組みのいくつかは、すぐにソーシャル・ビジネスにふさわしいものになるであろうし、ソーシャル・ビジネスが投げつける新たな課題に対応するために調整する必要があるものもあるだろう。これは革新的な、頭を一杯にしてしまうようなエキサイティングな新領域だ。そして、ウォール街の金融スペシャリストたちも、この新しい挑戦に嬉々として取り組むであろうことには疑う余地がない。

グラミン・ダノンへの融資

ダノンのフランク・リブーが熱狂的にソーシャル・ビジネスの考えを受け入れて、グラミン・ダノンのパートナーシップを作るためにすぐにグラミンと手を組んだその方法に、私はぞくぞくさせられたものだった。しかし、公開会社のすべての最高経営責任者がそうであるように、リブーは単に彼自身の良心に責任があるだけではなく、彼の株主に対しても責任がある。プロジェクトがバングラデシュで、全速力で進められていたとき、パリのダノンの経営陣はソーシャル・ビジネスを始めようと考えるときにあらゆるPMB経営者側が直面する問いの答えを求めていた。株主に「あなた方はよくも私たちにまったく利益がないプロジェクトに、私たちのお金を投資したものですね？　そんなことをするとは、あなた方は権限を逸脱しています」と言われたとき、私たちはどのように自らを守ればよいのだろうか？

幸いにも、ダノンの経営者側は長い間、この問いと格闘し続けてきていた。リブーは頻繁に経営陣に対してダノンのビジネスの目的に関して思い出させている。彼の父親であるアントワーヌ・リブーが三〇年以上前にフランス産業審議会の仲間たちに行なった画期的な公式宣言を、こう引用するのだ。「もし個人的な成長と人間の価値を創成することがなければ、持続可能な経済の価値の創成などありえないでしょう」と。グラミン・ダノンがうまく動き始める前に、エマニュエル・ファベルはダノンにおいて、会社の営業活動に社会的なオリエンテーションを持ち込む先頭に立っていた。数年にわたり、エマニュエルは、米国とヨーロッパの最大の年金基金や投資信託会社のマネジャー、さらには経済アナリストやジャーナリストとして働いている友人たちと、社会的目標を持つ企業に融資するという難問について意見を交わしていた。これらのファンドマネジャーの多くが、エマニュエルが抱いている現代の資本主義に対する違和感を共有していた。世界の情勢から見て、彼らは新しい形のビジネスの必要が増加していることを感じていた。利益を最大化することだけに集中するよりもむしろ、社会的要求に応じてより良い仕事をするビジネスが必要なのだ、と。

これらの議論についてエマニュエルの説明を聞き、世界の金融市場のリーダーでさえ彼らがしていることに疑問を持っていると知って、私は非常に嬉しい気持ちになった。「これは大変心強い」と私は彼に言った。彼は笑いながらこう言った。「まあ、そんな疑問が私を生かしているんですね。私は四〇歳にすぎません。まだ世界を変えることができるくらい若いと思っていますよ！」

エマニュエルは、満足できる「ハイブリッド」のビジネスモデルを見つけることで、長年抱いていたジレンマを解決しようとし続けていたことを私に語った。そして彼はビジネスの世界で一般的には「二重」のあるいは「三重の決算数字」と表現される、企業が財務的な基準に加えて社会的、環境的な基準に関しても成功を達成しようとするアイデアとはまったく別のアイデアを思いついた。エマニュエルのハイブリッド・ビジネスモデルに関するアイデアは、意識の高い、あるいは目標と関連のある投資家に、特殊な「お金で買える社会的価値」への投資機会を提供するというものだ。価値のトレードオフとしては、事前に定義された企業ポリシーにしたがって投資家は初日からの利益に「上限を定めること」に同意するのだ。

私が、ハイブリッド・ビジネスモデルはもちろん、二重、三重、あるいは四重の決算数字さえ信じていないとエマニュエルに言うと、彼は失望していた。会社がこれらのプログラムを信奉するときというのは、日々の仕事に忙殺される中で社会的な関心が後回しになっていることに心を痛めている幹部社員が、自責の念や苦悩を緩和したいために破れかぶれの試みに出ていることが多い。あるいは、ハイブリッドや三重の決算数字といったものを、営利プロジェクトを魅惑的な広報の力でコーティングする手段に使っているのである。

しかし、結局のところマネジャーの運命は、「あなたは私たちのためにどのくらいのお金を稼いだんですか？」というただ一つの質問に対する答えに頭を垂れるだけなのだ。その質問に対して申し分のない答えを出した後、あなたは二番目、三番目、または四番目の決算数字で踊るのを許されるかもしれない。そして、株主総会に集まった聴衆たちは、その踊りに拍手喝采するだろう。最初の質問に関するパフォーマンスですでにたいへんな大喝采を浴びたあなたの踊りだからだ。

それにもかかわらず、ハイブリッド・モデルを求めるエマニュエルの長い旅で、彼は明るい解決法を見つけた。会社の株主を遠ざけることなく、グラミン・ダノンのための資金のありかを探すというチャレンジだった。解決策はこうだ。特別な使命を持つ投資信託会社を創設し、ダノンの株主たちに参加するオプションを与えるというものだ。株主たちには、彼らが何を得ることができ、何を得ることができないかを伝えておく必要がある。

エマニュエルは投資信託会社を設計した。ＳＩＣＡＶダノン・コミュニティーズ（可変資本投資会社ダノン・コミュニティーズ・ファンド）である。その九〇パーセントの資産は、予測できる市場での収益率をもたらす金融市場に投資されるだろう。残りの一〇パーセントはソーシャル・ビジネスに投資され、リターンはまったく支払われない。全体として考えれば、それらの二つの資金のプールは、金融市場の相場に近い利回りを投資家に提供するだろう。そして同時に困っている人々に対して特定の社会的便益をもたらすビジネスを支援することにもなる。

エマニュエルは彼のアイデアをフランスの監督機関とフランスの株式市場のしかるべき職員にとおさなければならなかった。それは新しい概念であったため、私たちは、これらのハードルを超えられるかどうか、確信できなかった。しかし、二〇〇六年一二月一四日に、エマニュエルは私宛てにこんなメールを送ってきた。

ユヌス様

二週間の激しい討論の後、私はフランスの証券取引所取締機関の代表者から、主流のマネー・マーケット・ファンドとして私たちの「ソーシャル・ビジネス開発ファンド」をフランスの金融市場で取り扱う許可が出るだろうという非公式の通知を得ました。

その社会的目標は投資家のために明確に最初に述べられることになるでしょう。そして、株主へのリターンは「たった」二、三パーセント程度ですが、それ以下になるリスクもそれ以上になる可能性もわずかしかありません。そして利益の九七、八パーセントは再投資されるでしょう。ファンドに後援されて私たちが設立しようとしているソーシャル・ビジネスの計画に関わりたいために、人々は投資するでしょう。

ダノンの株主は、ダノンから現金を与えられる代わりにファンドを所有できる「社会的配当」のオプションを提供されます。

主なフランスの小売銀行のひとつは、そのファンドを完全に公開して売り出すようになるでしょう。人々は毎日、自由に彼らの持ち分を売買できます。

私たちが次の数カ月間のうちに証券取引委員会で承認されれば、それは、私たちが主流の資本主義的な証券取引所にソーシャル・ビジネスを上場するのに成功したことを意味するでしょう。

次の日曜日に、あなたに会うのを楽しみにしています。

エマニュエル

私はこのエマニュエル・ファベルが開発した、ダノン・コミュニティーズ・ファンドにとてもわくわくしている。それは、私が本書で定義したソーシャル・ビジネスの完全な概念を具体化したものにとても近い。エマニュエルの計画では二、三パーセント程度の利益が上がることになっているが、年間純益をまったく出さないものであれば、完全に私の概念にぴったりだったのだが。しかし、なにはともあれそのファンドは、既存の証券市場を通してソーシャル・ビジネスに投資する革新的な方法なのである――そして、未来の「ソーシャル投資信託ファンド」を作り上げるうえでの大きな一歩である。

二〇〇七年半ば現在、私がこの本を書いている時点で、主要な法規制のハードルはすでに越えている。新しい投資信託会社は二〇〇七年四月二六日にパリでの年次株主総会でダノンの株主によって正式に承認された。ダノン・コミュニティーズ・ファンドは、フランスの金融グループ、クレディ・アグリコールが引き受けて管理しており、いくつかのグループから資金提供を受けることができるだろう。たとえば、すでにその概念の熱心な支持者であるダノンの株主たちや、銀行や恩給基金、保険会社などの機関投資家、さらには、フランスの一般投資家たちからだ。

ファンドの当初の目標は、一〇〇万ユーロ（一億三五〇〇万ドル）で、そのうち二〇万ユーロがダノン・グループからのものである。一年間は株式配当を差し控えて、代わりにその分をコミュニティーズ・ファンドに投資するオプションを、ダノンの株主に与えることになるだろう。そして、ダノンの従業員の三〇パーセント以上が、彼らの利益分配収入の一部をファンドに投資することをすでに選んでいる。

ファンドから得られた利益は、バングラデシュのいたるところにグラミン・ダノンを拡大するために投資されるだろう。また、どこか別の開発途上地域におけるダノンのソーシャル・ビジネスに、あるいは世界各地の独立した企業家によって始められる新たなソーシャル・ビジネスに投資されるだろう。ファンドに着手すると発表してから数日以内に、エマニュエル・ファベルの元には数人のそういった企業家から接触があった。彼らはソーシャル・ビジネス・ベンチャーに対するこの新たな資金源をどのように利用するかを見つけたいと切望していた。これらのベンチャーを評価し、ファンドのふさわしい受取人を選ぶためのプロセスがすでに始まっている。

このように、華々しくではないにしろ、利益を最大化するビジネスと肩を並べて正しく並び立つソーシャル・ビジネスを作るために、新たな経済世界に一個のレンガが持ち込まれたのである。そしてすぐポジティブな反応が見られたことから、ソーシャル・ビジネスは期が熟したアイデアだという私の信念は強固なものとなった。長い間、私たちの惑星の最も逼迫した問題を解決するために自分の才能を使いたいと切に願っていたのに、そうするための制度上の承認が得られなかった世界中の何百万人もの人々の、鬱積した創造性を解き放つコンセプトである。

ビジネスを評価する新しい基準

ダノン・コミュニティーズ・ファンドの設立は、これから起こりうる広範囲の社会的、経済的、および企業的な革新のヒントにすぎない。ソーシャル・ビジネスが繁栄し始めるにしたがって、既存の自由市場は、それらが具体化する人間行動の、新しく、より広いモデルに対応して変化し始めるだろう。新種の実業家たちは、彼らが設立した会社をとおして人間的な価値を表現する権限を初めて与えられ、これから台頭するであろう新しい種類のベンチャーを支援するための新たな制度上の構造を要求するだろう。詳細な変化まで見通すのは不可能だが、起こるかもしれないことのいくつかを推測することはできる。

まず、ソーシャル・ビジネスは、世界のビジネスに不可欠な要素として、利益を最大化するビジネスとともに正当な地位を得るだろう。ソーシャル・ビジネスは、市場でのシェアを互いに競いあって、PMBと同じ市場空間で取引されるだろう。消費者は商品やサービスを買うときに、ソーシャル・ビジネスとPMBの間で選ぶのに慣れるようになる。多くの場合、彼らは伝統的な尺度――価格、品質、有用性、ブランドの魅力などに基づいて選ぶだろう。時には、物を購入することで社会的使命を支援したいがためにPMBでなくソーシャル・ビジネスが提供しているものを選ぶかもしれない。したがって、消費者が購買を決定するときには、社会的価値に照らすということが当たり前の方程式になるかもしれない。

実際に、私たちは、この現象がビジネスの世界で作用するのをすでに目にしている。「社会的責任」に添って経営していると主張する多くの会社は、総合的なマーケティング戦略の一部として消費者の良心に訴えようとする。たとえば、平均よりも高い給与を支払って、未成年労働者の雇用を避けるために苦心する衣服メーカーは、心ある顧客に彼らの衣類を選んでほしいという望みから、そういった労働慣行を敷いていることをアピールするだろう。オーガニック食品の販売者は、彼らの製品がより栄養価が高く、健康に良いと主張するだけでなく、自然な食糧の生産方法がより環境に良く、動物たちに優しく、地元の農業団体を支援することになると触れることで、販売促進をかける。そういった主張にポジティブに反応する消費者の数が増えているのがその証拠である。

しかしながら、現在の経済環境においては、そのような社会的責任を使ったマーケティングにも問題がある。つまり、企業によって社会的責任のもとで作られる製品の評価やテスト、あるいはその主張を守らせるためのこれといったシステムが不足しているのだ。消費者は、衣服メーカーが、はるか遠く離れたエクアドルやケニア、バングラデシュの工場で、労働者を虐待していないことを確認できるだろうか？ 消費者はどうしたら食料品店で買う鶏肉か牛肉が、環境にも優しく論理的な方法で処理されたことを確信できるのだろうか？ これらの領域の標準は、現在、あいまいであり、一般の人が是非を判断するのは難しい。消費者は会社の主張、広告、マーケティング・キャンペーン、消費者団体からの声明、報道記事に基づいて判断しなければならないが、そのすべてが真実性において疑わしいかもしれない。

ソーシャル・ビジネス市場では、消費者と投資家の両方に関わることなので、こういった主張に対してはさらに慎重に精査されるだろう。投資家は金銭的な見返りは求めないが、会社の社会的目標が達成されつつある具体的な証明を要求するだろう。同様に、貧困を減少させたり、環境を浄化したりするなどの社会的便益を提供していると主張する会社に対して、一般消費者たちも会社の主張が本当であるという物的証拠を要求するだろう。

遅かれ早かれ、ソーシャル・ビジネスが打ち出した社会的便益に関する主張を監視するための証明会社や監査法人が創設されなければならないだろう（この証明や監査法人自体が、ソーシャル・ビジネスになるかもしれない）。証明は、二つの方向に沿ってなされる。経済的な面、そして社会的な面だ。経済的な面は、会社がソーシャル・ビジネスの共同体によって設定された財務標準に従っていることを確認すること。社会的な面は、社会的目標追求の進捗に関する会社のレポートが正確であり、標準のガイドラインに従っていることを確認することだ。優れた証明機関に承認されたソーシャル・ビジネスは、信用と信頼の証としてそれを示すロゴやシールを掲げるかもしれない。また、労働基準の遵守、再生エネルギーの使用、地方の供給業者を選ぶ際の公正なやり方など、ソーシャル・ビジネスのさまざまな点を保証することになる専門的な格付け機関もできるかもしれない。

ここで思い出すべき最も重要なことは、ソーシャル・ビジネスは非常にうまく経営される必要があるということである。明確で具体的な目的、成功のために慎重に定義された基準、そして、絶え間ない内外部からの監視も必要だ。いずれ、ソーシャル・ビジネスに合わせた手順、用語、会計基準の標準化が出てくるだろう。ちょうどいわゆる一般会計原則（ＧＡＡＰ＝ギャップ）が、現在ＰＭＢに対して適用できるのと同じである。

ソーシャル・ビジネスのためのグローバルな規制と、情報インフラストラクチャーの創造を考えるのは、今の段階では非現実的アイデアに聞こえるかもしれない。しかし私たちは非常に好調な滑り出しができて、実に幸運だった。他の方向から起こるニーズ、特に環境モニタリングの必要性のためには、土台となる多くのことがすでに完了していた。この土台は、国連環境会議（UNEP）と「環境に責任を持つ経済のための連合」（CERES＝セリーズ）のプログラムの下で生まれたもので、「グローバル・レポーティング・イニシアチブ」（GRI）として知られている。社会的、環境的目標との関わりにおいて企業行動を測定し、監視するシステムとして広く使われているGRIは、ソーシャル・ビジネスがそこから恩恵をこうむる評価システムの早期バージョンと考えられるかもしれない。

GRIガイドラインは、南アフリカのヨハネスブルグで二〇〇二年に開催された「持続可能な開発のための世界サミット」で公式に発表された。GRIの考えは一九九七年に、多くの社会的責任投資グループとファンドを代表するCERESによって考え出されたものだ。二〇〇以上ものファンドがあり、資産は全体で一七九〇億ドルになる。これらのファンドの多くが、持続可能なビジネスの実践を評価するための、国ごとに異なるシステムを使用していた。時間とエネルギーを節約するために、彼らは共有できる普遍的な条約の原案を作成したがっていた。GRIはその願いの結果である。今日、三〇〇〇以上の会社が、環境的あるいは社会的な責任についてのレポートを定期的に発行している。そして、七〇〇以上はGRIによって公式化された報告ガイドラインを使っている。

ほかにもPMBの社会的貢献の成果を測定し、監視するシステムを作成するために、いくつかの努力が始まっている。調査会社のアセット4は、機関投資家のクライアントのために、約一五〇〇の企業を追跡する二五〇以上の「財務外」指標のセットを創設した。監視する各社に関して、アセット4

は経済格付け、環境格付け、社会的格付け、そしてガバナンス格付けを示している（ガバナンス格付けは、責任ある行動を確実に行なえるよう企業が設計されているかどうかを判断するための、企業の意思決定プロセスを評価するものである）。

二〇〇七年四月に、『ファスト・カンパニー』誌は初めてＨＩＰ（ヒューマン・インパクト＋プロフィット）採点表を公開した。これは社会的、環境的、そして財務的な実績に基づく、企業のシステマティックな格付けである。アセット４とＨＩＰは両方とも、「財務的にうまくいっていて」なおかつ「社会的に責任がある」会社を探している、利潤を追求する投資家によって使われるよう設計されている。

ソーシャル・ビジネスの目的という文脈の中で社会への影響度を測定するための客観的な、標準化されたシステムを作るうえでは、ＰＭＢの評価方法論から学ぶかもしれない。だが、私たちは独自に新しいソーシャル・ビジネス監視システムを設計しなければならない。ＰＭＢにおいては、社会的便益は、主要な目的である利益に追従する副産物にすぎない。ソーシャル・ビジネスにおいては、社会的な影響が主要な目的であり、利益は財務上慎重な方法で管理すべき、会社の戦略の一部を形成しているだけだ。ソーシャル・ビジネスの社会的な影響を測定するための方法は、ビジネスの目的に合ったものでなければならないのである。

税金と規制の問題

ソーシャル・ビジネスが増えるにつれて、彼らの仕事をより容易にして、より多くの人々に手を差し伸べるために、政府に税制上の優遇措置を要求することもありそうだ。表面では、これらの主張は妥当に見えるだろう。なんといっても、ソーシャル・ビジネスが安価のヘルスケアを貧しい人々に提供しているなら、まさに同じ目的のＮＰＯのように免税されるべきではないだろうか？　ソーシャル・ビジネスが税金として支払わないお金で、さらに多くの貧しい人々に医療サービスを提供できれば、貧しい人々の求めを満たすための納税者の負担は、同じ分だけ軽減されるだろう。

混乱と論争を避けるために、政府は、ソーシャル・ビジネスがどのような状況の下で特定のタイプの税制上の優遇措置にふさわしいかを詳細に記した、政府独自の評価基準を開発しなくてはならないだろう。適切な税務政策で、政府は、企業、個人、団体がソーシャル・ビジネスを創設して、有益な革新をそのセクターにもたらすよう奨励するかもしれない。

もし政府が、ソーシャル・ビジネスは期待どおりの役割を十分に果たしていると確信するなら、税額控除でソーシャル・ビジネスを奨励する経済的な意味がある。納税者が普通に抱えている負担を減少させているのならその報酬として、好ましい税制措置をソーシャル・ビジネスに与えるのは妥当に思える。このような条件下では、ソーシャル・ビジネスへの投資は、非課税のチャリティーや基金への寄付のように、所得税から免税されるべきだろう。そうすれば、ソーシャル・ビジネスの創設と支援という名目は果たされる。

なかには、納税しているＰＭＢと、免税のソーシャル・ビジネスが競争するのは不公平だと主張する人もいるだろう。もし一つのタイプのビジネスが別のタイプに変わることが不可能なのであれば、それはそうかもしれない。しかし、私が思い描くかぎり、そのような制限は何もない。ソーシャル・ビジネスのための評価基準に従っても構わないと思っているＰＭＢなら——特に、株主への配当支払いを差し控えることや、社会的便益を達成するために企業そのものを捧げることで——容易に自らをソーシャル・ビジネスに変えることができるはずだ。この不公正な競争だという苦情に対する答えは準備されている。「ソーシャル・ビジネスに勝てないなら、そこに加わってください！」

いずれにしても、ソーシャル・ビジネスの創設は、政府が税額控除を設定するかどうかには依存していない。人々は、よりよい世界を形成したいという内なる衝動を実現するためにソーシャル・ビジネスを創設するのだ。税制が援護できることがあるとすれば、それをより容易なものにし、より多くの投資を促すことだけだろう。しかし、ソーシャル・ビジネスのために税制の基本構造を作るのは、別の見地からも重要である。それがソーシャル・ビジネスのために確かな規制環境を生むことになるからだ。税制の設計に着手するときには、私たちは具体的な方法で重要な考えを定義し始めなければならないだろう。すなわち、ソーシャル・ビジネスとは何か？　組織がどのような活動をした場合にソーシャル・ビジネスの資格を取り上げられるのか？　ＰＭＢがソーシャル・ビジネスに自らを転換するためには何をしなければならないのか？　どんな特定の組織構造、財務的な特性が、ソーシャル・ビジネスと非営利団体を区別するのか？——といったものである。

政府によって制定される明確なソーシャル・ビジネスの定義は、あざとい商売をする人々が投資家や消費者をだますために偽物のソーシャル・ビジネスを創設するのを防ぐことになる。

不誠実な人々が投資家をだます一つの方法は、何も生産しないビジネスから社会的便益があると主張することだろう。環境を助けるようなことを何もしない企業が、ずる賢い嘘に満ちたメディアキャンペーンを通して、環境に優しいビジネスの援護者としてのイメージを作り上げるかもしれない。それによって暗闇に取り残されている純朴な投資家たちをミスリードするのだ。だからこそ、ソーシャル・ビジネスの確かな影響評価のために、制度上の手段や方法を開発することが、ソーシャル・ビジネスの概念が成功するために重要になるのだ。影響の調査を引き受けて、評価の方法論を作る独立機関の役割は、非常に大きなものになるだろう。インターネットで影響の調査結果を公開すれば、不当な要求を排除する際に非常に役に立つだろう。

ソーシャル・ビジネスのムーブメントが取り組むべきもう一つの課題は、利益の届け違いという問題だ。つまり、社会的、経済的なピラミッドの下部にいる人々を助けるはずの製品やサービスが彼らには届かず、代わりに中流階級や裕福な人たちのもとに行ってしまうことだ。これが起こると、投資家の犠牲によって作り出された利益は、意図せぬ場所で終わることになる。たとえば、グラミン・ダノンのヨーグルトは、バングラデシュの村の栄養失調の子どもたちを助けるように設計されている。しかし、会社の流通機構の不正やつまらない失敗のせいで、代わりに裕福な家のテーブルにヨーグルトが現われるなら、ソーシャル・ビジネスとしてのグラミン・ダノンの全体構想は破壊されてしまう。

私たちはグラミンのマイクロクレジット・プログラムを設計する際に、この問題に直面した。そのプログラムは、第一にバングラデシュで最も貧しい女性たちのために意図されたものだ。私たちがそこに焦点を当てる一つの方法は、私たちのマーケティング・スタッフと管理職が担当地方のコミュニティに完全に溶け込み、特定の社会的、経済的な状況の中に、需要を限定できるようにしておくことである。

たとえば、稀なケースだが、富裕な女性がグラミン銀行のグループに加わって、貧しい女性向けのローンを受け取ろうとするかもしれない。私たちの職員は、こういった問題に対処できるよう訓練されている。私たちは借り手になる可能性のある家であらゆる議論をすることになっているので、その裕福な女性の家を訪問して、彼女がどれほど幸運であるか、村に住む他の多くのもっと経済状態が悪い人よりも幸運だということを話すのだ。概して、将来借り手になる人は、容易にこの家庭訪問に同意する。

そして、私たちは彼女の近所にいる本当に貧しい女性を探してくれるよう、彼女に頼むのである。すると、ほとんどの場合、彼女は、非常に真剣にこの仕事を引き受け、私たちを惨めな経済状態にある女性のところに導いてくれる。結局、彼女は私たちがローンを彼女に与えていないという事実に憤慨しない。むしろ、より貧しい隣人がグラミン銀行のメンバーになるのを助けることができて幸せだと思うのだ。彼女自身の自尊心と、コミュニティでの彼女の地位は、彼女が仲間たちのリーダーとして動いている積極的な役割のために高められる。

また、グラミン銀行は、経済的利益が確実に最も必要とする人のものになる方法として、多重価格制度を用いている。一般的な借り手に対しては二〇パーセントの利息を請求している。これは補助のない金利だ。最近、私たちはもう一つのクラスの借り手たちに対してもサービスを始めた。物乞いの人々である。彼らに与えられたローンは無利子である。言い換えれば、一〇〇パーセントの補助を支給していることになる。私たちは、これら二つの市場を広い金融市場とは別に考えているだけでなく、これら二つについても別物と考えているがまったく問題は起きていない。

明らかに、世界中の国の社会状況はすべて個別のものだ。個人の経済的な必要性を測る方法は、現地の状況に合わせて作られる必要がある。もし私が合衆国のような国でマイクロクレジット・プログラムを運営するなら、借り手になりそうな人々が優待ローンにふさわしいかどうか確かめる方法として、昨年の所得税申告のコピーを提出するよう要求するだろう。低利の学生ローンや住宅ローンに申し込むときに、家族がそうするのと同じようにだ。また他の社会では、異なった方法が必要かもしれない。

より一般的に言えば、ソーシャル・ビジネスをデザインするときには、複数の市場を効率よく個別に管理しておく創意が欠かせない。パッケージと価格設定においてもそれが言える。ターゲットとする市場に応じて同じ製品をまったく違うもののように見せるのだ。ほとんどの中産階級と裕福な人々は、明らかに貧しい人々向けに設計され、パッケージされた製品を買うことに、心地悪さを感じるだろう。不幸な人々を助けることを意図して作られた商品を不当に奪っていると感じるだろうし、そのような商品を買うことで彼ら自身の地位が低くなると感じるだろう。

ほかにも、販売の場所や方法によって、市場を切り離すことができる。グラミン・ダノンの経営を設計するときには、私たちはショクティ・ドイが最初に首都ダッカの市場に現われるのではなく貧しい人々に届けられるよう、農村地域に最初のヨーグルト工場の場所を見つけることを決めた。地元のグラミンの借り手たち――つまり貧しい女性たち――は、その製品を友人や近所の人々――これも貧しい女性たち――に売る。いずれ、私たちはショクティ・ドイの別のバージョンを紹介する予定だ。これは、はるかに高い価格で、富裕な都市の消費者に売り出されることになるだろう。しかし、当分の間、グラミン・ダノンの立地とマーケティングの方法論は、製品の利益が対象とする人々に届いていることを保証すべきだと考えている。

ソーシャル・ビジネスにおいては、市場のセグメンテーションは欠かせない要素であり続けるだろう。それは弱点でもあるが、同時に強さでもある。これが、経済的な成功と社会的目標の達成を実現する、革新的マーケティング方法が必要な理由なのである。

ソーシャル・ビジネスと世界の変化

いずれ、ソーシャル・ビジネスの領域の発展を支えるもっと多くの機関が現われるであろう。ソーシャル・ビジネスに投資する正式なシステムと、多くの可能な選択肢の一例であるダノン・コミュニティーズ・ファンドのようなソーシャル投資信託が必要とされている。ほかにも、ソーシャル・ビジネスのベンチャーに特化して融資する新たな商業銀行や貯蓄銀行、ソーシャル・ベンチャー・キャピタル、ソーシャル・ビジネス投資のアフターマーケットの誕生が待たれる。従来のＰＭＢの株式を売買するのと同じように、投資家はソーシャル・ビジネスの株式を売買できるほうがいい。いずれ、これらすべての金融メカニズムが、あるべき場所に収まるだろう。

ソーシャル・ビジネス株を専門に取引するためにソーシャル・ストック市場もすぐに必要になる。ここでも、どの会社がこの市場に参加するのがふさわしいかを決定する目的のために、ソーシャル・ビジネスを明確に定義することも重要だろう。投資家には、ソーシャル・ストック市場に上場された会社がソーシャル・ビジネスのふりをするＰＭＢではなく、本当にソーシャル・ビジネスであるという確信がなければならない。

ソーシャル・ストック市場が発展すれば、ついには、社会的目標の追求に商業的な手腕を用いる何千もの会社を引きつけ、人類の未来を心配する世界中の何百万人もの人々がこの市場を分析し、追跡し、参加することに時間とエネルギーを捧げるだろう。ソーシャル・ストック市場での株価は、会社の長期的な価値について、所有者であるソーシャル・ビジネス投資家たちの総意を反映するだろう。しかしながら、その価値は利潤に対する期待の点からではなく、生産される社会的便益の点から評価される。それこそが、ソーシャル・ビジネスの投資家たちが探し求めていることだからだ。

ソーシャル・ストック市場がどのように人間や環境、経済の目標に、そして、それらを追求するために働いている組織に、新たな視認性や注目度をもたらすかを想像するのは簡単なことだ。毎日『ソーシャル・ウォール・ストリート・ジャーナル』が、世界中のソーシャル・ビジネスが経験した進歩やつまずきに関する最新ニュースを報道するだろう。こんなふうに。

バングラデシュ、ダッカ発——高品質な下水サービス、水処理施設、環境に優しい生ゴミ処理を南アジア中の都市部に提供する献身的なソーシャル・ビジネス、ピープルズ・サニテーション社の最高経営責任者は、新しい調査の結果、同社が活動する都市部での伝染病の罹患率が三〇パーセント下がったことを発表した。ロンドン・ソーシャル証券取引所におけるピープルズ・サニテーション社の株価は、一二・〇〇ポンドから一四・五〇ポンドまで上昇した……

あるいは、こんなものもあるだろう。

ニューヨーク発——手頃な健康保険を貧しいアメリカ人に提供するソーシャル・ビジネス、ヘルス・ケア・フォー・オール社の、本日開催された年次投資家集会において、新しい理事会と執行副社長が、不満な投資家たちによって選出された。「昨年をとおして、すべての貧しいアメリカ人に健康保険を提供するという目標を達成することに向けては、いくらかの進歩が見られただけだった」と、主要投資家のスポークスマンは語った。「しかし、来年度には順調にいくと考えている。私たちが今日選んだ新しい指導者層によって、その目標にたどり着くことができるだろう」……

こんなものもあるかもしれない。

東京発——世界をリードする二つの主なソーシャル・ビジネス、東京を拠点とするアグリカルチュアル・イリゲーション・インダストリーズ社と、韓国のソウルに本部を構えるグローバル・ウォーター・サプライ社が、合併計画を発表した。観測筋によれば、合併によってさらなる効率化が可能になり、両社が開発途上地域の六〇の国で、低費用で貧しい家族と農家に水を供給する使命の遂行に役立つという。今日の発表の後、東京ソーシャル証券取引所で両者の株価が三〇パーセント以上上昇したことから、投資家たちはこれに同意した模様だ。

世界で最も大きく、最も重要で、最も幅広いソーシャル・ビジネスのいくつかの株価を反映して、ソーシャル・ダウ・ジョーンズ・インデックスができるだろう。このインデックスの値は、社会開発の世界からのニュースに対応して上下するだろう。貧困、病気、ホームレス、汚染、暴力が減れば、これらの分野で活動するソーシャル・ビジネスの人気や価値は上昇するだろう——そして、それがソーシャル・ダウ・ジョーンズ・インデックスの値も押し上げる。賢い投資家は毎日のニュースレポートで二つの数字を聞く。良い日にはＰＭＢ・ダウ・ジョーンズとソーシャル・ダウ・ジョーンズの両方が、上昇して終わるはずだ。それはその日、私たちの世界が経済用語においても人間の用語においても、より豊かになった一日だったということを意味するのだ。

ソーシャル・ビジネスのための雑誌が、新聞・雑誌売場に置かれるようになり、そして、ソーシャル投資に秀でた専門家を特集するテレビ番組が登場するだろう。ソーシャル投資信託会社のマネジャーは、社会の進歩を促進するための最も革新的で強力なツールを開発している会社を見つけようと競争するだろう。そして、彼らの中で最も良い投資記録は『ソーシャル・ビジネス・ウィーク』や『ソーシャル・フォーチュン』などの雑誌の巻頭特集を飾る栄誉を得られるかもしれない。

ゼネラル・エレクトリック、マイクロソフト、トヨタといった主要なPMBを率いる経営者たちは、これからもビジネス報道でもてはやされ続けるだろう。しかし、世界のソーシャル・ビジネスのトップも、すぐに同じように有名になるはずだ。飢餓と闘い、空気を浄化し、貧しい子どもにワクチン接種を提供する組織の最高経営責任者は、何百万もの人々、学生、野心的なマネジャーの英雄になるだろう。彼らのリーダーシップは研究され、その功績をまとめた本はベストセラーとなるだろう、彼らには権威ある国内の賞や国際的な賞が授けられるだろう。

ソーシャル・ビジネス経営の原則は、ビジネス教育の重要な部分になるだろう。ソーシャルMBAを目指す学生たちは、財務、マネジメント、マーケティング、そして人材開発戦略など従来のMBAプログラムで学ぶ技能の多くを習得することが期待される。だが、そのプログラムは普通のものとはまったく違った見方から設計されたものになる。加えて、彼らはソーシャル・ビジネス・プログラムに関連するトピックのコースを選択するだろう。それは「貧困の経済学」「貧しい人々への社会的便益の最大化」「ソーシャル・ビジネス・プログラム設計における重要な問題」「自由市場を通じた社会問題の解決」といった講座名になるかもしれない。そういったプログラムの卒業生には大きな需要があるが、ソーシャル・ビジネスの分野はもちろん、ＰＭＢやＮＰＯの管理運営、政府機関からも引き合いがある。それは彼らの人間と人間のニーズに対する、洗練されていて心温かい理解と、強力な分析力と数量的技能という、無比の組み合わせのおかげなのである。

ファンタジー以上のもの

多分、ある人にとってはソーシャル・ビジネスのアイデアは、まったくの架空のもので、世界がこれまで実現したことのない空想物語のように聞こえることだろう。しかし、それはなぜだろう？　人々はただお金だけによって動機づけられるものだという最終判断は誰が下したものなのだろうか。世界に対して何か素晴らしいことをしたいという願望は、人間を動かす強い原動力にはならないということなのだろうか？

人々はあらゆる種類の目標や活動に興奮するものだ。今日、ビデオゲームやヒップホップ、サッカー、スノーボード、インターネットへの投稿にのめり込んでいる若者たちが世界中にいる。彼らは技能を磨き、友人や見知らぬ人と議論して、その活動を楽しむのに膨大な時間を費やしている。それで生計を立てることができるなら、彼らは喜んで自分たちの人生を捧げるだろう。彼らはそういったものを追いかけるのがとても好きなのだ。くだらないとか愚かだと考える人がいても、それは彼らにとってはやりがいがあり、創造的で、競争できるものであり、社会的なものだからだ。

私は、ほとんどの人々、特に若い人々は、ソーシャル・ビジネスと、それが世界を変える可能性に途方もないほど興奮するようになると確信している。欠けているのは、それを可能にするための社会と経済の構造だけで、それがあれば、すべての必要な技能を教え、参加を奨励することができるはずだ。これらの要素のすべてが、すぐに整うことを願っている。

ソーシャル・ビジネスの存在は、お金とは別の意味で豊かな生活を求めている学生やその他の人々に、もう一つキャリアと人生の道を与えるものになるだろう。お金とは関係ない動機が、人間を動かす重要な要因であると、最終的には認識されるだろう。私たちの仲間である人間のために良い行ないをしたいという願望は、今日「チャリティー」として追いやられてしまったものよりも正統な、そして強力な要素として世界で認められることだろう。

最も重要なことは、新たなソーシャル・ビジネスの領域では、貧しい人々自身が企業家精神という素晴らしい才能を表現できるということだ。その才能で彼ら自身やその家族はもとより、彼らが住んでいるコミュニティのためにも新たな富を作り出すことができるのだ。

9　情報技術、グローバル化、そして変容した世界

私たちの目の前で繰り広げられているとおり、世界は情報技術（ＩＴ）の導く革命に直面している。企業、政府、教育、メディア――すべてがインターネットや無線通信、高性能で安価なコンピューティング技術へのアクセス、ケーブルテレビや衛星放送、他の新たなＩＴの要素によって、様変わりしている。しかし、世界の最も貧しい人々の状況を変えることにおいても、新たなＩＴには莫大な可能性があるということはさほど理解されていない。

ＩＴ革命がもたらす新たな社会は、毎年ＧＤＰに追加される大きな額によってのみ特徴づけられているわけではない。人々や企業が、この技術を用いて蓄積しているのは富ではないのだ。新たなＩＴの素晴らしい貢献は、それが人間同士の新たな関係を作り上げるという一つの根本的な事実によってもたらされている。そして、この変化は必然的に、貧しい人々、特に貧しい女性と子どもの人生に、重要な影響力を持つことになるだろう。

ＩＴはどのように世界の最も貧しい経済に影響を与えるのだろうか？　おおまかに言えば二つの可能性がある。

一つの可能性は、ＩＴに突き動かされた新たな経済勢力が台頭し、それが世界経済の中でどんどん強くなっている状況では、古い制度下にある小さく、弱く、貧しい国はさらに爪弾きにされ、もはや競争することは難しくなる、というものだ。このような筋書きの下では、ＩＴは、制御できないグローバル化に向かう現在の急な流れを、さらに強く、止められないものにする。世界的な企業は弱い経済圏に条件を押しつけ、弱い経済圏はそれに従うしかない。新たな情報化経済における弱小国の役割は――それがもしあるとするなら――熟練を要さないサービスや、他と差別化しようのないほど安価な製品を提供することだろう。一方で、経済活動の見返りの最も大きな部分は、よりよい教育を受け、金持ちで、より進歩的で、より強力な「北」の住民のものになるだろう。

しかし、別の可能性もある。ただ悲観的なだけのシナリオと正反対のものだ。新たなＩＴが、活気がなく、遅れている「南」の経済に急速に広まるため、活気がないままではいられないという可能性である。開発途上地域のリーダーが賢明で、人々がやる気があってエネルギッシュであるなら、新たなＩＴは魔法の杖に変えられる。電子的な情報管理とコミュニケーションの距離や時間を無効にする特性を用いれば、開発途上国の世界経済への全面参加を妨げているバリアの多くを排除することができる。新たなＩＴは、バングラデシュからボリビアまでの国の人々と会社が、合衆国やヨーロッパのよく似た相手と対等に競争することを可能にする素晴らしい地ならし機になるのだ。

これが、私たちの意志によってそうなりうるし、そうなると私が信じている、二番目のシナリオである。

貧しい経済では成長のてことしてＩＴを使うことはできないと考える懐疑論者もいる。そこで本章では、新たなＩＴによっていかに貧しい経済を過去の経済発展のパターンを飛び越えられるようになり、誰もが予測していたよりもはるかに速く、うまく世界経済に統合されるようになるかを検証しようと思う。また、豊かな国と貧しい国の両方で、今日世界一恵まれない人々を含むあらゆる人々がＩＴの恩恵を享受できるようにする、実用的で、具体的な方法のいくつかを列挙しようと思う。

グローバル化は経済的、社会的に、私たちの世界を変えているもう一つのトレンドだ。そして、ＩＴ同様、それは、貧しい人々の前向きな変化のための力となるか、あるいは、彼らを無力化して搾取するための別の方法になるか、そのどちらかになる。

自由市場は経済成長にとっては重要なものだ。自由貿易は潜在的にはすべての人々に利益を与えることができる。しかし、もしそんな結果を得たいなら、うまく設計されたグローバルな規則が必要だ。そのような規則がなければ、最も豊かで最も強力な企業と国は、より貧しく、より弱いものを支配するだろう。一方、グローバル化をうまく管理すれば、まださほど開発が進んでいない社会や個人が自分自身の居場所を見つけて、ほどなく彼らの強力な隣人に追いつくことができるような方向にもっていくこともできるのだ。

もし、これらの二つのトレンド――ＩＴ革命とグローバリゼーションの進展――を、生産的な道に導き入れることができれば、今日の技術と経済における革命に続いて、社会にも革命的な変化が起こるだろう。地球全体の人間が享受する個人と経済の自由に、空前の爆発を起こすだろう。

この革命で重要な役割を果たすことができ、主に利益を受ける二つのグループが、女性と若者だ。これまで抑圧されていた創造性を解き放つ力を新たに与えられて、これらの二つのグループは、世界を成長と繁栄の新しい時代に向かって導くことができる。確実にそうなるようにするのが、現代の指導者の仕事なのである。

貧しい人々を助けるためのＩＴの力

いくつかの主要な領域では、ＩＴは貧困を終わらせる強力な役割を果たすことができる。世界で最も貧しい人々のために役立つＩＴの素晴らしい力とは、以下のようなものだ。

・新たなＩＴは、電子商取引で貧しい人々の市場を広げることによって、グローバル化のプロセスに彼らを統合する一助となる。伝統的に、貧しい人々たちは仲買人によって市場へのアクセスを制限され、取引条件を指示され、利益を吸い取られて犠牲になってきた。新たなＩＴを適切に用いれば、個性的な価値を付加できない仲買人の大部分を排除することができる。同時に、最貧国の人々が先進国の消費者に直接働きかけられるようになり、電子的に可能になったアウトソーシングを通して国際的な雇用機会が生まれる。

・新たなITは、貧しい人々を法人の雇い主や政府雇用創出計画への依存から解放し、彼らの創造性やエネルギー、生産性を解き放つことで、貧しい人々の自己雇用を促進する。携帯電話とインターネットを手に入れたバングラデシュの村人たちは、ダッカ、ムンバイ、ロンドン、ニューヨークの顧客を相手に、地方の経済変動や市況の気まぐれなどを飛び越して、ビジネスを始めることができる。

・新たなITは非常になじみ深いやり方で、教育、知識、技能トレーニングを貧しい人々にもたらすことができる。発展途上国では、山や川、ジャングルや砂漠、あるいは数百キロメートルもの整備されていない道路によって首都から遠く隔てられている村に、教師やコンサルタント、専門技術の供給者などを連れて行くことは、すこぶる困難で高くつき、それが経済発展への巨大な障害の一つとなっている。インターネットはそういった障害を排除する。たとえば、バングラデシュやペルーの田舎に住んでいる酪農業者たちが、日々、北京やシカゴにいる農業の専門家に、牛の健康を向上させ、収穫高をより多く上げる方法について相談することもできるのだ。

新たなITの最も良い点は、ただ一人の所有者や権威者がそれを支配することができないということだ。それは選択肢を広げ、世界中の知識をあらゆる人の戸口に届けるパワーツールなのだ。ITが貧しい経済に導入されれば、より広い選択肢と新しい人間関係を作り出し、豊かな人々と貧しい人々との間に昔からある一方向の関係性は、貧しい人々も対等な立場を持つ多次元的でグローバルな関係性に置き換えられるのだ。

先進国の多くの人々は、ＩＴが貧しい人々の問題とまったく無関係のものであると思っている。ＩＴは複雑すぎるし、高価すぎるし、貧しい人々には非実用的すぎるというのだ。

この態度は空想のレベルでは、抜け目がなく、賢明であるように聞こえる。しかし、懐疑論者たちの否定的な予測にもかかわらず、私はテクノロジーの力が、とても貧しい人々の生活を変えることを見てきたのだ。

私たちが携帯電話会社のグラミン・フォンを始めた一九九六年には、懐疑論者たちはみなこう言ったものだった。「バングラデシュの村に住む貧しく、読み書きもできない女性たちに携帯電話を販売することを考えるなんて、あなたは気が狂っているに違いない！　誰も従来型の電話を見たことがある人さえいないんですよ！　彼らには電話を持つ余裕もないし、番号をダイヤルする方法さえ知らない。それに、誰に電話をするというんですか？　そのアイデアすべてが狂っている！　あなたは自分が知っていることに集中して、そのハイテク機器のことは大きい会社や技術職の専門家にまかせるべきです」

しかし、グラミンのテレフォン・レディーは、バングラデシュに社会的、経済的、技術的な変化を起こす主要な力となっていった。彼女たちは住んでいる村の情報ライフラインとして機能し、また、家族が利益を得られるビジネスを作り出した。また、彼女たちの電話はインターネットのサービスも提供する。今では彼女たちは「インターネット・レディー」になろうとして動いている。技術が進歩するにつれ、彼女たちは、強大な力を持つデジタルの魔神をバングラデシュの僻村に呼び込む最初の人間になるだろう。それは、彼女たちの隣人が問題を解決したり、高等教育を受けて裕福になる機会を発見したりするために役立つはずだ。インターネット経由で、村人たちは世界のすべての情報、活動、経済ネットワークにアクセスできるようになるのだ。

貧しく、読み書きができない女性たちがそのような役割を果たす能力を疑う人については、まさに私自身が「あなたは電話をかけることで何か苦労しますか?」と最初のテレフォン・レディーたちに尋ねたことを思い出す。

彼女たちはみな、問題は何もない、と言った。ある女性は立ち上がって「私に目隠しをして、電話番号を教えてください!」と言った。「もし私が一度で正しく電話をかけることができなければ、電話をお返ししてビジネスを辞めますよ」

私は彼女が新しく身につけた技能に自信を持っていることに驚かされた。しかし、何ができるかを示す機会を貧しい人々に与えれば起こることなのである。ほとんどいつでも、彼らは好機をつかみ、それとともに走っていくのだ。

すでに、別のグラミン会社(グラミン・コミュニケーションズ)が、村のインターネット・キオスクを設立し、商業ベースで経営を行なっていた。私たちは、インターネットや他のコンピューターサービスを利用する機会を得た村人たちの反応に目をみはってきた。多くの若い人々が、ささやかな対価を払ってコンピューターの操作技術を学ぶのに申し込んでくる。国の配電網が達していない村では、グラミン・シャクティによって売り出されたソーラー・パネルが、携帯電話とコンピューターを動かしている。

マイクロクレジットとＩＴの両方が、貧しい人々、特に貧しい女性に金の価値では測れない力を与えることができる。私は貧困と闘う最も良い方法は、貧しい女性たちに威厳と自立を与えることであると確信している。ＩＴとマイクロクレジットは非常に効果的にこれをやってのけ、相互に強化しあっている。

これは、懐疑論者によって掲げられた仮定が完全に間違っているということではない。貧しく、読み書きができない人々が、新たなＩＴを持ち、使うための能力は、貧しい人々の周囲の社会制度環境の適切さや、彼らが必ずしなければならない投資のリターンの相場に依存する。マイクロクレジットは、適切な形で支援する社会制度環境を提供できる。これは、グラミン銀行からのローンで設備を購入し、その小さな機械を地域ビジネスに変えた何千人もの村のテレフォン・レディーたちの成功が示しているとおりだ。

別の誤解としては、開発途上国が何十年、あるいは何世紀も前に先進国が辿った開発の経路を繰り返さなければならない、というものだ。新たな技術にはいくつものプロセスを飛び越えて進む力がある。アジアやアフリカ、ラテンアメリカの開発途上国で電話サービスを提供するために、一九世紀後半や二〇世紀前半にヨーロッパと北アメリカでしていたように、有線のネットワークを張りめぐらせる必要はないのだ。代わりに、それらの地域では直接、無線の携帯電話サービスに飛びつくことができる。これによって有線ネットワークに必要な巨額の資金、開発にかかる時間、および貴重な再生不能な資源（電話回線を作る際にかつて使われた銅など）を節約することができる。

中国、インド、バングラデシュ、その他の多くの国が、まさにこの飛躍を果たした。携帯電話の通話可能地域は津波のようにこれらの国々で広がっている。今からの本当の挑戦は、携帯電話を持っている人々の生活を改善する、できるかぎり多くの方法を発見することだ。

同様に、発展途上国は鉄鋼、自動車、そして機械工業といった重工業の分野を強調する段階を踏む必要がない。その代わりに途上国では、ソフトウェアの開発や、ＩＴサポートサービスや、他の多くの消費者製品の生産など、情報時代のテクノロジーの中で経済を発展させることができるかもしれない。新鮮で、偏見のない思考が、驚くべき速度と効率で開発途上国を世界経済に統合する幅広い機会を開くのだ。

貧しい人々のニーズに応じて技術をあつらえる

デジタル格差について話したいことはたくさんある。裕福な人々と貧しい人々の間では、最新の情報コミュニケーション技術へのアクセスと、それを使う能力において、かなりのギャップがあるのだ。これは私もとても心配している。これが気づかれないまま、知識の格差、技能の格差、機会の格差、所得の格差、そして力の格差をさらに広げてしまうだろう。

しかしながら、デジタル格差を永遠に続く避けられないものだと仮定する理由はまったくない。問題を軽減するために多くのことができる。

その努力はIT製品やサービスの開発への新しいアプローチから始まらなければならない。企業は、単に伝統的なオファーを引っこめることもできず、おまけの拡張機能を排除することもできずに、より貧しい国の人々向けの値下げされたバージョンを販売しようとしている。しかし、開発途上地域向けのITは最も低いレベルから設計されなければならない。貧しい国の貧しい女性たちのイメージを、最先端のIT製品とサービスを設計する者は意識の中に保ち続けなければならないのだ。彼女たちの日々の問題は何なのだろうか？　自分の装置、仕掛け、あるいはサービスによって、彼女たちがそれらの問題の解決策を見つけるのをどのように助けることができるのだろうか？　これらの質問に答えることは、貧しい人々の世界を真に変革する製品やサービスを生み出すことにつながるだろう。その解決策には、新しいチップや新しい装置、新しいインターネットリンク、新しいオペレーティングシステム、新しいインターフェイスなどを設計することも含まれる。

IT企業にぜひ作り出してほしいと私が考えている開発途上国のための最も力のあるツールは、開発途上地域の貧しい女性がいつも身につけていられる装置だ。それは新しい種類の装置である――ノートパソコンでも、携帯情報端末（PDA）でも、携帯電話でもないものだ。それは現在では先見の明のあるデザイナーの瞼の裏にのみ映っているような、新しい種類の装置であるかもしれない。

形状がどのようなものであれ、この新しい装置には、貧しい女性の人生を変える可能性がある。それは彼女の親友、哲学者、ガイド、ビジネスコンサルタント、健康や教育やマーケティングのコンサルタント、トレーナーになることもできる。より大きな世界にリンクするための、デジタルなアラジンの魔法のランプになるのだ。彼女がランプに触れ、彼女の選択に関する呪文を唱えると、デジタルの魔神が彼女が探し求めている解決策を携えて現われるのだ。このテクノロジーの友人の助けで、彼女は殻から抜け出し、少しずつ才能を発見して、家族を貧困からすくい上げることになるだろう。彼女の子どももＩＴの魔神を親友や師として、順番に成長していくだろう。

貧困を終わらせることに身を捧げる、才能豊かな人々と組織が世界中にある。彼らの影響力を利用して、世界中の貧しい人々のニーズに合うインフラストラクチャーや製品、装置、プロトコル、活動、システム、サービスといったものを開発するようＩＴ産業を啓蒙する必要がある。

「一人の子どもに一台のノートパソコンを」プロジェクトと、インテルの「クラスメートＰＣ」プロジェクトは有望だ。ノートパソコンを子どもに与えることで、こんな強力なメッセージを送るのだ。「自分を発見してください。世界を発見してください。そして、あなた自身の世界を創造してください」と。あらゆる発展途上国がこの心躍るプログラムに参加しない道理はない。裕福でも貧しくても、男子でも女子でも、都市の子も田舎の子も、コンピューターとインターネットを利用できれば、現在貧しい人と裕福な人がそれぞれ利用している教育機関の間の大きな格差を埋める一助となるだろう。

そのようなプロジェクトがもっとたくさん必要だ。シリコンバレーの旗手たちは、なぜ読み書きができない貧しい人々もトレーニングなしで使える、声で動くＩＴ端末を設計しないのだろうか？　装置自体が、装置の可能性を学ぶように人を誘導するものがいい。この装置のユーザーは、友人と話す時のように、ただその装置と会話すればいいだけだ。私は、そのような挑戦が、ワールド・ワイド・ウェブやｉＰｏｄのようなグラフィカル・ユーザー・インターフェースを開発した創造的な天才たちの能力を超えているとは信じにくい。

ＩＴの世界にある別の刺激的な挑戦は言葉の問題だ。インターネット上の膨大なコンテンツとリソースは、現在、主に英語、中国語、それに他のほんの一握りの主要な言語でのみ利用可能である。実際には約八〇パーセントのインターネットの内容が英語であると見積もられている。これは自動的に世界の人口の莫大な部分を除外していることになる。

理想的なＩＴの世界には、唯一の言語しかない。それはあなた自身の言語だ。すべての情報とアイデアが、それが何語であってもあなたの言語であなたに届くのだ。ＩＴユーザーとして、あなたは、他の言語が存在するのを知る必要さえないだろう。インターネットを見るときには、あなたの言語ですべてを見ることができる。世界のどこからかかってきた電話でも、知らぬ間に自動的に同時通訳を介した状態で、あなたの言語で話す声を聞くことができる。逆に、あなたは自分の言語でコンピューターと話すと、望みのどのような言語にもそれを変換させることができる。

これが信じられないものに聞こえるだろうか？　空想だろうか？　不可能なのだろうか？　インターネットほどではないのだろうか。誰かが五〇年前に、大胆にもインターネットについて説明したなら、それはきっと、とんでもない幻想であると考えられただろう。

新たなITは、まだ揺籃期にある。私たちは、それが二世代後、三世代後にどうなっているのか想像さえできない。しかし私は、「それが私たちを連れて行くところ」という言葉では考えたいと思わない。それは非常に受け身の人生観だ。私はむしろ「私たちが、ITに連れて行ってほしいところ」と考えるほうがいいと思っている。私たちがどこに行きたいかをはっきりさせ、世界のITメーカーやデザイナー、マーケターたちをそれらの目標に向かって誘導するのは私たちの仕事なのである。

新たなITの潜在的利点の一つは、開発途上地域の都市での、人口過密とインフラストラクチャーの崩壊という恐ろしい問題を緩和するパワーである。電子商取引によって、都市への集中は不要になる。地球上のあらゆる地域がインターネットで他の地域と接続されれば、辺鄙な村で一旗挙げようと思っている貧しい若者たちが、より良い仕事を求めて大都市にやってくる必要はもうなくなるだろう。彼は村の家を離れることなく同じ仕事をすることができる。あるいは自身のビジネスを始めることもできる。もちろん、サービスの購入者も新たな相互接続から利益を得るだろう。たとえば、患者は自分の家にいながらにして、バングラデシュのこの人、日本のこの人、あるいは他の国のひとりというように、世界の都市のどの医師と相談するかを決めることができるだろう。国境や距離は、ほとんど何の意味もなくなり、知識、才能、そして能力だけが意味を持つようになるだろう。

政府とその市民の間では、新しく、電子的に可能になったインタフェースが、全体の統治構造を変える可能性もある。「首都」という考え方自体が、見る影もなく変更されるかもしれない。新たなITがあれば、すべての官庁がただひとつの都市にある必要はない。あるいは都市の中にさえある必要などない。仕事を必要とする何千人もの人々に仕事を与えながら、全国いたるところの小さな村に分散していてもいいのだ。

　また、大学のキャンパスについての考え方も再定義されなければならないであろう。学生も教授陣も、ただ一カ所にいる必要はない。二〇二〇年のハーバード・ビジネススクールで最も成績が良い学生は、エチオピアの村から一度も離れたことのない若い女性であるかもしれない。

　新たなＩＴは、健康、栄養、教育、技能開発、保育、マーケティング、金融取引、アウトソーシング、環境など、私たちの関心のあるあらゆる領域で劇的な変化を引き起こす魔法のプラットフォームを提供するかもしれない。新たなＩＴのパワーは、まだ私たちの想像力に制限されているだけなのだ。

　これらの夢を実現させるのに具体的な活動が必要なことは明らかだ。そのような機会の一つは、二〇〇七年九月に、インテルの会長であるクレイグ・バレットがダッカを訪れたことだった。私たちは、「インテル・グラミン」と命名される合弁事業のソーシャル・ビジネスを創設することに同意した。この会社はＩＴに関する多くのまだ議論されていない問題に焦点を当てようというもので、私たちは、現在、この会社を設立するために働いている。

ソーシャル・ビジネスとＩＴ革命

　技術は、わずかな裕福な人のためだけでなく、あらゆる人々のより良い生活のために利用されるべきである。しかし、自由市場経済においては、技術をどのように使うかその用途について決めるのは、利益を最大化することを目的とする会社である。企業戦略の立案者は、研究開発資金をどこに投資するかを決める。彼らは作り出す製品とサービスを選び、そして、その会社が売ろうとしている製品がまさに誰もが求めているものだと消費者が納得するようなマーケティング・キャンペーンを展開するのだ。

しかしながら、新たなＩＴの場合には、そんな「いつもどおりの仕事」は許されない。新生技術は私たちの未来を形成する際に圧倒的に重要なものになるので、私たちは明日のＩＴの開発を、利益を最大化する会社の上層部の決定だけに委ねておくことはできない。代わりに、ソーシャル・ビジネスが、次世代のＩＴを創造するという重要な役割を果たすためにステップアップしなければならないのだ。

私はこの努力を始めるための最善の場所は個人であると見ている。特にＩＴに熱をあげている個人と、ビジネス、技術、科学、芸術、アカデミックの世界に足がかりを持っている個人である。聡明で理想主義的で、ＩＴを貧しい人々が貧困から免れるのを助けることに使う方法を見つけることに、彼らの時間やエネルギー、そして才能を注ぎたいと考えている何千人もの人が世界中にいる。インターネットを駆使すれば、世界の最も重大な社会問題に情報のパワーを充てることに身を捧げる人々を結集し、グローバルな力を築くことができる。

私はこれを具体化し支援するために統括団体を創設し、この潜在的な運動に形を与えることを提案したい。バーチャルな組織から始まり、ムーブメントが力と財力と重要性を増すにしたがい、やがて一つあるいはいくつかの物理的な拠点が加わるかもしれない。この組織を、「ITソリューションと貧困終結のための国際イニシアチブセンター」と呼んではどうだろう——あるいは略して、「貧困終結のためのITソリューション」（ISEP）ではどうか。

ISEPはどのように始まるのだろうか？　あらゆる個人、個人のグループ、あるいは組織（企業、NGO、財団、学会など）は、ウェブ上にミッション・ステートメントを提示し、ネットワークに参加するように他の人に参加を呼びかける。いったん軌道にのれば、指導部を作るための会議（バーチャルでもリアルでも）を開いたり、管理に関する問題を整理したり、または基金を受け入れてそのネットワークに代表権を置くために法人格を取得したりするかもしれない。

ISEPでは、ネットワークのプログラムに専念するボランティアやインターンを抱えるだけでなく賃金を支払うスタッフを置くことになるだろう。しかし、その真の正当性と権威は、そのメンバーシップから来るものである、すなわち、貧しい人々のためにITソリューションを設計し、開発し、テストし、実装し、市場に売り出すために才能を捧げることを決意している、強力で想像力豊かな人人や組織である。物理的な拠点は一つしか持っていなくても、その代わりに、ISEPは世界のさまざまな地方に多くのセンターを維持できる。そのセンターは連携し、切磋琢磨しながら、貧困を終わらせるという同じ目的に向かうだろう。

スタッフを雇うには資金が必要だ。一つかそれ以上のオフィスを維持するため、またシステム、プロセス、ソリューション、製品の原型を開発するため、あるいは、ネットワークによって始まったプロジェクトの実地試験や実験ためにも金が要る。経営陣には、これらの基金を見つける責任がある。財団や企業、政府からの交付金は、初期の資金源としてふさわしい。その後、ＩＳＥＰの中心となるプログラムをサポートするために、寄付金による基金が寄付者や協力者の共同体によって作られ、市場でＩＴ製品やサービスを製造、販売するあらゆる企業——マイクロソフト、アップル、グーグル、デル、インフォシス、インテル、イーベイなど世界中の企業——に毎年、寄付するよう訴えるのである。そして、おそらくＩＳＥＰは、政府やＩＴ産業の会社、他の企業、財団、個人の資産家などから、プロジェクトへの寄付金を受け取ることができるはずだ。最終的にはＩＳＥＰは開発する製品とサービスの知的所有権を販売することで、基金を積み立てることができるだろう。また、サービスや刊行物、製品を販売することで、金を稼ぐことができる。

ＩＳＥＰを作るための資金は、確かに存在する。必要なのは貧しい人々に焦点を当てること、その焦点に献身する世界中の人々のネットワークを確立させるための意志、そして、そのプロセスを動かす何人かの強力な個人の、力強く、未来を見通すリーダーシップである。

私はＩＳＥＰのメンバーやセンターが、先頭に立つであろうプロジェクトの長いリストを作ることができた。次に挙げるのは、まさしくそれらのいくつかである。

・ＩＳＥＰは、貧しい人々にサービスをもたらすために、または貧しい人々のところからより広い市場に製品やサービスを渡すためにＩＴを使う、すでに使えるソーシャル・ビジネスのアイデアを生み出すことができる。またISEPは、これらのアイデアをできるだけ広くに知らしめ、ソーシャル・ビジネスの投資家が、それらのアイデアに引き付けられて具体的なソーシャル・ビジネスに変換できるようにしなくてはならない。

・ISEPのメンバーは、世界中どこにいてもITインフラストラクチャーのプロトタイプや、貧困撲滅プログラムとサービスの情報システムを開発することができる。

・ISEPのメンバーは、貧しい人々の情報ニーズ（特に仕事の生産性に関連するもの）と既存のIT能力を結ぶインターフェイスを研究し、貧しい人々にもっと役立つアプリケーションやシステムを先取りして作ることもできる。

・ISEPは教育、健康管理、良い政治や司法サービスを貧しい人々に提供するために、ITインフラストラクチャーが必須であると認めるだろう。必要なインフラを生産したがっている政府やNGO、あるいは企業へのコンサルタント業務を提供するだろう。

・ISEPは地理上の区域（国家あるいは地方）、貧困の原因と相関物（農業、製品マーケティング、健康、教育、法律、女性、子ども、極貧、先住民の人々など）、そして関係者のタイプ（個人、NGO、政府、ビジネスなど）に基づいた情報ネットワークを作ることができる。

・ISEPは、貧困除去プログラムやソーシャル・ビジネスに取り組む、もしくは取り組む予定の政府、国際的な団体、企業、NGOのために、技能、知識、およびテクノロジーのデータベースを作成できる。それは人間とアイデアを結びつける情報センターになるだろう。

・ＩＳＥＰは、世界中の貧しい民族や先住民の文化や芸術を推進、保存するのを支援するために電子的技術を提供できる。

ＩＳＥＰは世界中の組織と人々のダイナミックなネットワークとなり、管理チームによって明確に定義され、監視される共通の目標に向かって全員が仕事に取り組むことになるだろう。また、主なＩＴ企業やそのスタッフ、研究機関、社会運動家のグループ、金融機関、マイクロクレジット組織、開発代理店、保健機関、教育機関、そしてあらゆる分野の専門家と、戦略的提携を築き上げるだろう。

世界のどこかでこの本を読んでいる誰かが、世界中のＩＳＥＰイニシアチブを立ち上げるという挑戦を受け入れてくれることを、私は願っている。

ＩＴ革命と民主主義

ＩＴは経済以外にも他の多くの面で世界に影響を与える可能性を持っている。そのうち、おそらく最も重要なのは、政治の分野である。私はこれを極めて重要だと考えているが、それは貧しい人々が完全な権利を与えられた自由社会の市民として彼らにふさわしい地位を得るまで、グローバルな貧困は真の意味で根絶されることはないからだ。

残念ながら、多くの国の政治的なプロセスは、控えめに言っても非常にいらだたしいものがある。官庁を買収するために莫大な金が投入され、候補者のいつわりのイメージを作るためにメディアを操作し、敵対者を中傷するための卑劣な企みを練り、投票権を盗むことさえ普通のことになりすぎている。軍隊や民兵が政府機能の支配権を奪い取っている国さえある。あまりにも頻繁に、「民衆の力」が政治から消え、お金の力や腕力、あるいは銃器の力にさえ置き換えられてきた。

私たちは、合衆国からロシアまで、世界の中でも最も大きく、最も強力な国の民主主義においてもこうした問題を見る。よく似た問題が、バングラデシュにも存在している。政治的な腐敗、統治の目的そのもののねじれ、自分で分け前を得ることが横行している（二〇〇七年現在、非常事態宣言の下で、政党によらない暫定内閣は、政党とそのシステムを排除する機会を作ろうとしている。大部分はまだ、本当の、活気に満ちた民主主義をバングラデシュにもたらすために残ってはいるものの、今までのところ、彼らの狙いは成功しているように思える）。

民主主義の問題が起きた結果、世界中の人々が政治プロセスに不信感を抱き始めている。特に若い世代はそのシステムを絶望的なまでに妥協していると見なして拒絶し、政治ぎらいになっている。この風潮においては、政治家は、市民、民族グループ、宗教、国同士の間の憎しみをかき立てることによって、彼らのパワーを強化したいという思いに駆られる。人々や国を束ねることができる先見の明を持つ指導者がますます稀な存在になっている。もし南アジアにそんな先見の明を持つ指導者が数人でもいれば、カシミールやその他の問題など、とっくの昔に平和裡に解決されていただろう。

民主主義は人々、特に若者の創造力を解き放つ最も良い政治上の枠組みである。真の民主主義は、個々の市民に力を与える。市民が、ただ生産的な生活を送りたいだけなのに、彼ら自身の政府と対立しなければならなかったり、国が作った不必要な障害を乗り越えるために戦わなければならなかったりするようであれば、自由も自由企業も、栄えることはできない。

今日、新たなITは、真の民主主義を支持して、強力なツールを提供する。

情報は力である。だから人々に奉仕するより、人々を支配する道を探る政府は、情報を支配し続けることを切望しているのだ。そんな集中統制をはるかに難しくするという意味で、新たなIT――特にインターネット――は、ひとりよがりの暴君にとっては大きな妨害となるに違いない。

ITは仲買人を排除する。その結果、経済や政治で大きな力を持つブローカーはITによって等しく脅かされることになる。インターネットのおかげで、単独の個人であっても、今ではどんな仲介者（民主主義の弱い国で、偏った見方をしていたり、政府に統制されたりしている伝統的なニュースメディアもこれに含まれる）のコントロールも受けることなく、全世界に対して自由に発言することができる。これによってITは人々の声を増幅する拡声器になる。特にマイノリティー・グループや貧しい人々、地理的に隔離されている人々の声を増幅する。また、それは大勢の人々とコミュニケーションを取るための時間、エネルギー、コストを削減する。手で印刷したビラや、秘密の無線放送、あるいは個別にタイプされた地下出版物の原稿を、重大な危険を冒し、費用をかけて流通させた時代は、もう過去のものとなっている。私がウェブサイトにいったんメッセージや写真、あるいはビデオを投稿すれば、世界の誰もが見に来られる。同じ意見を持っている人々同士のネットワークがこれまでこんなに簡単であったことはない。

これらの特徴は、どの国の民主主義にとっても非常に重要なものである。しかし、それが特に重要なのは、真の民主主義を達成すべく闘っている新興国家においてだ。

また、新たなＩＴは、市民が直接政府にアクセスできるようにすることによって、個々の市民に力を与えることにも役立つ。バングラデシュでは、私たちはテレフォン・レディーを通してささやかにこれを試してみた。新しくグラミンのテレフォン・レディーになった女性が電話ビジネスを始める時に、毎回、重要な電話番号のリストを与えるのだ。地元選出の国会議員、地方政府の代表者、警察所長、地方の公共医療施設、その他の重要な役人、バングラデシュの首相の電話番号も含まれている。そこで私たちは、彼女や村の人々に何か問題が起きて、政府の支援を必要とするときにはいつでも、それらの番号にかけていいのだと彼女に説明するのだ。それは象徴的なジェスチャーではあるが、また電子的につながることが個々の人々にパワーをもたらすことを示す本当の証拠でもある。

グラミンのテレフォン・レディーが、実際にそのパワーを使用した例がある。犯罪が起きた村のテレフォン・レディーに関する、私の好きな話がある。ある村の人が見知らぬ人に襲われ、犯人はすぐに姿を消したのだ。村の人々は大いに怒り、取り乱していた。そして、地元の警察の本部長が彼らの呼び出しにまったく無関心なままであったという事実が、彼らをひとしお怒らせた。

過去において、彼らには本当に頼れる人はいなかったかもしれない。しかし、そのテレフォン・レディーはこう言ったのだ。「心配しないで。私が警察を呼ぶわ」彼女は、本部長に電話をして言った。「あなたが、私たちの呼び出しに応じるのを拒否するので、村の人々は本当に怒っているのよ。

この犯罪を捜査するために、警察官を何人か、すぐに私たちの村に送ってちょうだい。さもなければ、今から首相官邸に電話するわよ。番号だってちゃんとわかっているんだから！」

警察は一時間以内に到着した。

最終的に、新たなＩＴは、市民活動にプラットフォームを提供することで、民主主義を強化することができる。この技術のパワーは、二〇〇一年、世界で最も大きな民主主義国家で生き生きと示された。インドである。うまく隠したビデオカメラを使って、二人の若いジャーナリストが贈収賄の様子を撮影したのだ。そこでは、政府の役人が軍備の契約と引き換えに一〇万ルピー（およそ二〇〇〇ドル）もの札束を受け取っている様子が見られた。ジャーナリストたちは「Tehelka.com」というインターネットのニュースサイトにそのフィルムをアップした。国民は激怒し、国防相と彼の数人の同僚が、すぐに、現政府の崩壊を避けるために辞職しなければならなかった。

これは滑稽なことだ。多くのインド人は、数百万ドルに値する賄賂が、毎年、政府のドアの後ろで渡されているだろうということを予想しているからだ。しかし、実際に二〇〇〇ドルが交換されている様子を目で見ることは、信じられない効果を世論にもたらしたのだ。

それがＩＴのパワーなのである。これこそがなぜ政府や企業、ＮＧＯ、一般市民が、その助けを最も必要としている最も貧しい人々を含む世界中の全員に技術の力を必ず届けようとする集団に加わる必要がある理由なのである。

10　繁栄の危険

近年、地球温暖化の脅威が広がっていることについて科学的なコンセンサスが形成されてから、世界中の人々は真剣にその問題を受け止め始めた。しかし、関心は本物であっても、人々は多くの場合、地球全体のこととして心配してはいない。人々がすぐに反応するのは、生活そのものというよりはむしろ、財産や収入への脅威が中心になる。人々はこんなふうに心配するのだ。「気候変動がカリブ海のハリケーンの数やその強さを増すのだろうか？」、「フロリダやバハマにある私の海岸沿いの資産の価値は破壊されるのではないだろうか？」、「新しい昆虫や雑草の侵入が私の家の庭を台無しにしたり、スーパーマーケットで食糧の値段を押し上げたりしないだろうか？」、「私の子どもはオーストラリアのグレートバリアリーフの壮麗さを楽しむ機会を失うのだろうか？」

バングラデシュでは、状況はより差し迫ったものである。温暖化は私たちのまさに人生や暮らしそのものへの脅威なのだ。バングラデシュは、多くの科学者たちが現在予測する壊滅的な変化の最前線にあるようだ。この点で、バングラデシュの問題は、開発途上国すべての問題を表わしている。気候変動や水不足から、公害とエネルギー価格の高騰までくまなく及ぶ問題は、〝北〟の人々には迷惑な程度かもしれないが、〝南〟の人々にとっては、生死に関わる困難を引き起こすのだ。

通常の状況下でさえ、バングラデシュの国土のおよそ四〇パーセントは、毎年の雨季の間、水につかった状態になる。この毎年の現象には、ナイル川沿いのエジプトの伝説の氾濫のように、優しい局面もある。それが私たちの国土を非常に豊かで肥沃なものにするのだ。しかし、天気のパターンがわずかに変わって洪水が激しくなるときには、自然の破壊力は解き放たれる。村と、時にはその地域全体が流されてしまい、何十万人、何百万人もの人々が、家をなくしたまま置き去りにされる。激しい洪水では大勢の人が亡くなり、特に多くの子どもが生命を落とす。私たちには洪水を管理し、制御するために必要な主要な施設（オランダ人が、低い国土を脅かす高い海を制御したような方法）がないため、こういった定期的に起きる災害が、バングラデシュを長く貧しい状態のままにさせている。私たちは、洪水が起きた後には、ただ再建するだけで何年も費やさなければならないからだ。

地球温暖化には、バングラデシュに向かってくる破壊力をはるかに凌ぐ脅威がある。グリーンランドの広大な氷原が溶け続けると、地球の海水面の高さは上昇し、世界の低い土地の大半は徐々に水に覆われてしまう。そこにはバングラデシュも含まれている。

これが私たちの、脆弱で、非常に人口密度の高い国で発生するときの危機のスケールを想像してほしい。その結果、破壊的な米の収穫量の減少、ひどい死亡者数、そしてほとんど移動することができない大量の難民が発生するのだ。

この悲劇は、あなたが考えているよりも早く起こるかもしれない。科学者は、ベンガル湾の海水面がすでに上昇していると報告している。最近の研究では、一年あたり三〜八ミリメートルの間で水位が上昇していると測定されている。それはさほど多いようには聞こえないだろう。しかし、バングラデシュの人口のおよそ二〇パーセント（およそ三〇〇〇万人）の家が、標高一メートル以下にあると知れば、そうは思わなくなるだろう。元国連事務総長のコフィ・アナンは、バングラデシュのかなりの地域が、今世紀の終わりまでに完全に姿を消しそうだと警告している。

私たちバングラデシュ人は、貧困と闘うためには自分たちだけでさまざまなことができる。しかし、どうやって私たちだけで地球温暖化による影響と闘えばいいのだろうか？

それは明らかに不可能だ。来たる災害の矛先はバングラデシュの貧しい人々に加え、環太平洋地域から旱魃気味の中央アフリカまでの多くの地域に住む貧しい人々に向かうだろう。この危機を解決するには、世界のすべての人々による努力が必要になるだろう。そんな努力が始められなければ、貧困を減らし、世界の最も貧しい人々の人生を改善しようという私たちの仕事のすべては水泡に帰することになってしまう。

そしてもちろん、世界で最も貧しい人々だけが、地球気候変動で影響を受ける唯一の人々ではないはずだ。炭鉱労働者たちが地下の危険なガスを警戒するために使ったカナリアのように、発展途上国の人々は、来たる変化の最後ではなく最初の犠牲者になるだろう。私たちの運命は、先進国の人々がいずれ自分の番にさいなまれるはずの痛みの前触れとなるのだ。

経済的不平等とグローバル資源をめぐる闘い

世界が荒れ果てる前に、この危機を解決するために何をしなければならないかを理解するためには、私たちは危機の経済学的な起源、社会的、政治的な背景、人間の本質を理解しなければならない。

第二次世界大戦後、わずか数十年間のうちに、世界経済は空前のペースで成長した。これは、ほとんどの意味において良いものだった。新技術、自由化された市場、増加する貿易から生まれる富は、先進国の何億人もの人々の生活水準を改善してきた。また、それによって開発途上地域で貧困にまみれる何億人もの人々を引き上げるプロセスも始まった。

しかしまた成長は問題も生む。幾何級数的な需要の増加に連れて、再生不能資源は、急速に使い果たされてきている。原油、天然ガス、石炭などの化石燃料はその最たるものだが、ほかにも産業用金属、鉱物、硬材、魚、飲用水、その他の多くの不可欠な品物が、ますます不足気味になってきている。

したがって、現在、世界の大部分がその下に組織化されている資本主義の形においては、環境と経済成長との間には不健全な関係がある。世界経済が大きくなれば大きくなるほど、地球への脅威も大きくなっていく。そして結局は、人類の生存を脅かすことになっていくのだ。

二一世紀の初頭には、世界の自然界の秩序に対する脅威は、主にヨーロッパと北アメリカの経済から来るものだった。その地域は最初に工業化されたため、私たちが共有するこの地球に大きく重い足跡を残した時間が最も長い。今日、この地域の強力な経済は、彼らの人口に相当する分け前をはるかに上回る割合で資源を使い続けている。一般的に、国の所得水準が高ければ高いほど、世界の環境リスクへの影響はより高い。

たぶん、この超工業化による最も明白な結果が地球温暖化なのだ。この現象は、主として化石燃料の燃焼によって生まれる温室効果ガスのレベルが増え続けていることから引き起こされている。温室効果ガスは、太陽の熱を絡めとって、完全に予測できるというわけではない方法で世界の気候に変化を与えている。科学者はたちはそれぞれ地球全体の気候変化の正確な範囲とその割合について意見を異にしているが、そのような変化がすでに起きていて、この先何年にもわたって加速しそうであるということについては同意している。国連による権威的研究では、平均して地球の温度は、二一〇〇年までに華氏二・五度から一〇・四度の間で上昇することが予想できるとある(1)。

そして、次の三世代にわたって地球のあらゆる場所でその影響を感じるであろう温室効果ガスの、最大の発生者は誰なのかといえば、それは圧倒的に、先進地域の富裕国なのである。富裕国では、自動車を運転するために地球の化石燃料のかなりの量を燃やし、家やオフィスに明かりを点け、暖房し、工場を動かしている。たとえば、世界の人口の四・五パーセントにすぎない合衆国は、現在、温室効果ガスの総排出量の二五パーセントを生産している。

さらに言えば、化石燃料のこれらの用途だけが、環境を破壊している先進国のライフスタイルなのではない。たとえば、およそ四〇〇ガロンのガソリンに相当する量が、年にアメリカ人一人に食を供給するために費やされると見積もられている。この合計のうち、三一パーセントは化学肥料の使用によるものである。残りの多くは、機械を操作したり、農地を灌漑したり、殺虫剤を作ったりするのに使われている。

すべてが非常に無駄である。ある評論家がそれをこのように評している。

本質的には、私たち〔アメリカ人〕は文字通り化石燃料を食べているのである。しかしながら、熱力学の法則のために、農業においては、エネルギーの流入と流出との間に直接的な一致がない。その途中には、著しいエネルギーのロスがある。……私たちは限界収益点に達している。しかし、土壌の侵食のため、有害生物の管理の需要は増加し、灌漑のためのエネルギーコストの需要も増加している。……近代農業は、単に現在の収穫高を維持するために、エネルギーの消費を上げ続けなければならないのだ。緑の革命は破綻しつつある。(2)

アメリカ合衆国で行なわれているような産業型の農業は、収穫高を上げるうえではとても効率的である（同時に、農業ビジネスは巨額の利益を上げている）。しかし、結局のところ、それは持続可能ではない。

裕福な先進国で比較的少なめな人口と彼らの資源の乱用が不均衡であるのは、正しいことではなく、それが持続可能でないことも明らかである。年々、先進国と開発途上地域の両方の多くの人々がこの現実を認識し、認めるようになってきている。

残念なことに、権力者たちは本質的には、そのパワーをまとめ、維持する方法を探し求めてきた。先進国の政府は、世界の最も重大な資源が、どこで見つかったものであれ、それを確実に支配することが彼らの使命であると考えている。彼らは石油や天然ガス、鉱物などの重要な資源の供給がとだえずに続くように、開発途上国で操業している大企業を手厚く保護している。そして、資源の支配交渉が企業のリーダーや通商大臣、外交官同士の間で行なわれるときには、それらの主要な企業は政府がちらつかせる政治力と軍事力のほかに、彼ら自身も経済的な力をその会議のテーブルに持ってくる。

富裕国のリーダーが、彼らの資源の長期的な支配権を競っているときに、資源豊かな世界の特定の地域が、長い間にわたり、政治上、軍事上、経済上の悪だくみの中心になることは偶然ではない。中東がいい例である。したがって、不可欠な資源（特に原油）の供給が着実にやせ細って世界中の不安が高まることは、世界平和への重大な脅威を引き起こすのだ。

世界一裕福なアメリカ人や、他の国の人々は、今日、贅沢なライフスタイルを楽しんでいるかもしれない。しかし長い目で見たときに、彼らはそのライフスタイルを無期限に支えるために、環境破壊と軍事衝突にどれだけお金を支払っても構わないと思うものだろうか？

富の拡大と成長のジレンマ

人類について心配している人たちは、数億人の人だけがこの地球のすべての資源の恩恵を受けられる一方で、一〇億人以上の人々が生きるための闘いを強いられているような世界には満足しない。しかしもちろん、それこそまさに私たちが今日生きている世界のありさまなのである。

経済的な不平等に関するいくつかのぞっとする統計について考えてほしい。二〇〇〇年に行なわれた国連大学の世界開発経済研究所の報告によれば、最も豊かな一パーセントの人々が世界の資産の四〇パーセントを所有しており、最も豊かな一〇パーセントの人々が八五パーセントを所有していた。対照的に、世界の貧しい半分の人口が所有しているのは、この地球上の資産のわずか一パーセントにすぎなかった。

収入についても、同様の不公平は存在している。世界の五大国――合衆国、日本、ドイツ、フランス、イギリス――は世界の人口の一三パーセントにあたるが、世界の収入の四五パーセントを享受している。対照的に、三大国――インド、中国、インドネシア――を含む世界の発展途上地域には人口の四二パーセントが集まっているというのに、得ている収入はわずか九パーセントにすぎない。言い換えれば、世界の最も豊かな人々に相当する五〇〇〇万人――上から一パーセント――が得る収入が、下から五七パーセントの三〇億人以上もの人々が得る収入よりも上回っているということである。

残酷に聞こえるが、これが現実である。世界経済の成長が速いため、収入の不均衡は何ら減少していない。心をくだいている人々が願っているような数字にはなっていないのだ。

その不平等の解消、そして、地球規模で中産階級を拡大して、今日一日あたりの収入が二ドルかそれ以下でなんとかやりくりして惨めな生活をしなければならない何十億人もの人々をそこに含めることは、人類の優先度として非常に高いものがある。それが、私が人生を捧げる理由なのである。しかしまた、私たちは、不平等問題を解決すれば、また新たな重大な挑戦がそれとともにもたらされることも認めなければならない。その衝撃と厳しさは、すでに明らかになりつつある。

私たちが生きてきた時代の希望に満ちた話の一つは、開発途上地域における最も大きな国の経済成長である。特にアジアにおける二つの巨人、中国とインドである。それらの国では、何千万もの人々が、経済成長の結果、貧困からすでに抜け出てきている。しかし、これらの国は産業基盤と資源の消費を拡大させるのにしたがって、グローバルな汚染と気候変動問題の大きな原因となってきている。そして、彼らの成長率が高ければ高いほど、その高度成長を永続させたいという希望から、環境問題が無視される確率はより高くなる。

すでに中国とインドは、温室効果ガス放出量を驚くべき率で増加させている。一九九〇年から二〇〇四年までの間、国連の研究によれば、合衆国、ドイツ、カナダなどの先進国では、その放出量を一六から二七パーセントの割合で増加させて、一方で、イギリスはその放出量を一四パーセント減らしている。その間、中国の放出量は四七パーセント増え、インドも五五パーセント増やしている。(3)

もっと最近になって、中国の経済成長の加速に伴い、問題はさらに重大になってきた。二〇〇六年だけで、中国はエネルギー生産能力を、イギリスとタイの全部の発電量を合わせたのと同じくらいだけ増加させている。中国の操業している新しい発電所の大部分は「環境に悪い」石炭動力のジェネレータを用いており、国が直面していた大気汚染や水質汚染をさらに途方もないほど深刻化させた。国際エネルギー機関は、中国が二〇〇九年までにエネルギー関連の温室効果ガスの最も大きな作り手として合衆国をしのぐことになるだろうと予測している。さらに驚くべき話もある。オランダ環境アセスメント機関によると、中国は二〇〇六年にすでに合衆国に追いついている、というのだ。

もちろん、気候変動だけが規制なき成長によって引き起こされた唯一の環境問題ではない。汚染の直接の影響も同様に致命的となりうる。そしてここでも、開発途上地域で急速に成長している巨人たちは、問題とその影響をはっきりと描き出している。今日の中国は、世界で最も汚染が進んだ二〇都市のうち一六都市を抱えている。インドの状況はさらに悪いかもしれない。インドの八三の都市で二〇〇四年に行なわれた大気の調査によって、人口の八四パーセント以上が危険なほどに汚染された大気を吸っていることがわかっている。

そしてもちろん、汚染による人体への被害は、経済的負担を引き起こす。若死に、入院と医師の往診、仕事ができなくなった日々、そして環境問題を回復するためにかかるコストは（初めからそれを防いだほうがはるかに安くすむ）、すべてが経済にとてつもない負担を強いている。どの調査結果を受け入れるかにもよるが、中国経済の環境悪化に関するコストの見積もりは、その国のGDPの七～一〇パーセントにものぼる。

私たちの住む世界では、経済的な不平等が、持たざる何十億人に大きな苦悩を引き起こしている。しかし、不平等の問題に対する明らかな解決策——開発途上国での急激な経済成長——は、開発途上国自身に壊滅的な危険をもたらすように見える。私たちは、このダブルバインドを「成長のジレンマ」と呼んでもいいかもしれない。

野放しな成長の論理

私たちが罠にはめられたように思えるこの苦痛なジレンマの根本的原因は何なのだろうか？　結局それはやはり、私たちの経済システム全体の背後にある、社会や人間存在に対する不完全で誤った見方に端を発しているのだと私は信じている。

ここに、すべてのエコノミスト、会社の経営者、政策立案者、経済記者が当然と考えている資本主義の哲学を簡単に示してみよう。

・世界中の人々のよりよい生活の方法——不平等によって引き起こされる苦しみの軽減も含む——は、強健な経済成長を通してのみ作り出すことができる。
・経済成長は、ただ競争の激しい自由市場での資本投資によってのみ活気づけることができる。
・資本率を最大化するために経営される会社によってのみ、投資のお金は引きつけられる。
・資本収益率は、利益の最大化をただ唯一の目的とする会社によってのみ最大化される。

この論理は、私たちが早くに達していたのと同じ結論に私たちを引き戻すものである。それは、人間はただお金だけを動機、満足、幸福の唯一の源とする一次元的な生き物だという前提に基づいているものである。つまり、利益を最大化することがすべて、という考え方だ。

言葉の上では、その論理には議論の余地がないように思える。しかし、現実の世界を見れば、その結果は満足できないものだ。先進国の企業は、利益の最大化に精を出している。そしてその結果、資源は浪費され、環境は荒らされ、これからの世代はやがて来る恐ろしい未来を待つしかないのである。資本主義の哲学が広まるにつれて、中国やインドのような開発途上国は、モデルである北アメリカやヨーロッパの後を追って、彼らの利益を最大化することに精を出している企業家階級を育てている。その結果、何十万人もの人々が病気に苦しめられて、汚染のせいで若くして死にかけている。そして、気候変動の世界的な問題は、もう戻ることができない限界点に向かって急速に進んでいる。

明らかに、野放しにされている成長の「議論の余地のない」論理には不具合がある。

野放しな成長の哲学が、たとえば天然資源についてどのようなことになるのか考えてほしい。もし企業にとって、利益を最大化することが正しく、適切であるというなら、彼らは資源に対してどのように振る舞うべきだろうか？　彼らが「先着順」の原則に従うべきなのは明らかだ。資金や力（軍事力という形での）を持つ人であれば誰でも、資源を手に入れ、コントロールすべきである。次に、それらの資源は、所有者の利益を最大化するビジネスを支えるために使えるし、そうすべきだ。所有者は、その資源をどのように割り当てるかを決定する唯一の権限を持っている。

事実、これは原油、天然ガス、石炭、農業、漁業、林業、鉱業、そして飲料水までの資源が、現在、どのように支配され、利用されているのかを非常に正確に説明してある。民間企業の中には彼らだけの裁量で支配を行なう場合もある。他には、企業が政府と共同で力を行使することもある。資源の分け前へのアクセスに依存して生きている膨大な数の人々が、話し合いのテーブルにつけるケースはほとんどない。資本主義の論理に従えば、「なぜそんなことを考えてやる必要があるのか、彼らのニーズが、利益の最大化にどのように貢献しているというのだ？」ということになる。

略奪国家や会社が、それらの目先の利益最大化のために資源を分取って使うことを許しているこのシステムは、たぶん地球上の生命が危機点に接近しているという事実がなければ、抑制されない状態で続いたことだろう。再生不能資源が減少し続けて、その消費の速度が増加し続けているので、また、気候変動による危険が進んでいるので、最も血気盛んな資本家でさえ、環境政策上、純粋な利潤追求が、もはや許容できる原則でないという事実を認めなければならないに違いない。自分の周りの空気が呼吸できないほど危険であるとしたら、世界一の億万長者であってもその富を楽しむことはできないに違いない。

どれくらいの消費なのか？

私は個人の自由を堅く信じている。この地球上に住む人にはそれぞれ、限りない能力が詰まっている。理想的な社会は、その人の創造的な活力のすべてをまさに最大限に解き放つことができるように、各個人のまわりにそのための環境をつくるべきである。個人の最大限の自由が、そのような環境の創造には必要だ。

同時に、私たちは皆、個人の自由の何らかの部分を犠牲にすることが、私たち自身の安全と安心、長期の幸福を高めるために必要なときがあるのもわかる。それはまさに私たちが道路上の交通規則を持っている理由である。もちろん、赤信号で車を止めなければならないと、私の個人的な自由は少しばかり減少する。しかし、信号がまったくなければ、運転するのは非常に危険なものになるだろう。不注意なドライバーが、他の車がいようとおかまいなしで、次の交差点を駆け抜けて走ってくるかもしれないのだから。文明社会のほとんどの人々が似たような理由から、進んで業務や他の個人的な活動に対する妥当な規則を受け入れている。長い目で見れば、それらはどんな個人にも不公平な負担をまったく課すことなく、全員の生活の質を高めているからだ。

私たちが今日、人類として直面している状況において、私は、個々の国が天然資源を消費したり、あるいは浪費したりする自由を制限することを考えるべき時期にきていると思う。手始めに、私は、個々の国が自らの消費を自発的に制限することを考えるよう各国に促したい。これが不十分であることがわかれば、私は――いやいやながらではあるが――グローバルな条約の下で制限を定義し、施行するように動くことになるだろう。

現在、最も豊かな国の市民たちは天然資源――再生不可能な資源である原油、天然ガス、石炭のほか、清潔な水や空気という共有せざるをえないものも含まれる――を事実上無制限に消費・浪費して、本来、人類すべてが受け継いで分け合うべき財産を使い果たそうとしている。その過程において、彼らは、長く満ち足りた人生を楽しむ等しい機会を、よりよい暮らしを求めている開発途上地域の人々からのみならず、未来の世代からも奪っているのだ。バングラデシュや他の開発途上国の人々が、いつか北アメリカとヨーロッパの人々と同じ消費水準を享受するところまで辿りつくときには、必要な資源がその最も豊かな国々によって差し押さえられているために——あるいは、彼らが完全に使い切ってしまったために——そうすることが不可能になっているかもしれない。

人々や国家には、自分の生活を好きなだけ楽しむ権利がある。私は、ジェファーソンが演説の中で高らかに唱えた、「幸福の追求」は誰にも渡すことができない人間の権利であるべきだ、という言葉を支持したい。しかしこれは、あらゆる国が好きなだけ浪費する権利を持っているとか、他の人が生きていくのに必要な資源を使い果たすとか、私たちの子どもやその子どもたちがこの星に住めなくなるだろうとわかってもそのまま放置するとか、そういう意味ではない。

長期間にわたる社会的なコストを考えずに消費しようという衝動は、利益の最大化の無謀な追求が生んだ、避けられない自然な成り行きなのである。利益を第一にすると、私たちは環境について忘れ、国民の健康について忘れ、持続可能性ということについても忘れてしまう。私たちが正統だと考える唯一の質問は、「昨年より高い利益率で、どのようにすればさらに多くの商品を売買できるのだろうか？」というものだ。それらの商品が、本当に人々から「必要だ」と思われているのかどうかと、あるいは人々にとって長期にわたり有益なものなのかどうかとは、無関係であると考えられる。この利益最大化への疾走の途中で、環境の質、長期の持続可能性、そして消費者の健康が失われた。合衆国の食品医薬品局のような政府機関は、消費者が食べているものに関する清潔さを監督できるだけで彼らがどれだけ食べているか、そして、それが何十年をかけてどのように身体に影響するかまでは監督することはできない。その間、マーケティングの専門家たちは、人々が必要とする以上をむさぼり食うよう消費者に促すことに忙しいのである。

一連の声のためのスペースを作ること

今日、市場は旧来の資本主義の声に支配されている。これらの声の多くが、会社を代表して話されるものだ。広告やマーケティング、宣伝、そして消費指向のメディア（車やファッション、インテリア、休暇などのための雑誌など）を通して、消費者ができるかぎりすぐにもっと多くの商品やサービスを買うよう勧めている。そこにあるメッセージはただ一つ。「もっと買ってください！　そして、今すぐに買ってください！」の繰り返しだ。そして、私たちは、多くの若者たちがなぜ疎外感を感じ、年を取った人々がなぜ自分の人生が完全に満足のいくものというわけではなかったと感じるのかと考えるのである。

市場における唯一の声は、利益を最大化する企業の声であり、それは消費を増やし続けるという目的を達成できるように仕向けられている。この声は、消費者を追いかける。新聞を読むとき、ラジオを聴くとき、テレビを見るとき、車を運転するとき、そしてネットサーフィンするときにもだ。消費を促すメッセージの継ぎ目のない流れは、人々が目覚めている間、毎秒ごとに絶えず流れ続けている。消費企業は可能性のあるあらゆる状況において消費者の注意をつかむ抜け目のない方法を見つけ、製品を買うように彼らを説得している。ほとんどすべての人が最後には降伏し、買ってしまうのも無理はない。だが、商業プロパガンダは止まらない。企業は消費者に、もっと多くを買うこと、より新しく、より高価なモデルのために最初の製品を捨てること、あるいは、もっと単純に買い物を目的に買うことを求めるのだ。

消費を促進するこの過程は、経済成長を支える原動力とみなされている。しかし、グローバルな持続性はどうだろうか？　無駄な消費を抑制してはどうだろうか？　経済的な優位を保つための終わりなき闘いにおいてリードし続けるよう努力することではなく、持っている一つのものを楽しむことから得られる個人的な満足はどうだろうか？　これらの価値も、聴くに値しないのだろうか？

私は市場には並行するもう一つの声が必要だと強く感じている。消費者に対して、異なる一式のメッセージを申し出る声だ。そのメッセージは次のようなものである。

・本当にそれが必要なのかどうか、考えてください！
・あなたが買えば買うほど、地球の再生不能資源を消耗するのです。
・包装をチェックしてください、無駄ではないですか？
・前に買ったものを下取りしてリサイクルしてくれる店から買ってください。
・社会的責任のある家を建てなさい。
・あなたは世界市民のようにお金を費やしていますか？

ＰＭＢの声が過剰な消費で消費者の健康を損ねるのを推し進めている場所では（「特大サイズはいかがですか？」）、それに並行する声が、健康でいることの幸せと、健康を達成するのに必要なステップについてのメッセージを送るだろう。たとえば、「食べるべきもの、食べるべきではないものは何か」、「子どもに栄養価の高い食品に興味を持たせるにはどうすればよいか」、「エクササイズや運動はどれだけ健康に良いか」、「なぜ自然食品や地元産の食物は味が良く、体に良いのか」といったようなメッセージである。

私のことを、人々を操ろうと「プロパガンダ」を流しているとか、この社会を人々の正しい振る舞いにも小言を言う「乳母」に変えようとしている、と批判する人もいるかもしれない。しかし、世界はすでにプロパガンダと乳母の小言で充満している状態なのである。プロパガンダと小言は利益を上げたい会社からやってくるのだが、彼らがそこに巨額のお金を使う目的は、さらに大きな利益を会社にもたらしてくれるよう消費者を甘言でだますことなのだ。私たちには、少なくとも見た目だけでもバランスをもたらす、並行する声が必要だ。

この並行する声は、どこから来るのだろうか？　ソーシャル・ビジネスは極めて重要な役割を果たすことができる。

今日でさえ、私が説明したような並行する声は聞こえてくる。学校、ＮＧＯ、慈善団体、財団、宗教団体、その他のＮＰＯから、そういった声は届けられる。しかし、これらの声は小さく、聞こえにくい。お金が不足すれば、声を出していたグループは、大企業が使っているような巨大なプラットフォームや強力なメディアのメガホンを失ってしまう。彼らの声が小さな聴衆だけにしか届かず、消費を促す過剰宣伝に圧倒されてしまうことが多いのも不思議ではない。

もしこの声が企業のメッセージとして主流の企業からビジネスキャンペーンの形で流れてくれば、それははるかに大勢の聴衆に届くだろう。キャンペーンの重要な部分は、人々に理解され感謝されるソーシャル・ビジネスを作ることにある。私は、ソーシャル・ビジネスの中心となる考えはすでにあらゆる人間の精神に埋め込まれていて、あとはそれが外に現われるのを待つだけだと信じている。それを認めていないのは、私たちの既存の理論上の枠組みだけなのである。

マイクロクレジットとソーシャル・ビジネスについて話しながら地球を旅するとき、私は世界中の学校や大学で無数の若者たちに会った。私は彼らの理想主義、感受性、創造性に感銘を受けた。私は、彼らは彼ら自身のために、そして世界のために喜んで正しい行ないをする準備ができていると信じている。

ソーシャル・ビジネスは私たちが探し求めている強い反対の声の源になるかもしれない。話す人が、私利を求めて人々を操ろうとしていないことがわかっているのだから、これは人々の信用を得られる確かな源に違いない。

環境の目標のために始められたソーシャル・ビジネスは、ＰＭＢがいかにこの地球に害を与えているか、そして消費者が環境に優しい製品を使うことによってどれだけ気候の危機を軽減できるかを強調することができる。マイクロクレジット・プログラムを運営しているソーシャル・ビジネスは、そのプログラムがなぜ必要であるか、また、主流の銀行システムがどのように改革されるべきかを説明できる。安価な健康保険を提供するソーシャル・ビジネスは、予防医療や正しい栄養摂取、エクササイズを勧めて、医師や薬物治療にお金を使うことなく健康を保つ方法について、人々に知らせることができる。消費者に対して偏りのないアドバイスと情報を提供することは、それ自体がソーシャル・ビジネスの魅力的な部分なのである。

ソーシャル・ビジネスは何よりも「ビジネス」なので、主流でないメッセージをより広い主流の聴衆に届けるのに必要なインセンティブや、リソースや、市場の影響力を持っているはずだ。そして誰もがソーシャル・ビジネスには嘘をつく必要がないことを知っているので、ソーシャル・ビジネスはアイデアの市場の競争で有利な立場を得るだろう。ソーシャル・ビジネスには配当受取人がいないため、会社の唯一の目的は社会的利益を生み出すことになる。そういったことを知って、その背後にある価値を分かち合う消費者は、ソーシャル・ビジネスを支持するだろう――そして、メッセージを拡げるだろう。

多くの人々はPMBが用いるマーケティングテクニックによって悩まされ、いじめられ、操られていると感じているので、ソーシャル・ビジネスの声は、聴く準備ができている人を見つけることができるだろう。自分たちが健康でいられて、持続可能で、環境に優しく、貧しい人々に対して寛大で、心の平静に役に立つ生き方を見つけたがっていることから、多くの人々、特に若者は、その声に耳を澄ますだろう。

その最終的な結果として、何千ものソーシャル・ビジネスの努力は蓄積して、人々の会話のトーンと内容は、まちがいなく変わっていくだろう。お金以外の価値が議論されるようになり、それがより意義深い満足のいく人生に向かうための、重要なガイドであり、飛び石であるということが認識されるだろう。

成長のジレンマを解決する

私たちは「成長のジレンマ」、すなわち世界の何十億人の貧しい人々の生活水準を改善することと、経済成長による地球環境破壊の加速と破壊的な気候変動の発生を防ぐことの間にあるジレンマについて、何ができるというのだろう?

私たちがいくつかの分野において進歩しなければならないことは明確であるように見える。産業革命の到来以来、過去二世紀にもわたり、富裕国は何ら制限されることなく世界の再生不能資源を使い続けてきた。今は世界に残されている資源をどのように割り当てるかを決めるべき時期にきているのだ。

私たちは、しばしば「南」(インド、中国、ブラジル、インドネシア、そしてアフリカで経済的拡大をしている地域)の急成長を遂げている経済は、「北」と同じ消費スタイルになってはいけないと耳にする。代わりに、彼ら自身のより良く、環境面においてより持続可能なライフスタイルや価値システムを開発しなければならない、と。これは本当のことだが、不十分でもある。私たちは二つのライフスタイル——ひとつは北のため、ひとつは南のためという——について話すべきではない。それは、望ましくないし、持続可能でもない。そうではなく、私たちは世界中のライフスタイルを一つにすることに向かうべきなのだ。

もちろん、ライフスタイルには文化的、歴史的、宗教的な多様性があるものだ。しかし、製品がグローバルになり、企業運営がグローバルになって、情報技術が全世界をひとつの「地球村」に変えるとき、北と南の間に現在あるような分水嶺を維持しておくことはない。北のすることは、南の人々に影響を与える。バングラデシュのような国が、すでにヨーロッパや北アメリカの消費を主因とする地球温暖化に影響を受けているように。ほどなく北は南に住む民族が地球に与える損害の影響を感じ始めるだろう。私たちは同じボートに乗っている。そして私たちはみな、責任を持って生きることを学ばなければならない——そうでなければ、一緒に沈没してしまう。

グローバルで持続可能な新しいライフスタイルの基本的特徴のアウトラインを描くためには、心を一つにすることが必要だ。私たちが持つ技術、革新、創造性がどの方向に向けられなければならないかを知る必要がある。技術は私たちが意図した方向にだけ花開く。私たちが何かについて考えていなければ、技術はその方向には栄えないだろう。しかし、私たちがどこかへ向かいたいと思うなら、技術はそこに到着するように開発されるだろう。私たちが持続可能なグローバルなライフスタイルをこの地球全体に作り上げることに目を向ければ、必要とする技術は現われ始めるだろう。

残念ながら、私たちの現在の努力は逆方向を向いている。先進国の創造性の大部分は、不健康で持続可能でない北のライフスタイルを、南の成長しつつある国に広げることに焦点を合わせている。北アメリカとヨーロッパの強力な企業は、その巧みなマーケティングキャンペーンを通して、世界のあらゆる街角に勢力を伸ばしている。貧しい国の最も辺鄙な村に住む人々でさえ、コカコーラやペプシを飲み、マールボロやキャメルを吸い、タイドの洗剤やクレストの歯磨きを使いたいと思っているのだ。村人たちは、これらの製品を使って、彼らが思い描く「良い人生」を楽しむことを夢見ている。これは世界市場において新たな並行する声が聞かれなければならないもう一つの理由なのである。

また、国家的、国際的レベルでの政府規制は、「成長のジレンマ」を解決することにおいても、役割を果たさなければならない。

企業同士の資本主義的競争の力学では、汚染することでお金を貯める会社が優勢になる一方で社会や環境的に優しいやり方で経営されている会社は、少なくとも短期的には、市場において不利な立場になるかもしれない。グローバルなレベルでも同じことが言える。手ぬるい環境基準を施行した国が、政府の規制に強制されずにビジネスをすることを切望している会社を引き付けるのだ。

環境保護のためのガイドラインの国際協定がとても重要である理由はここにある。それは地球規模の市場でビジネスを競う国が「最下位争い」をするのを防ぐ唯一のメカニズムなのである。

京都議定書はこの必要性から示されたものだ。この国際協定の主要目標は、温室効果ガス排出量を二〇一二年までに一九九〇年のレベルから五パーセント削減することにある。これは温室効果ガスを制限する試みをまったく行なわない場合に二〇〇八年に予測される排出量を一五パーセント、二〇一二年に予測されるレベルを二九パーセント下回るものになるだろう。

京都プランの反対者はその厳格さについて非難するが、削減を容易にするためにフレキシブルに市場原理を使うことが、議定書の重要な部分となっている。割り当てられた削減量を達成するのが難しいことがわかった先進地域の国々（議定書の用語では「アネックスI締約国」として知られる）は、削減量と同等のものを財政的な交換によって、あるいは開発途上地域での放出削減を進めるクリーン開発メカニズムを通じて買うことになるかもしれない。この「排出量取引」システムは、国家とグローバルレベルの両方で炭素放出量を削減するという全体の目的の追求を考えるうえでいくつかの選択権を国に与えるのだ。

京都議定書は、世界の温室効果ガスの五五パーセントを排出している五五の国々によって批准されれば効果があるとして、一九九七年に採択され、二〇〇四年一一月にロシアが締結したことで発効された。二〇〇六年一二月時点で、世界の排出する温室効果ガスの、合わせて六一パーセント以上を生産する一六九カ国が議定書に批准している。しかしながら、合衆国はまだ批准を拒否し続けている。一九九八年に、クリントン政権を代表して、アル・ゴア副大統領が京都議定書に調印したが、それはまだ上院の承認を受けておらず、批准できないままでいる。

これは最も重要なリーダーシップをとるべき国が先を行くことができないという哀れなケースである。他の国々はアメリカの態度に注目した。中国とインドの指導者たちは、環境保護を強制する国際的な公約は不本意だという立場から、合衆国が京都議定書を批准できないでいることを引き合いに出している。二〇〇七年春、国連の「気候変動に関する政府間パネル」の最新の報告では、気候変動を食い止めるための努力において二つのアジア人の巨人の重要性が増しつつあることが強調され、責任のある行動を新たに要請している。しかし中国共産党の新聞は、社説でこう言い返した。「最大の先進国、そして最大の温室効果ガス放出国として、米国政府の無責任な物言いと振る舞いは、〝冷酷な金持ち〟の印象を残すだけである」開発途上地域の多くの国が確実に支持するこの言葉は、二〇〇一年以来、地球環境を保護するための闘いにおいて合衆国の道徳的な地位が失墜したことを示している。

私は、京都議定書が完璧であると言うつもりはない。何十かの独立国家同士の交渉で開発されたほんのわずかな協定にすぎない。環境科学者たちも、破壊的な気候変化の攻撃を止めるための最善のプランの正確な詳細について意見が合っていない。そして、京都議定書が、急速に成長している中国とインドを含む開発途上地域の国に対しては即座の放出削減要件をまったく設けないという事実は、最終的には改善される必要がある不備である。京都議定書の支持者たちは、現在の議定書は、世界の環境と経済の状況にしたがって新たな基準が補足されていかなければならない、その第一歩にすぎないことを常に認めている。

京都議定書は問題に取り組むための重要で役立つ出発点である。合衆国政府が京都で示されたアプローチを拒絶し、現在の政府が温室効果ガス放出量を抑制するためのどのような真剣な代案も出したがっていないことは、近視眼的であり、悲惨である。

他にも、気候変動問題を訴えるための努力が行なわれているが、それは複雑な結果になっている。二〇〇六年一月に、「クリーン開発と気候に関するアジア・太平洋パートナーシップ」が立ち上げられた。この協定で、オーストラリア、中国、インド、日本、韓国、および合衆国は、クリーンエネルギー生産能力の建設と市場形成を目的とするおよそ一〇〇のプロジェクトを発表した。そこでは、温室効果ガス削減のための国家目標の設定を求めているが、実施手順についてはまったくビジョンを描いていない。中国は公害防止のために国内目標を設定し、エネルギー効率を一年あたり四パーセント増加させることを目指しているが、今までのところ、これらの目標の達成には失敗している。

このように、グローバルな汚染と気候変動の解決に向かう道はとても視界良好とはいえない。最も裕福な国——特にアメリカ合衆国——の指導者の中に気持ちを変えてくれる人がいることを、そして彼らが長期間にわたり、破壊的でなく、より持続可能でより実りある新たな暮らしの方法を生み出す取り組みにおいて、その国々に住む人々が真のリーダーシップを示す機会を作るように、私は開発途上地域の多くの市民とともに願うだけだ。

京都議定書の最初の期限は二〇一二年までだ。その前に、世界は気候変動問題に対して強制力のあるグローバルな条約を採用する準備をしなければならない。二〇〇七年、ドイツでの会議において、G8各国は、国連の枠組みの中で、二〇五〇年までに温室効果ガス放出を五〇パーセント削減させるグローバルな合意に達することを「検討する」ことに同意した（しかし、世界中の多くの環境保護団体は、二〇五〇年までに九〇パーセントの削減を要求している）。合衆国の中に、この目標に同意するだけでなく、リーダーシップを発揮して、それを期待通りに実現しようという確固たる政治的意志が生まれることを、私は願っている。

グローバルな貧困の問題は、私たちの種としての存続をも脅かすようなものも含め、人類が直面している他の多くの課題に、深く織り込まれている。これは資本主義のシステムを改革し、私がソーシャル・ビジネスと呼ぶ新しい種類の企業に場所を開ける必要性を、もっと切迫したものにしている。「正しい行ないをすること」は、もはや自分たちが気持ちよくいられるというだけのことではない。私たち自身と未来の世代が、生き残るために必要なことなのだ。

この地球を救うために厳しい決断をするよう政策立案者にプレッシャーを与え続ける一方で、私は若者たちに対して、大人になったら何をするかを決めるよう促している。この星の存続にポジティブな効果をもたらすのか、ネガティブな効果をもたらすのかによって、彼らは「危険な赤い」製品、「注意が必要な黄色い」製品、「安全な緑色」の製品というように、ぜひ製品を判別して消費したいと思っているだろうか？　すべての世代は自分の時代よりもこの星を健全な状態で残していかなくてはならないという原則を受け入れるべきだ、と彼らは思っているだろうか？　自分たちのライフスタイルが、他の人の人生を危険にさらすことがないようにしたいと思っているだろうか？　私はそう思っている。そして若者たちもそう思っていると信じている。

注

1　国際連合の「気候変動に関する政府間パネル」の報告、『気候変動二〇〇一――科学的根拠』より。

2　Dale Allen Pfeiffer, "Eating Fossil Fuels," *From the Wilderness*, October 2003.
http://www.fromthewilderness.com/free/ww3/100303_eating_oil.html で読める。

3　国連気象変動枠組条約より、アネックスI締約国の一九九〇年から二〇〇四年までのGHG排出における変化。

11　貧困は博物館に

二〇〇〇年、世界各国すべてがニューヨークの国連本部に集まり、二〇一五年までに八つの重要な目標を達成するという決意を宣言したのだが、そこには貧困を半分にまで削減することも含まれた。それは勇気ある宣言だった。すべての国が二〇一五年までに目標を達成できるわけではないかもしれないが、達成する国も多いだろう。その成功によって、別の大胆な決意の出発点がもたらされるだろう。これを最後にこの星から貧困を終わらせるという決意だ。それができると信じ、信念に基づいて活動すれば、なしとげることはできる。

貧困がいったんなくなれば、私たちは次の世代にその恐ろしさを見せるために、博物館を造る必要があるだろう。次の世代の人たちはなぜ貧困が人間社会にそれほど長く続いていたのか、不思議に思うはずだ。なぜほんの一握りの人々が贅沢に暮らすことができる一方で、何十億もの人々が、惨めで、剝奪され、絶望していなければならなかったのか、と。

各国はそれぞれ独自の「国立貧困博物館」を造るための目標期日を設定しなければならないだろう。そのイニシアチブは政府、財団、ＮＧＯ、政党、あるいはその他の社会分野から生じるかもしれない。市民グループや学生は、特定の将来の期日までに国立貧困博物館を造ろうという市民の委員会を形成するかもしれない。この期日は、ある特定の期間以内にその国で貧困を根絶するための願望と責任とを表現するものである。期日を設定することで、国家の意志を作り上げ、プランを実行に移すために国民を活気づけることができる。

しかし、これは本当のことに聞こえるだろうか？　私たちは本当に貧困を博物館に送り込むことができるのだろうか？

なぜできないのか？　私たちには、技術がある。資源もある。私たちがしなければならないのは、ただ、それを実現しようという意志と、必要な組織や手段をつくる意志だけである。私はこの本の中で、貧困のない安全な世界を創造するために必要なステップについて説明しようとしてきた。この最終章において、私たちすべてが創りたいと思う世界を創る活動に、個人や組織がどのように参加すればよいのかのアイデアを提示しようと思っている。

想像力から始まるよりよい世界

私たちが住んでいる世界はどんどん速く変化しつつある。特に経済開発と技術の分野においてはそうだ。

つい一九六〇年代には、すべての開発途上国がほとんど同じに見えたものだ。大規模な貧困、病気の蔓延、周期的に起こる極端な経済危機、増え続ける人口、低レベルの教育と健康管理、経済の低成長、インフラストラクチャーの欠如などだ。楽観主義の土台となりそうなものはほとんど見られなかった。しかし、次の三五年間で、経済地図は劇的に変化した。台湾、韓国、シンガポールは先進国に加わった。中国、インド、マレーシア、タイ、ベトナムの経済は非常に速く成長し始めた。過去一八年間で、ベトナムの貧困率は五八パーセントから二〇パーセントにまで下がった。欠点はあるものの、グローバル化は一世代前には想像することさえできなかった世界中の変化を生み出している。

私たちはいつでも、開発途上地域の国の未来について、経験に基づいた推測をすることができる。しかし、過去の経験が示すのは、国が変化に向けて成熟しているときには、私たちの経験に基づいた推測よりもはるかに速く進歩できるということだ。特に、技術の劇的な変化は、今日の急速な変化をさらに加速させている。過去においては、社会的、政治的な変化が人々の考えに影響を与えるには、まるまる一世代かかったものだ。今、新しいアイデアは何年もかかって広まるのではなく、数カ月、数日、あるいは数秒で地球の向こう側にさえ広まっていく。

これは朗報だが、悪いニュースでもある。技術の改良、民主主義の進歩、そして新たな問題解決の技法は、何百万人もの人々に利益をもたらして、これまで以上に速く広まることができる。しかし私たちは非常に速く災害を引き起こすこともできる。幸運にも世界の主要国に偉大な指導者がいれば、地球上のすべての人々はすぐに彼のリーダーシップから利益を得ることができるだろう。だが、もし不運なことに影響の大きな国に悪いリーダーがいるなら、全世界は、動乱、経済的混乱、そして戦争の被害を受けることになるだろう。国と地球のガバナンスの健全さは、今日の動きの速い、相互につながった世界では、これまでにないほど重要なものになっている。

今日の変化の急速なペースの中では世界が向かってほしい場所について、個々の市民が、はっきりした考えを持っていることが重要になってくる。それを見つけ、正しいコースにとどまることを望むなら、創りたい世界の基本的な特徴について合意しておく必要がある。そして私たちは、この世界が私たちに提供している空前の機会を無駄にしないように、あえて想像するのと同じくらい大きくものを考えなければならない。まずは可能なかぎり突拍子もなく大きな夢を見て、次にそれを追求しよう。

私が二〇五〇年までに現われてほしいと思っている夢の世界の、「欲しいものリスト」は以下のようなものだ。これらは私の夢だが、その多くが、あなたの夢と一致すればいいと願っている。私はあなたのリストに載せられる夢の多くもきっと好きになると思って、それらが私の夢にもなるだろうと確信している。これが私のリストである。

・貧しい人々や、物乞いの人々、ホームレスの人々、ストリートチルドレンがどこにもいない世界になる。あらゆる国に、その国の貧困博物館ができる。最後に貧困から抜け出た国に、地球貧困博物館が置かれる。

・世界のどの国でも、誰に対してもパスポートやビザがなくなる。すべての人々が平等な地位の真のグローバル市民になる。
・戦争も、軍備も、軍隊もなくなる。核兵器もいかなる他の大量破壊兵器もなくなる。
・世界中のすべての場所から、癌からエイズまで、すべての不治の病がなくなる。病気は即座にそして有効に解決されるべき課題として、非常に稀な現象になる。高度のヘルスケアが誰にでも利用可能になり、幼児死亡率と妊婦死亡率は、過去のものになるだろう。
・世界のどこからでも受講できるグローバルな教育システムができる。すべての子どもが学び、成長することに喜びと興奮を経験する。すべての子どもは気にかけられ、分かち合われる存在として成長する。彼らを育てることは、世界の他の人々を育てることと一致していると信じられている。
・グローバル経済システムは、個人、企業、その他の機関に、その繁栄を他のものと積極的に分かち合うことを奨励する。所得の不均衡は的外れな問題になり、「失業」や「福祉」という言葉は聞かれなくなる。
・ソーシャル・ビジネスがビジネス界の大きな部分を占める。
・ただ一つのグローバル通貨しかなくなる。コインと紙の通貨はなくなる。
・政治家、役人、実業家、情報機関、地下組織、そしてテロリスト集団のすべての秘密銀行口座と取引を簡単に探し出し、監視できる技術が利用できるようになる。
・あらゆる種類の最先端の金融サービスが、世界のすべての人にとって利用可能になる。

・すべての人々が適切な技術に基づいた持続可能なライフスタイルを維持するよう心がけるようになる。太陽、水、風が主な動力源となる。

・損害と死者を最小にするために、地震、サイクロン、津波、その他の天災を正確に予測できるようになる。

・人種、肌の色、宗教、性別、性的嗜向、政治理念、言語、文化、またいかなる他の要素に基づく差別もなくなる。

・紙の必要性がなくなるので、木を切る必要もなくなる。「紙」がどうしても必要な場合には、生物分解性物質で再利用できる合成の紙を使う。

・基本的な相互通信はワイヤレスになり、ほとんどコストはかからなくなる。

・誰もが自分自身の言語で読んだり聞いたりする。技術によって、人が自分の言語で話したり読んだり書いたりしても、話す相手は自分の言語で話し、読む人は自分の言語で読み、聴く人は自分の言語で聴くことができるようになる。ソフトウェアとハードウェアは、誰かが話したり何かテキストをダウンロードしたりすれば、それを同時に翻訳する。どこからでもどのテレビのチャンネルも見ることができ、その人自身の言語で言葉を聞くことができる。

・すべての文化、エスニック・グループ、宗教が思う存分に美と創造性の花を咲かせ、人間社会の調和のとれたオーケストラに貢献する。

・すべての人々が継続的なイノベーション、あらゆるしくみの再構築、コンセプトとアイデアの再検討ができるような環境になる。

・すべての人々が、人間の潜在能力の国境を広げるためにささげられた平和、調和、そして友愛の世界を共有する。

これらはすべて、私たちが取り組めば達成可能な目標である。私たちは未来へと進むにしたがって、この夢により簡単に近づけると信じている。難しいのは、いま決意することなのだ。私たちのもっと多くが、達成したいと思うことに同意できれば、より迅速に目的を達成できる。私たちは毎日の生活や暮らしを楽しむことにとても忙しいので、今どこを旅しているのかを知るために人生の窓を通して見つめ、究極的にどこに行きたいと思っているのかを深く考えることを忘れてしまうのだ。一度、どこに行きたいのかがわかれば、そこに到着するのははるかに簡単になるだろう。

私たちがリタイアしたときにそうであってほしいと思う世界に思いを馳せて、私たちはそれぞれ、自分自身の欲しいものリストを作るべきである。それがすんだら、目的地により近づいているかどうかを毎日思い出すために、それを壁にかけておくべきである。

次に私たちは主張しなくてはならない。社会の運転手――政治的指導者、学者や専門家、宗教指導者、そして企業の経営者など――は、私たちが行きたいと思うところに連れて行くように、と。私たちの人生は一度しかない。自分のやり方で自分の人生を生きなければならないし、目的地の選択は、私たちのものであるべきなのだ。

好きな将来の世界を想像するこのプロセスは、私たちの教育システムから失われた主要な要素である。仕事とキャリアを求める学生にはその準備をさせるが、彼らが個人としてどのような世界を創りたいかを考えることは教えない。すべての高校や大学に、まさしくこの訓練に焦点を当てたコースを新設すべきである。学生たちはそれぞれ、欲しいものリストを準備し、なぜそれらが欲しいのか、クラスに説明するように求められる。他の学生は彼の考えを是認するか、よりよい代替手段を提示するか、あるいは彼に反対するかもしれない。そして、学生たちは議論を続ける。彼らが想像する夢の世界をどのように創り上げるのか、そのために何ができるのか、それを阻害するものは何か。そして、目標に向かうために、どのようにパートナーシップ、組織、概念、枠組み、行動計画を作ればよいのか、といったことなどだ。そのコースはおもしろく、より重要になるに違いない。それは胸躍る旅のための大切な準備になるに違いない。

未来の夢の世界に向けた現実的なステップ

よりよい世界を夢みるのはおもしろい。しかし、その世界を現実に近づけるために、個人には何ができるのだろうか？　一つの実践的なステップは、その目標の一部を実現する小さな組織を作ることだ。私はこれを「ソーシャル・アクション・フォーラム」と呼んでいる。

「ソーシャル・アクション・フォーラム」は、ひとつの、処理しやすく、身近な問題を訴えるために三人くらいの人がいればいい。他に加わりたい人がいれば、それもまた素晴らしいことだ。しかし、三人で十分だと感じるなら、その数を増やさないことだ。あなたは、おもしろく、おかしくて、大胆で、革新的な名前をそのフォーラムに付けたり、単にメンバーにちなんで名付けたりすることができる。たとえば、「キャシー、クシャール、リーのソーシャル・アクション・フォーラム」とか、「ジョブラ村ソーシャル・アクション・フォーラム」とか、「ミダース・タッチ（ギリシャ神話の神ミダースから派生する「金儲けの才能」という意味）・ソーシャル・アクション・フォーラム」とか、あなたが好きな名前を付ければいい。

一度、フォーラムを始めたら、今年の行動計画を定義しよう。簡単でいい。一人の失業者、ホームレス、物乞いの人が収入を得る活動を見つけ、貧困から抜け出すのを助けることでもいい。あなたが助けたい貧しい人々を選ぼう。彼らとともに座り、彼らが収入を得るうえでの問題について聞き出すのだ――そうすれば、その解決策は見つかるだろう。

私は、「ソーシャル・アクション・フォーラム」を登録できるウェブサイトの制作を計画している。ウェブサイトでは、あなたは年間のプランについて説明し、考えについて記録し、仕事のフラストレーションや興奮について言及し、これまでの進歩を示し、プロジェクトに関係する写真を飾ることもできる。フォーラムを始めるのにどんな特別な専門的技術、信任状、資産も必要としない。必要なのは、違いを生み出す意欲と行動だけである。毎年の終わりにフォーラムで年次報告を提出し、新しいプランを翌年に提出すれば、あなたのフォーラムの登録は来年度の間も続けられるだろう。いつでも、誰でも、すべてのアクティブなフォーラムのウェブサイトを見て、連絡を取ることができる。

あるソーシャル・アクション・フォーラムを、いろいろな地方の問題と機会の中につくることができる。あなたの近所に、ゴミが積み上げられ、病気が広まっているような、打ち捨てられた状態のところはないだろうか？　近所の向上のためにフォーラムを始めて、その場所を何かおもしろい目的のものに変えていくのだ。コミュニティガーデンや、遊び場、リサイクルセンターに変えて、近所の学校に何か新しいものや、他の何かを導入してみてはどうだろうか。

もしあなたが発展途上国で暮らしているなら、あなたのフォーラムのアクション・プログラムでは、物乞いの人が仕事を見つけたり、自分で仕事を始めたりするのを助け、落第生を学校に戻ってくるように助け、病気の人を見つけて医療行為を施すのを助け、あるいは村の衛生や水質を向上させるような役に立つかもしれない。

いくつかのソーシャル・アクション・フォーラムは小さいままかもしれないが、重要な仕事をし続けるかもしれない。中にはどんどん大きくなって、成功したソーシャル・ビジネスになるところもあるかもしれない。あるフォーラムのアイデアは、他のフォーラムを刺激し、模倣されるかもしれない。国全体を変える可能性がある主要なプログラムになるフォーラムもあるかもしれない。深刻な問題に取り組むための革新的なアイデアを開発することで、グローバルな影響力を持つことができるフォーラムもあるかもしれない。

ソーシャル・アクション・フォーラムを始めることとは別に、個人がソーシャル・ビジネスのアイデアを促進するのを助ける多くの方法がある。学校や大学の教師や管理者であれば、ソーシャル・ビジネスを若い実業家に教えるための授業を始められるかもしれない。宗教団体や市民団体のメンバーなら、そのコミュニティがソーシャル・ビジネスを始める機会に関して、一連の講演、ミーティング、または会議をセッティングできるかもしれない。学校、年金基金、宗教団体などのための投資会社を管理・監督しているなら、資産の一部をソーシャル・ビジネスに投資するために別にしておくよう提案できる。もちろん、あなたが企業の経営者なら、ソーシャル・ビジネスを創設する価値について、最高経営責任者や取締役会に説明し、株主の同意のもと、企業の利潤の一部でソーシャル・ビジネスを創設するよう提案できる。

たぶんこれらの努力のうち最もやりがいがあり、重要な部分は、ソーシャル・ビジネスを設計することにありそうだ。重要な社会的目標に焦点を当てた素晴らしいビジネスのアイデアを思いつくためには、私たちが持てるすべての創造性と想像力を必要とするだろう。ソーシャル・ビジネスのアイデアを生む一つの方法として、ビジネスデザインコンペを行なうことが挙げられる。どんな組織や人もそのコンペに協賛できる——学校、財団、貿易会館、企業、ＮＧＯ、教会のグループ、市民団体、投資会社、ベンチャー・キャピタル基金などである。ソーシャル・アクション・フォーラムもコンペに参加したり、フォーラム自身のコンペを始めるかもしれない。

私は地元の、地方の、そしてグローバルなコンペティションを思い描くことができる。何百、あるいは何千人もの関係者が、ソーシャル・ビジネスにとって最も実用的で、野心的で、おもしろい概念を作り出そうとして競うのだ。最も素晴らしいビジネス・デザインに与えられる賞としては、そのプロジェクトに融資するための投資ファンドが与えられるか、ソーシャル・ビジネスの投資家やソーシャル・ベンチャー・キャピタルの供給者、あるいは新たなビジネスを確立する提携に興味を抱いている貸し手を紹介することも含まれるかもしれない。すべての提案は、後のコンペに参加するデザイナーを啓発するために、あるいはソーシャル・ビジネスを始めたがっている企業家にアイデアを与えるために、インターネットですべて発表されるだろう。

私は過去数年間、このソーシャル・ビジネス・コンペのアイデアを推進している。そして、今では、台湾の雑誌『ビジネス・ウィークリー』で、実際にそのような競争が告知された。トップ一〇に入った提案に資金を提供するために一五〇万ドルが集められた。結果は二〇〇七年一一月に発表される。私はこの取り組みを非常に喜んでいて、授賞式に出席するのを楽しみにしている。

財団のためのニュー・フロンティア

慈善団体には――特に成功している企業のリーダーが始めた財団によるもの――ソーシャル・ビジネスが特に魅力的な概念であることがわかるだろう。

二〇世紀を通して、産業時代のトップ企業家――ジョン・デイビッドソン・ロックフェラー、ヘンリー・フォード、アンドリュー・カーネギーなど――によって作られた財団は、世界の最も重要な慈善事業の多くを支援している。近年、慈善事業は、いくつかの最も新しく最も大きい財団の活動を通して、新しいレベルの実績を残している。二〇〇〇年に、マイクロソフトの創設者と彼の妻は、「ビル・アンド・メリンダ・ゲイツ財団」を始めた。現在の寄付額（二〇〇七年三月現在）は三三四億ドルに達し、それは今まで慈善団体を創設するために与えられた中で、最も大きな額である。そして二〇〇六年六月には、ゲイツとともに世界の三人の富豪の一人とされるウォーレン・バフェット（もうひとりはメキシコの電子通信企業の大物、カルロス・スリム・ヘル）が、彼の個人資産からゲイツ財団に三七〇億ドルを寄付する計画があると発表した。世界史上最大の慈善の贈りものである。

私は、未来の慈善家は、ソーシャル・ビジネスに強く引き付けられると信じている。ほとんどの大口の寄付者はビジネス界から来るので、彼らは「ソーシャル・ビジネス・ドル」が「チャリティー・ドル」よりはるかに強力であることをすぐに理解するだろう。チャリティー・ドルは一度だけしか使えないが、ソーシャル・ビジネス・ドルは、さらに多くの人々に利益を届けるために永久に何度も繰り返し使うことができるのだ。そのうえ、慈善家たちは彼らが世界の最も重大な問題のいくつかに取り組むうえで彼らの業務上の経験を活かせることから、ソーシャル・ビジネスのアイデアに引き付けられると思われる。

もしウォーレン・バフェットが私にアドバイスを求めるなら、私は彼に、手頃で高品質な健康保険を四七〇〇万人のアメリカ人に提供する使命を持つソーシャル・ビジネスを創設するのに彼のお金の一部を使うよう言うだろう。もし、バフェット自身が――彼は保険産業で何十年もの経験を持つビジネスの天才だ――このソーシャル・ビジネスの設計に関わるなら、誰の目にも結果は明らかだ。会社は大成功し、バフェットはアメリカのヘルスケアの歴史に名を残すことになるだろう。

貧困の終焉

ソーシャル・ビジネスへの理解が広まり、ますます多くの人々がソーシャル・ビジネスを創設する呼び掛けに応じるようになれば、私たちは究極の目標の達成にさらに近付くことができる。究極の目標とは、貧困を貧困博物館に完全に追いやることである。

それは不可能だろうか？　そんなことはない。ある伝染病は止められないと考えられていた時代があった。その病で毎年、何百万人もの人々が亡くなり、多くの人々はそれを変えられない人間の条件だと思っていた。今では、人間の創造性、科学上の一大進歩、そして保健所の職員たちによる決然とした努力のおかげで、それらの病気のいくつかが実際に撲滅された。科学者が現在、このような伝染病について研究するには、実験室で、用心深く、細菌のサンプルを調べるしかない。同じように、貧困という病気と闘う努力をしてはどうだろうか？

これは世界のあらゆる村、町、地方、国の人々が身を捧げるべき目標だ。ただ何人かの人が「私たちの村の貧しい人々の最後の一人が貧困から脱出するまで一緒に働くと誓いましょう」と言えばいいだけである。都市でも田舎でも、地方でも、もう数人が同じ誓いを立てればいい。この目標が、ある地域、そして次の地域とどんどん解決されるにしたがって、私たちの子どもや孫が「貧困というものがかつてどういうものであったのか」を理解するための唯一の方法は貧困博物館を訪れることだ、というような時代が来ることだろう。

人類の歴史を振り返るとき、私たちが欲しいと思うものを手に入れてきたことは明白である（拒絶するのに失敗したものもあるが）。もし私たちが何かを「達成していない」のであれば、それは私たちが心を砕いていないからなのである。私たちは自分が欲しいものを主張することができないという、心理的な制限を受け入れている。

この瞬間も貧しい人は常にいて、貧困は人間の運命の一部であるという考えを、私たちは受け入れている。間違いなく、私たちがこの概念を受け入れるという事実こそ、貧しい人々の存在が続いている理由なのである。もし私たちが、貧困は受け入れがたいものであり、人間の文明社会にそんな場所はあるべきではないと堅く信じているなら、私たちは貧困なき世界を創造するために、ふさわしい組織と方針とを築き上げるだろう。

貧困が存在しているのは、私たちが人間の能力を過小評価した哲学的な枠組みを築き上げたからなのだ。私たちが設計した概念は狭すぎる。ビジネスの概念（利益だけが人間の原動力になる）、融資資格の概念（自動的に貧しい人々を排除する）、企業家精神の概念（人々の大部分の創造性を無視する）、雇用の概念（人間を活発な創造者ではなく受け身の容器にする）。そして、私たちはせいぜい半分しか完成していない組織を作り上げた。現在の銀行システムや経済システムは、世界の半分を無視するものだ。貧困が存在するのは、貧しい人々の能力の不足のためではなく、むしろこれらの知性の失敗のためなのである。

すべての人間には、単に自分の世話をするだけではなく、世界全体の幸福を増加させるために貢献しようという内なる能力がある。自分の可能性についてある程度探索する機会を得た人もいる。しかし多くの人は、彼らが生まれつき持っている、この素晴らしい贈り物を開ける機会をまったく得ていないのだ。彼らは自分たちの贈り物を活かすことなく死んでいく。そうなれば、世界は彼らがなしとげたかもしれない成果のすべてを奪われたことになるのだ。

グラミン銀行での仕事で、私は最も貧しい人々と密接に関わることができた。この経験は、人間の創造性に対する揺るぎない信念を私に与えてくれた。彼らの誰一人として、飢餓や貧困の災いを受けるために生まれてきた者はいないのだ。災いを受けたそれぞれの人には、この世界の他の誰かと同じだけ成功する可能性が備わっているのである。

この世界から貧困を根絶することは可能である。なぜなら貧困は自然な人間の姿ではないからだ。それは人の手によって彼らに課されたものなのである。できるだけ早く貧困を終焉に導き、貧困を永遠に博物館に入れるために、この身を捧げようではないか。

エピローグ　貧困は平和への脅威である

ノーベル賞受賞記念講演より

二〇〇六年一〇月一〇日、ノルウェー、オスロにて

グラミン銀行と私は、この最も権威ある賞をいただき、大いに光栄に感じております。私たちはこの栄誉に我を忘れるほどの感激にひたっております。今年度のノーベル平和賞が発表されて以来、私のもとには世界中のあちこちから果てしないメッセージが次々に届いております。しかし、私が最も感動したのは、バングラデシュの村々のグラミンの借り手からほぼ毎日のようにかかってくる電話でした。彼らはただ、この賞を受けることがいかに誇らしいかを言うために、わざわざ電話をかけてくるのです。

グラミン銀行の借り手であり、同時に出資者でもある七〇〇万人の中から選ばれた九人の代表者が、私とともにはるばるオスロまで賞をいただきに参りました。私は彼らを代表し、ノルウェーのノーベル委員会の皆様が、今年度のノーベル平和賞にグラミン銀行を選んでくださったことに対して感謝の意を表します。皆様方から、この世界で最も有名な賞をいただくことで、彼らは比類なき栄誉を与えられたのです。賞をいただいたことに感謝し、バングラデシュの村からやってきた九人の誇り高き女性たちが、本日、この授賞式に受賞者として出席していることは、ノーベル平和賞に新たな意味を与えました。

グラミン銀行のすべての借り手は、彼らの人生で最も素晴らしい日として、今日を祝っています。彼らはバングラデシュ中の村に設けられた、家から最も近いテレビの前に集まっています。他の村人たちとともにこの授賞式の成り行きを見守るためです。

今年度の賞は、日々、生活を営み、子どもたちによりよい生活への希望をもたらそうと闘っている世界中の女性たちに誇りと尊厳を与えました。彼女たちにとっても、歴史的な瞬間です。

貧困は平和への脅威

私たちにこの賞をくださることで、ノルウェーのノーベル委員会は、平和と貧困とは密接なつながりがあるという説に対する大きな支持を与えてくれました。貧困は平和への脅威です。

世界の所得配分は、まさに印象的な話です。九四パーセントの世界の所得は世界の四〇パーセントの人々のところに集まっています。一方では残りの六〇パーセントの人々がわずか世界所得の六パーセントで暮らしているというのにです。世界人口の半分にあたる人々は一日二ドルで暮らしています。一億人を超す人々がわずか一日一ドル未満で暮らしているのです。これでは平和はもたらされません。

二一世紀は素晴らしくグローバルな夢とともに始まりました。世界の指導者たちが二〇〇〇年に国連に集まり、二〇一五年までに貧困を半分にするという歴史的な目標を採択したのです。それまで、人類の歴史において、全世界で声を一つにして、そのような、規模や時間を具体的に挙げた大胆な目標が採択されたことはありませんでした。しかし、その後「九・一一」が起きてイラク戦争が始まり、突然、世界は夢の追求から脱線してしまいました。世界の指導者たちの注意は、貧困との戦いからテロとの戦いへと移ってしまったのです。以来、合衆国だけでも五三〇〇億ドルものお金がイラクとの戦いに費やされております。

私はテロというものは、軍事行動では打ち負かすことはできないと信じています。テロは最も強い言葉で非難すべきです。私たちはテロに対しては強固に反対し、終わらせるあらゆる手段を見つけなければなりません。テロが永遠に起こることがなくなるよう、その根本的な原因に取り組まなくてはなりません。貧しい人々の生活を向上させるために投資することは、そのお金で銃器を買うことよりもよい戦略であると私は信じています。

貧困はあらゆる人間の権利の否定

平和は人間の道、すなわち幅広い社会的、政治的、そして経済的な道において理解されるべきです。平和は、不当な経済的、社会的、政治的秩序、民主主義の不在、環境の悪化、人権の不在といったものに脅かされます。

貧困とはまさに、あらゆる人権の不在なのです。惨めな貧困によって引き起こされたフラストレーション、敵意、そして怒りがあると、どのような社会においても平和を維持することができません。安定的な平和を構築するためには、あらゆる人々に世間並みの生活をする機会を提供する方法を見つけなければならないのです。

大部分の人間、つまりは貧しい人々に機会を作ることが、まさに私たちがこれまで三〇年の間、打ち込んできた仕事の心臓部なのです。

グラミン銀行

私は政策の立案者や研究者として貧困問題に取り組んできたわけではありません。貧困が私のまわり中すべてにあり、そこから背を向けることができなかったから、貧困問題に取り組んだのです。一九七四年、私はバングラデシュの恐ろしい飢餓の現状に背を向けたまま、大学の教室でエレガントな経済学の理論を教えることは難しいと気づきました。圧倒的な飢えと貧困に直面して、机上の理論に突然、虚しさを感じたのです。私は、まわりにいる人々をすぐに助けられるような何かをしたいと考えました。たとえ、たった一人の人間にでもいいから、その人に何か少しでも安らぎを与えるようなことをしたいと。そこで私は貧しい人々が闘っているのと向き合い、ごくごくわずかなお金でも、彼らがかろうじて生計を立てようとやりくりしようとすることの助けになることに気付いたのです。その村のある女性が、金貸しから一ドルにも満たないお金を借りる現場に遭遇してショックを受けました。しかも彼女が作った品々は、すべて金貸しが独占的に言い値で買い取るという条件付きでした。それは、私にしてみれば、奴隷労働を勧誘する方法にしか思えませんでした。

そこで私は大学の隣の村に住んでいる、この金貸し「ビジネス」の犠牲者たちのリストを作ることにしたのです。

私のリストには、総額二七ドルを借りている、四二人の被害者の名が挙がりました。金貸しの魔手から被害者たちを逃すため、私はその二七ドルを私財から出すことを申し出ました。この小さなアクションによって人々の間に起きた興奮のおかげで、私はさらにそこに関わることになりました。そんなわずかなお金で多くの人をそんなに幸せにすることができるのだとしたら、そうしないわけにはいかないと思いませんか？

これこそ、私がそれ以来、行ない続けようとしていることにほかなりません。まず最初に私がしたのは、大学の中にある銀行に、貧しい人々にお金を貸すよう説得することでした。しかしそれはうまくいきませんでした。銀行は、貧しい人々は信用するに足らない、というのです。あらゆる努力の甲斐があって、数カ月後には、とうとう、私は貧しい人々の連帯保証人になりました。私はその結果に驚かされました。貧しい人々はいつも期限までに借金を返したのです！　しかし、既存の銀行を通じてそのプログラムを拡大しようとすると、私は引き続き困難に直面し続けました。そこで私は、貧しい人々のための銀行を別に創設することを決めたのです。そして一九八三年、とうとうそれを実現することに成功しました。私はそれをグラミン銀行、つまり「村の銀行」と名付けました。

今日、グラミン銀行は、バングラデシュの七万三〇〇〇の村において、女性が九七パーセントを占める約七〇〇万人の貧しい人々への融資を行なっています。グラミン銀行では貧しい人々に対して、担保不要な収入を生み出すためのローン、住宅ローン、学生ローン、そしてマイクロ企業向けローンを提供しています。また、多くの魅力的な貯蓄口座や年金基金、保険商品をメンバーに提供しています。一九八四年に住宅ローンを導入して以来、六四万戸もの家が建ちました。それらの家の法的な所有者は、借り手の女性たちです。女性に焦点を当てたのは、女性に資金を融資することによって、その家族に常に最大限の利益が与えられることがわかったからなのです。

開設以来、銀行では総額六億ドル相当もの融資を行なってきました。返済率は九九パーセントを超えています。グラミン銀行は常に利益を上げ続けています。財務的にも自立しており、一九九五年以来、寄贈者からの資金を受け取っていません。グラミン銀行の預金と自己資金は、今日では融資総高の一四三パーセントの額になっています。グラミン銀行の内部調査によれば、借り手の五八パーセントは貧困線を乗り越えています。

グラミン銀行は非常に小さな田舎のプロジェクトとして生まれたもので、全員が地方出身の、私の大学の教え子たちの助けを得て運営されてきました。このうちの三人は、今も私とともにグラミン銀行に残り、今では最上位の幹部になっています。彼女たちはこの栄誉ある賞をいただくために、本日、ここに来ております。

このアイデアは、ジョブラ村というバングラデシュの小さな村で始まったものであり、世界に広まっています。今日では、ほぼすべての国にグラミンと同じタイプのプログラムがあります。

第二世代

私たちが活動を始めて以来、すでに三〇年の月日が流れています。この間、私たちは借り手の子どもたちが私たちの活動によってどれほどの影響を受けているかを、見守り続けています。借り手である女性たちは常に子どもを優先順位の最上位に置いています。彼らを支え、後押ししてきた私たちが定めた「一六カ条の決意」の一つに、「子どもを学校に入れる」というものがあります。グラミン銀行は彼らを励まし、ほどなく、すべての子どもたちが学校に通うようになりました。そういった子どもたちの多くがクラスの成績上位者を占めました。私たちは喜び、優秀な子どもたちに対する奨学金を導入することにしました。グラミン銀行では、現在では毎年三万人への奨学金を与えています。

奨学金を受けた子どもたちの多くは、医師や技術者、大学の教授、あるいはその他の専門家になるための高等教育を受けました。私たちはグラミンの学生たちが、高等教育を完全に受けられるよう、学生ローンを導入しました。彼らのうちの何人かは今では博士号を取るまでになっています。学生ローンを利用している学生は一万三〇〇〇人にも上ります。今では毎年七〇〇〇人以上の学生が加わっています。

私たちはまったく新しい世代を作り出そうとしています。彼らは、家族を貧困の手に手の届かないところに連れていくだけのものを身につけられることでしょう。私たちは貧困の連鎖という歴史を打破したいのです。

物乞いの人々にビジネスを

バングラデシュではすでに八〇パーセントの貧しい人々にマイクロクレジットが行き届いています。二〇一〇年までに、一〇〇パーセントの貧しい家族に行き届くことを私たちは望んでいます。

三年前、私たちは物乞いの人々に焦点を合わせた唯一のプログラムを始めました。彼らにはグラミン銀行のルールはまったく適用されません。ローンは無利子で、彼らは思い立ったときに、いつでも、いくらでも、返済することができます。彼らが物乞いのために家から家を渡り歩くとき、軽食やおもちゃ、あるいはありふれた家庭用品などの小さな商品を持って行ってみてはどうかというアイデアを彼らに与えるのです。これはうまくいきました。このプログラムには、現在、八万五〇〇〇人の物乞いの人々がいます。彼らのうち五〇〇〇人は、すでに完全に物乞いをすることがなくなりました。一人の物乞いの人へのローンの基準額は一二ドルです。

私たちは、貧しい人々が貧困と決別するのを助けるために、考えられるすべての介入を推進し、サポートしています。そして、そういったあらゆる介入に加え、私たちは常にマイクロクレジットがそういった介入をよりうまく働かせると説明しながら、マイクロクレジットを推進しているのです。

貧しい人々のためのIT

情報通信技術（ＩＣＴ）が急激に世界を変えています。瞬時に通信できる、距離も、国境もない世界が生まれつつあります。コストもますますかからなくなってきています。もし、このテクノロジーが貧しい人々のニーズを引き出すことができれば、彼らにとっては生活を変えるいい機会になると私は見ていました。

貧しい人々にＩＣＴをもたらす最初の一歩として、私たちは携帯電話会社であるグラミン・フォンを作りました。貧しい女性たちが村で電話サービスを行なうための携帯電話を買う資金を、グラミン銀行が融資したのです。私たちはマイクロクレジットとＩＣＴとの相乗効果を見ることができました。

電話事業は成功し、グラミンの借り手たちから熱望される企業になりました。テレフォン・レディーたちは電話事業のコツをいち早く学び、それを改善していきました。それは貧困から抜け出し、社会的地位を得るための最短の方法だったのです。今日ではバングラデシュのすべての村で約三〇万人ものテレフォン・レディーたちが電話サービスを提供しています。グラミン・フォンの加入者は一〇〇〇万人を超え、わが国で最大の携帯電話会社になりました。テレフォン・レディーの数は加入者全体の小さな一部にすぎません。彼女たちは会社の収入の一九パーセントを生み出しています。本日、このグランドセレモニーに出席している九人の理事のうち、四人はテレフォン・レディーなのです。

グラミン・フォンはノルウェーのテレノールとバングラデシュのグラミン・テレコムによる合弁会社です。テレノールが六二パーセント、グラミン・テレコムが三八パーセントの株を所有しています。私たちの最終的な目標は、グラミン銀行の貧しい女性たちに過半数の所有権を与えて、この企業をソーシャル・ビジネスへと転換することです。私たちはその目標に向かって動いています。いつの日か、グラミン・フォンは貧しい人々が所有する大企業の別の例になることでしょう。

自由市場経済

資本主義は自由市場を中心に置いています。市場がより自由になればなるほど、何を、どのように、誰のためにという問題を解決することにおける、資本主義の結果はよりよくなるものだと主張されています。また、個人の利益を追求することが集団的にも最適な結果をもたらすとも主張されています。

私は、市場の自由を強くすることには賛成です。そして同時に、市場のプレイヤーたちに概念的な制限を押しつけることについては、とても残念に感じています。企業家たちは一次元的な人間であり、彼らはビジネスライフでただひとつの目標、すなわち利益を最大化することのみに打ち込んでいる人人だという前提に基づいて、そういった規制が起こるものです。資本主義に対するこの考え方は、企業家たちのあらゆる政治的、感情的、社会的、精神的、環境的な次元を切り離しています。これは理にかなった単一化ということで行なわれているものなのでしょうが、まさに人間的な生活の本質的要素を奪っているのです。

人類は、無限の資質と才能を与えられた素晴らしい創造物です。私たちの理性の構成物は、追い払うのではなく、そういった資質を花咲かせるために場所を空けるべきなのです。

自由市場に参加しようとする人々への制限のために、多くの世界的な課題が存在します。世界の半分の人口があえいでいる貧困を粉砕するという課題はまだ解決していません。最も豊かで、最も自由な市場を持つ国が、人口の六分の一の人々へのヘルスケアを提供できずにいるのです。

私たちは自由市場の成功を強く印象づけられているために、私たちの基本的な前提を思い切って疑ってみることができないのです。さらに悪いことに、私たちは、理論として概念化されたような一次元的な人間にできるだけ変わろうと、そして自由市場が円滑に動くようにと、必要以上に働いてしまうのです。

広義で「企業家」を定義することにより、私たちは資本主義の性格をラジカルに変えることができます。そして、自由市場の範囲内の未解決の経済的、社会的課題の多くを解決することができるのです。企業家というものを、たった一つのモチベーション（たとえば利益を最大にするというようなもの）しか持っていないということでなく、互いに排他的で、しかし等しく強制的でもある二つのモチベーションを持つものだと考えてみましょう。二つのモチベーションとは、最大限の利益と、人々と世界に対して良い行ないをするという二つです。

どちらのタイプのモチベーションも、それぞれある種の独立したビジネスを導くことでしょう。一番目のタイプのビジネスを「最大利益追求型ビジネス」、そして二番目のタイプのビジネスを「ソーシャル・ビジネス」と呼ぶことにしましょう。ソーシャル・ビジネスは、市場に世界を変えるという新たな目標をもたらす、新しい種類のビジネスとなることでしょう。ソーシャル・ビジネスへの投資家は、出資金を取り戻すことはできますが、企業からの配当金は受け取れません。利益は、その奉仕的な活動を拡大するためや、製品やサービスの向上のために、企業に再投資されるのです。ソーシャル・ビジネスは損失もなく、配当もないものになるでしょう。

ソーシャル・ビジネスが一度法的に認められるようになると、多くの既存の企業が、彼らの土台になる活動に加えるソーシャル・ビジネスを創設しようと進み出ることでしょう。また、非営利のセクターからの多くの活動家たちも、これが魅力的な選択であると気付くことでしょう。活動を続けるためには寄付を集める必要がある非営利のセクターとは異なり、ソーシャル・ビジネスは損失のない企業であるため、自己持続と、拡大のための余剰を生み出すでしょう。ソーシャル・ビジネスは、資本を集めるために、新しいタイプの資本市場に入ることになるでしょう。

世界中の若者たち、特に豊かな国の若者たちが、彼らの創造的な才能を使って変化を起こすための挑戦ができるソーシャル・ビジネスの概念が非常に魅力的であることに気付くことでしょう。多くの若者たちが、今、この資本主義社会の中で、興奮させられるような、価値のある挑戦をまったくすることができず、不満を感じています。社会主義はかつて、若者たちに闘うだけの夢を与えてきたものです。若者というものはみな彼ら自身の手で理想の世界を創造しようと夢見ているのです。

ほとんどすべての社会的、経済的な世界の諸問題は、ソーシャル・ビジネスで立ち向かえるはずです。やるべきことは、求める社会的な結果を効率よく生むために、ビジネスモデルを刷新し、適用することです。貧しい人々のためのヘルスケア、貧しい人々への金融サービス、貧しい人々への情報技術、貧しい人々に対する教育やトレーニング、貧しい人々へのマーケティング、再生可能なエネルギーなど、これらはすべて、ソーシャル・ビジネスにとって魅力的な領域でしょう。

ソーシャル・ビジネスは重要なものです。なぜなら、まさに人類の重大な関心事に立ち向かうものだからです。それは、世界の人口の六〇パーセントの下層の人々の人生を変え、彼らが貧困から脱出するのを助けることができるのです。

グラミンのソーシャル・ビジネス

利益の最大化を追求する企業でさえ、貧しい人々に所有権のすべて、もしくは大部分を与えることで、ソーシャル・ビジネスとして考えることができます。これはソーシャル・ビジネスの二番目のタイプを構成します。グラミン銀行は、ソーシャル・ビジネスのこのカテゴリーにあるものです。

貧しい人々は、寄贈者からの寄付としてこれらの会社の株を得るか、あるいは、彼ら自身のお金で株を買うことができるかもしれません。自分でお金を持っている借り手は、グラミン銀行の株を買いますが、借り手でない人に株を譲渡することはできません。委託されたプロのチームが、銀行の日々の経営をしています。

国際援助機関は、容易にこのタイプのソーシャル・ビジネスを創設することができるでしょう。彼らが被援助国において橋を架けるためにローンか交付金を与えるときには、地元の貧しい人々によって所有される「橋の会社」を作成するといいでしょう。委託された管理会社にはその会社を経営する責任が与えられます。その企業の利益は、配当としての地元の貧しい人々に渡り、そして、より多くの橋を架けることに向けられるでしょう。道路、高速道路、空港、港湾のような多くのインフラ計画は、公益事業会社がこのような方法で建てることができるのです。

グラミンは、最初のタイプの二つのソーシャル・ビジネスを創設しました。一つはヨーグルト工場で、栄養失調の子どもたちへの栄養強化ヨーグルトを作るためのもの。これは、ダノンとの合弁事業です。これは、バングラデシュ中のすべての栄養失調の子どもたちにこのヨーグルトが届くまで拡大を続けるでしょう。もう一つは眼科病院のチェーンです。各病院は豊かな人々と貧しい人々に対してそれぞれ別の料金で、一年間あたり一万件の白内障の手術を行ないます。

ソーシャル・ストック市場

投資家がソーシャル・ビジネスに親しんでもらうためには、ソーシャル・ビジネスの株だけが取り引きされるソーシャル・ストック市場を作る必要があります。投資家は、自分の好みの使命を持つソーシャル・ビジネスの企業を見つけようという明確な意志を持って、その証券取引所に来ることでしょう。ただお金を稼ぎたいと思っている人はみんな既存の株式市場に行くはずです。

ソーシャル株の適切な取引を可能にするために、さまざまなものを創設する必要があります。格付け機関、専門用語の標準化、定義づけ、影響を測定するツール、報告書の書式、そしてたとえば『ソーシャル・ウォール・ストリート・ジャーナル』といった、新しい経済誌も必要です。ビジネススクールには、若いマネジャーたちが最も効率的にソーシャル・ビジネスを経営する方法を学ぶコースや、学位が求められるようになるでしょう。最終的にはそこで学んだ人たちが自分でソーシャル・ビジネスを起業してほしいのです。

グローバル化における社会的なビジネスの役割

私は、グローバル化を支持しています。それを選ぶことで、貧しい人々により多くの利益をもたらすことができると信じています。しかし、それには正しい種類のグローバル化が行なわれなければなりません。私にとって、グローバル化とは世界中に交差している一〇〇車線の高速道路のようなものです。もし、まったく制限のない高速道路だとしたら、車線は強い経済力を持つ巨大なトラックによって占領されてしまうことでしょう。バングラデシュのリキシャなど、高速道路から投げ出されてしまうに違いありません。どちらの国にとっても有利になるグローバル化を進めるためには、このグローバルな高速道路に対する交通規則、交通警察、および交通許可証がなければなりません。「最も強い者がすべてを取る」というルールは、別のルールに置き換えられるべきなのです。最も貧しい人々に、確実に場所と分け前を与えるというルールに。彼らが強い人々に押し退けられることがあってはなりません。グローバル化が、経済的な帝国主義になってはいけないのです。

貧しい人々と貧しい国がグローバル化の利益を維持するために、強力な多国籍のソーシャル・ビジネスを起こすことができるでしょう。ソーシャル・ビジネスは、貧しい人々に所有権を与えることや、または、貧しい国々の中に利益を残し続けることができるはずです。配当を出すことがソーシャル・ビジネスの目的ではないからです。外国のソーシャル・ビジネスによる直接投資は、被援助国にとって素晴らしいニュースになるでしょう。企業の搾取から国民の利益を保護して貧しい国で力強い経済を築き上げることは、ソーシャル・ビジネスの主要な関心事なのです。

求めるものを創造する

私たちは自分たちが欲しいと思うもの、あるいは拒まないものを得ます。私たちの周囲には常に貧しい人々がおり、貧困は人間の運命の一部であるという事実を、私たちは受け入れてしまっているのです。これこそが、まさに私たちの周囲に常に貧しい人々が存在し続ける理由なのです。もし、貧困など到底受け入れられるものではなく、文明社会に存在するべきものではないと堅く信じていれば、私たちは、貧困なき世界を創るために、ふさわしい組織や方針を築き上げてきたはずです。

月に行きたいと思ったから、人間は月に行った。私たちは達成したいと思うことを達成するのです。私たちが何かを達成していないのは、そこに心を置いていないからです。私たちは、自らが欲しいと願うものを創造するのです。

私たちが何を求め、どのようにそれを始めるかは、私たちの考え方次第です。一度考え方を固めてしまえば、変えるのはなかなか難しくなります。私たちは心を一つにして世界を創造するのです。新しい考え方が現われたときには、私たちは物の見方を変える方法を編み出し、すぐに考え方を再構成する必要があります。そうやって考え方を再構成することができれば、私たちは世界を再編成することもできるのです。

貧困は博物館に

貧困というものは貧しい人々によって創られたものではありません。だから私は貧困なき世界を創造することは可能だと信じています。貧困は、私たちが自分たちのために設計した、経済的、社会的なシステム、あるいはシステムを作る組織と概念、そして取ってきた政策によって生まれ、今まで続いてきました。

人間が自分にできることを過小評価する前提で、理論上の枠組みが築き上げられたことから、貧困が生まれました。あるいは、狭すぎる概念（ビジネス、取引信用度、企業家精神、雇用に対する概念）によって設計され、まだ不完全のままの組織（金融機関などのように貧しい人々が排除される組織）を設立することで、貧困が生まれたのです。貧困というものは、人間の資質の不足ではなく、むしろ概念のレベルでの失敗によって引き起こされるものなのです。

私たちが団結して信じていれば、貧困なき世界を創造することができると、私は堅く信じています。

貧困なき世界では、「貧困」について見ることができるのは唯一、「貧困博物館」の中だけになるでしょう。「貧困博物館」を訪れた子どもたちは、かつて人間たちが直面しなければならなかった苦悩と侮辱を目の当たりにしてぞっとすることでしょう。子どもたちはきっと、祖先たちがこの非人間的な状況を許していたこと、そのひどい状態が長く続き、大勢の人たちが苦しんでいたことについて、責めるに違いありません。

人間には誰でも、内なる能力が備わっています。ただ自分の保身のためだけでなく、世界全体の人人の幸福を増やすために貢献しようという力です。なかにはそういった可能性を探る機会を持つ人もいますが、多くの人はそういった機会を持つことがありません。一生涯のうちに、生まれ持ってきた素晴らしい贈り物を開ける機会がないのです。彼らは可能性を模索しないで死に、世界はその人たちの秘められた創造性や貢献の恩恵を受けることがないまま残されることになります。

グラミンは、人間の創造性に対する揺るぎない信頼を私に与えました。それによって私は、人間が飢餓や貧困による苦しみを受けるために生まれてきたのではないと信じられるようになったのです。

貧しい人々は「盆栽」のようなものです。最も成長した樹のよりすぐった種を植木鉢にまくと、最も高い木のレプリカが育つのですが、たった数センチの大きさにしかなりません。まいた種子が悪かったのではなく、ただ地面の広さが不十分だったからです。貧しい人々というのは、この「盆栽」のような人々なのです。彼らの「種子」に何か悪いところがあったわけではありません。ただ単に、社会は、彼らが育つ地面を与えなかっただけなのです。貧しい人々が貧困から脱出するために私たちが行なうべきなのは、彼らが成長できる環境を作り出すことだけです。貧しい人々が一度、エネルギーと創造性を解き放つことができるようにさえなれば、貧困はすぐに姿を消すはずです。エネルギーと創造性を解き放つことができる十分な機会をすべての人間に与えるために、互いに手を取り合いましょう。

最後に、ノルウェーのノーベル委員会の皆様に深い感謝の意を表します。皆様は、貧しい人々、特に貧しい女性には、秘められた可能性と人並みの生活をする権利の両方があり、マイクロクレジットがその可能性を解き放つための助けになることを認めてくださいました。

私は、皆様が私たちにこの名誉を与えてくださったことで、世界的な貧困の終焉という歴史的な躍進のために、より多くの大胆な独創力が世界中で生まれることになると信じております。

ありがとうございました。

訳者あとがき

ムハマド・ユヌス氏とグラミン銀行が、二〇〇六年度のノーベル平和賞を受賞してから約半年後の二〇〇七年四月、私はユヌス氏にインタビューするためにダッカのグラミン銀行本部を訪れた。ミルプール通り沿いに建つ本部はダッカにはまだ少ない高層ビルで、遠くからでもよく目立つ。四〇度近い暑さの中、ビルの窓は開け放たれ、天井には扇風機が回っていた。イスラム教のお祈りの時間になれば、近くのモスクから、礼拝を知らせるアザーンが聞こえてくる。

本部ビル四階にある執務室に入ると、グラミン・チェックのパンジャビ（男性用の民族衣装）を着たユヌス氏が、大きな瞳を輝かせ、ニコニコと人なつこい笑顔で温かく迎えてくれた。

ユヌス氏は彼が考え出し、新たに始めた試みである「ソーシャル・ビジネス」の概念について、熱く語り始めた。たとえば「ソーシャル・ビジネス」と「ＣＳＲ」（企業の社会的責任）との違いについて。「グラミン銀行は営利を目的としないソーシャル・ビジネスの会社。でもＣＳＲはあくまでも企業が利益を上げるために行なわれているもので、ソーシャル・ビジネスとはまったく違う。私はCSRの〝責任〟という言葉が誤って使われている気さえするんだよ」

そしてユヌス氏は、操業を始めたばかりのグラミン・ダノンが目指すものについてひとしきり語った後、「今、ソーシャル・ビジネスについての新しい本を書いているところなんだよ」と教えてくれた。それが、この本『貧困のない世界を創る』である。

前作『ムハマド・ユヌス自伝』の出版から一〇年が過ぎ、この間、世界の貧困をめぐる状況は少しずつ変化してきている。貧困をなくすだけでなく、国の新たな「責任」として、環境への取り組みも必要になってきた。そんな時代に合わせ、「世界から貧しさをなくす」という彼の究極の目的を達成するために必要だったのがソーシャル・ビジネスであったのだ。

「男性も女性も、西欧人も東洋人も、豊かな人も貧しい人も、人間は誰でも巨大な創造力を内に秘めています。その力で国を発展させたり、環境をよくしたりすることもできる。人間はその素晴らしい贈り物のふたをすぐに開けて、より多くの力を世界中で爆発させるべきです」と、彼は、私の目を見据えてこう語った。「人間は、お金を稼ぐためだけに存在しているわけじゃない。何か人のため、社会のために働くことも大切だよ」

そう、いつか貧困のない世界が実現するはずだ。相手が誰であろうと、金儲けだけに専心する連中を痛烈に批判し、ときにはハラハラさせられるほど過激で熱いユヌス氏のこの本は、同じ熱い思いを抱いている世界中の人たちへの導きとなるであろう。

最後に、グラミン銀行やマイクロクレジットに関するさまざまな資料を集めてくださった玉置真紀子さんと、現地での取材のチャンスを与えてくださった元『日経ＥＷ』編集長の野村浩子さん、そして短い期間で丁寧な編集作業を行なってくださった早川書房の小都一郎さんに、深く感謝の意を捧げます。ありがとうございました。

猪熊弘子

二〇〇八年一〇月

貧困《ひんこん》のない世界《せかい》を創《つく》る
ソーシャル・ビジネスと新しい資本主義
2008年10月25日　初版発行
2017年5月25日　8版発行
＊
著　者　ムハマド・ユヌス
訳　者　猪《いの》熊《くま》弘《ひろ》子《こ》
発行者　早　川　浩
＊
印刷所　中央精版印刷株式会社
製本所　中央精版印刷株式会社
＊
発行所　株式会社　早川書房
東京都千代田区神田多町2−2
電話　03-3252-3111（大代表）
振替　00160-3-47799
http://www.hayakawa-online.co.jp
定価はカバーに表示してあります
ISBN978-4-15-208944-1　C0036
Printed and bound in Japan
乱丁・落丁本は小社制作部宛お送り下さい。
送料小社負担にてお取りかえいたします。